U0071262

# 張蔭麟說文史

張蔭麟 原著
蔡登山 主編

# 導讀：以國史為志業——張蔭麟的史學與生平

林麗月

張蔭麟是近百年來罕見的史學奇才，也是我國「新史學」發展史上一顆耀目的明星。可惜英年早逝，民國三十一年張氏去世時，只有三十七歲。但他留下的歷史論著，已逾百萬言，治史範圍廣及上古史、宋史、近代史、科技史、學術思想史、史學方法論。張氏的好友王煥鑣說他初進清華，就是一個「嗜書若餓渴，於學無不窺」的青年，吳晗曾說他「天分特別高，聰明、早熟」，可見他的用功與聰穎，均有過人之處。勤學的天才，加上動盪的時代，就這樣譜成了一首短暫而豐富的生命之歌。

## 從清華到美西

張蔭麟是廣東東莞縣石龍鎮人，清光緒三十一年（一九〇五）生。自幼喪母，而家境小康，藏書頗富，父親督課甚嚴，故其國學根柢早有淵源。民國十年，年十六，自廣東省立第二中學畢業。至張氏十八歲以前之其他事蹟，則因文獻失載，今已無從稽考。

民國十二年秋，蔭麟十八歲，考入清華學校中等科三年級。當時清華為矯正傳統讀書人文弱的積病，特別注重體育，規定體育不及格不能畢業，學生課餘到體育館運動因此逐漸蔚成風氣。用功的張蔭麟給人的第一印象卻是「一個清瘦而如饑似渴地在圖書館裡鑽研的青年」，對體育館則根本興趣缺缺。

清華求學期間，蔭麟先後受教於梁啟超、吳宓、陳寅恪、王國維、柳詒徵、朱希祖等碩學名儒，並與容庚往還密切，其中尤以得梁任公與吳雨僧二人薰陶與提攜者最多。

任公於民國十二年九月起，二度至清華講學，為期一年；十四年九月至十七年六月，三度講學於清華。蔭麟就在這段期間親炙於任公，開啟了他治史的興趣。民國十二年十月，張氏即在《學衡》雜誌上發表〈老子生後孔子百餘年之說質疑〉，批評梁啟超有關老子的考證，《學衡》的編者當時還以為他是清華的國學教授。翌年，又發表〈明清之際西學輸入中國考略〉一文於《清華學報》創刊號，考辨明萬曆中葉至乾隆中葉西學輸入之史蹟，任公得其文，譽為天才。至於張氏對文學的興趣則是吳宓所啟發，吳宓於民國十四年任清華研究院主任，開有「翻譯」課程，選課學生不多，張蔭麟是其中之一。蔭麟因吳氏的鼓勵，曾譯西洋詩作多首，刊於吳氏主編的《學衡》及《大公報》文學副刊。

不過，這段時期張氏的治學興趣已以史學為主，清華六載，張氏以弱冠之年勤讀勤寫，佳作迭出，經常發表文章於《學衡》、《清華學報》、《燕京學報》、《東方雜誌》等著名刊物。據張氏至交賀麟記，蔭麟於民國十五年夏喪父，此後數年間，生活費的主要來源是《東方雜誌》、《清華學報》、《大公報文學副刊》三處的稿費。可見此時蔭麟頻有著作發表於吳宓主編的刊物，應與吳氏的提攜幫助有關，但張氏著作如無超越同儕之處，亦斷無此等際遇。

民國十八年夏，張氏自清華研究院畢業。同年秋天，負笈新大陸，就讀美西的史丹福大學（Stanford University），專攻西洋哲學。留美四年期間，除致力於數理邏輯之鑽研外，又廣涉社會科學。張氏自述其治哲學與社會學的目的在「從哲學冀得超放之博觀與方法之自覺，從社會學明人事之理法」，俾為史學工作奠定基礎，西洋哲學並非他的志業所在。民國二十一年夏，張氏以〈杜威摩耳二人倫理學之比較〉論文獲碩士學位。翌年秋天，張氏結束其留學生涯，由美西到美東遊覽一週，繼往歐陸，遊歷英、法各國，再從南歐乘船東歸，於民國二十三年春返抵國門。

## 從北平到遵義

張氏回國後，受聘清華大學專任講師，在歷史與哲學兩系開課，並在北大兼授一門歷史哲學。時清華歷史系由蔣廷黻主持，名家雲集，計有雷海宗、陳寅恪、姚從吾、邵循正、吳晗、蕭一山等人，蔭麟似因此未有機會開授任何專史，只擔任普通歷史課程。

二十三年春夏間，蔭麟與錢穆相識，當時二人已「共有志為通史之學」。不久，吳晗、湯象龍、梁方仲、谷霽光、朱慶永、夏鼐、孫毓棠、劉雋、羅玉東、羅爾綱等十人在北平組織「史學研究會」，後來蔭麟與楊紹震、何維凝等人也陸續加入。「史學研究會」以史會友，曾經主編天津《益世報》史學副刊、南京《中央日報》史學副刊，以及中央研究院社會科學研究所出版的《中國社會經濟史集刊》，在北平史學界相當活躍。

二十四年四月初，蔭麟與相戀多年的倫慧珠女士結婚。翌年，應國防設計委員會之聘，編寫各級學校歷史教科書，辭去清華教職；但張氏仍住清華教員住宅區，一面可利用清華圖書館，一面仍與清華學生時有接觸。

民國二十六年蘆溝橋事變起，華北動盪，蔭麟隻身脫險南下，應國立浙江大學之聘，於天目山禪源寺講學。後因浙大幾度播遷，一度返回故鄉東莞。二十七年夏，張氏抵昆明，開始在西南聯大任教。這學期期末，張氏忽獲政治部長陳誠電報，邀他前往重慶，表示願「敬聆教言」。張氏因這段「奇遇」，幾乎步入政壇，可以算是張氏「純學者」生涯中一段特殊的插曲。

張氏之被電邀赴渝，據賀麟稱，起於一段有趣的文字因緣。張氏在北平時，曾以「素癡」為筆名，在《大公報》世界思潮副刊上發表了一篇〈戴東原乩語選錄〉，內有批評政府並譏刺汪精衛的文字。當時張少武（厲生）主持北平的黨務工作，注意到「素癡」此文，並用黨部名義，致函《大公報》警告作者。但另一方面，張少武又深覺此文作者很有才氣，因此經常向人打聽「素癡」為何人。後來張少武任政治部副部長，探知「素癡」的真實姓名及其所在後，便向部長陳誠推薦，因而有蔭麟被邀赴渝的一幕。

蔭麟應約抵重慶後，陳誠曾邀他長談一次，並介紹他見一些政府官員。蔣委員長也曾召見一次。最初張氏頗為興奮，以為從此或有從政報國的機會。他在重慶政治部住了幾個月，曾寫了一兩種宣傳冊子，編輯一冊愛國詩歌選。並向陳誠上了一個意見書，陳述宣傳主義之道，強調要使宣傳有效，必須力求改善民眾的生活，人民生活倘得政府實惠，則自然容易接受主義的宣傳。

張氏這段受邀赴渝的傳奇，結局卻是出仕未成。二十八年夏天，蔭麟自行求去，離開重慶，回到昆明，繼續在西南聯大任教。數月後，張氏遭遇家庭波折，其妻攜同兒女拂袖而去，張氏為此極為消沉。二十九年，浙大遷往貴州遵義，張氏因想變換環境，於是應聘前往。

蔭麟抵遵義後，在浙大史地系初授中國上古史、歷史研究法，繼又開宋史、唐史、魏晉南北朝史，其中影響最大的是宋史，浙大研究宋史蔚為風氣，即由張氏開創之。

民國三十年春間，蔭麟與舊識張其昀在遵義發起組織學社，創辦刊物，以思想建設寄學人報國之志。是年八月，《思想與時代》月刊創刊號正式出版。蔭麟為主要編輯之一，甄選稿件不辭勞怨，堅持樹立嚴格標準，甚至浙大同事的來稿，亦不假情面，予以退稿，雖因此得罪不少友好，但對《思想與時代》月刊的奠基，確實貢獻良多。

三十一年七月，張氏因罹患慢性腎臟炎，停止授課。病中仍著述不輟，九月，撰〈中國史綱再版自序〉，並作增刪與校改；十月初，尚於病榻口授〈師儒與商賈〉一文，由弟子徐規筆錄。中旬，張氏病情惡化，群醫束手，終於十月二十四日逝世，結束他僅僅三十七載的人生旅程。

## 史才與史學

張蔭麟的治學範圍極廣，不僅涵蓋文學、史學、哲學三界，而且詞章、義理、考據無所不長。就史學一門言，張氏的史著種類亦極龐雜，論時代，從上古、中古到近代，無所不有；論門類，從科技史、思想史、文學史到社會史，無一不涉。其治史歷程凡數變：大抵清華求學時代，興趣集中於學術思想史與科技史；自美返國後，受時局之影響，興趣轉向近代史與宋史之研究；抗戰期間，益有感於外族侵凌，國難當前，遂集中全力於宋史之鑽研，張氏在斷代史方面即以宋史成就最大。雖然近人因此批評張氏史學興趣雜亂，史著良莠不齊，實則此點適足反映張氏才學之博洽。錢穆嘗以「新史學之大業」期許張氏，謂：「張君天才英發，年力方富，又博通中西文哲諸科。學既博洽，而復關懷時事，不甘僅僅為記注考訂而止。然則中國新史學之大業，殆將於張君之身完成之。」

張氏的史學成就，實不在以某一斷代或某一門類之「專家」貢獻於史界，而在以博通國史兼涉中西的「通史家」盡瘁於新史學。

張氏在就讀清華高等科時，即有「史學既是科學也是藝術」之說。他說由於歷史所表現者為真境，故其資料必有待於科學的搜集與整理。然僅有資料，雖極精確，亦不成史，即使經過科學的綜合，亦不成史。這是因為「感情、生命、神彩，有待於直觀的認取，與藝術的表現」，所以，理想的歷史須具備「正確充備之資料」與「忠實之藝術的表現」兩個條件。這個觀點在當年確是超越時人的卓見。張氏寫史講究修辭鍊句，極重文字的藝術表現，他的摯友賀麟說他要求自己的文章字斟句酌，條理謹嚴，無浮詞廢話，純粹是「樸素的學術文字」，但又要保持一些文學風味，於組織結構上用一番文學匠心。因此張氏的史文多靈動而富神彩，為他的「史學既是科學也是藝術」做了很好的註腳。

許冠三在《史學與史學方法》一書中，曾推崇張蔭麟為近代中國史學方法論的前驅，是這個史學領域的「第一個拓荒者」。張氏對近代中國史學的最大貢獻確實在此。其方法論中，又以論史料之限制及改善之方法最見突出。張氏對歷史資料作深刻反省後，提出三個理論性問題：一、過去歷史資料所受之限制何在？二、此等限制在將來有打破或減輕之可能否？三、如何控制將來之資料，以打破或減輕此等限制，使將來之歷史漸臻理想之域？根據他的考察，過去史料所受的限制有「絕對」與「相對」兩大類，絕對限制有十一類：（一）觀察範圍之限制；（二）觀察人之限制；（三）觀察地位之限制；（四）觀察時情形之限制；（五）知覺能力之限制；（六）記憶之限制；（七）記錄工具之限制；（八）觀察者道德之限制；（九）證據數量之限制；（十）傳訛；（十一）亡佚。相對限制有四類：（一）緣絕對限制而生之謬誤未經發覺者；（二）偽書及偽器之未經發覺者；（三）史料本不誤因史家判斷不精而致誤，或史料原誤因而加誤，但未經發覺者；（四）受知識水平限制之歷史解釋。

張氏對史料問題的分析，不同於胡適、顧頡剛、傅斯年等專務方法之改進與材料之發掘，而是從認識論出發，以省察史料限制與「科學的史學」之關係。張氏以為，欲求將來的歷史成為科學，必須培養「歷史訪員」，訓練他們各依科學方法觀察記錄現在人類活動之一部分，俾為未來史家提供最少限制最大數量的原始材料。此種「歷史訪員」，須有精細之分工，各於其所負責觀察之部分，須有專門的訓練。而歷史訪員制之實施，亟待社會之同情與贊助，因此張氏進一步呼籲，普及歷史教育，使忠信於後世，成為公共之意識，人人皆有以信史傳後之責任感。張氏這個以歷史訪員制減輕史料限制的構想，雖然稍嫌樂觀，但確是張氏獨特的創見，也顯示他對史料問題有超越時賢的深刻反省。

在歷史解釋的層面，張蔭麟的分析亦頗有建樹。張氏於民國二十二年發表的〈傳統歷史哲學的總決算〉一文中，一方面就目的史觀、循環史觀、辨證法史觀、演化史觀，以及文化變遷的因果律一一加以批判，另一方面，也提出一個自認「比較完滿的歷史觀」，即他的綜合史觀。他認為各種所謂「歷史法則」皆可為考察人類部分活動之「導引的觀念，試探的工具」，但皆不可為

「範納一切史象的模型」；而從文化變遷的因果關係看，人生理想、生產工具、經濟制度和氣候的突變、「大人物」的出現，都可以導致重大的文化變遷，然而這些因素中的任何一項，皆非文化變遷的充足條件，甚至不是必要條件。他強調「特殊的因果事情」可就實例本身獨立證明，不必藉助於「與此特殊因果事情相當之因果律」，顯見他是反對以「通則」用於歷史解釋的，而比諸梁啟超的因緣果報解析，張氏的理論則又深入許多。

張蔭麟另一傑出的貢獻是樹立了通俗性通史寫作的楷模。張氏自美歸國後二年，即著手進行《中國史綱》之撰述，原擬為高中國史之教本，初稿曾於《大公報》發表一部分，其上古史之部經改訂後，於民國三十年三月由浙大史地教育研究室出版。張氏著作中，亦以這一部「未完成的中國通史」最受史界矚目。

張氏對於通史撰述的取材原則，提出了兩個重要理論：一是選擇史事的四個標準；一是統貫史事的四個範疇。前者即張氏強調的「筆削」的標準，他認為「最能按照史事之重要的程度以為詳略的通史，就是選材最合當的通史」。張氏檢討了判別史事重要程度的五種不同的標準：新異性、實效、文化價值、訓誨功用、現狀淵源，其中「訓誨功用的標準」，張氏主張基於學術分工的需要，在通史撰述中必須放棄。配合上述四種「筆削」標準的應用，張蔭麟又指出，寫通史須把各時代各方面重要的變動事實系統化，史家統貫史實的方法應重「因果」與「發展」兩個範疇，而發展的範疇又包含定向的發展、演化的發展、矛盾的發展三個範疇。張氏認為以上四個範疇應兼用無遺，才能將歷史中「認識上的偶然」儘量減少。

張氏的《通史撰述方法論》言簡意賅，語語中的，論者以為與何炳松《通史新義》的冗長寡要恰成兩極對比，迄今仍備受學界推崇。唯方豪曾據張氏〈通史原理自序〉稱，上述通史取材理論係譯自西方學者之成說，並非張氏之創見，則張氏在《通史撰述方法論》方面，似僅有譯介之功；唯因張氏〈通史原理自序〉一文未見傳世，此事真相已難究詰。

不過就通史著作的成績言，張氏《中國上古史綱》取材博贍，剪裁合度，文字優美簡練，條理清理易讀，實足以當通俗性通史寫作之楷模；陳夢家稱之為當時所見歷史教科書之最佳者，洵非過譽。張氏是民國以來少數兼具才、學、識三長的史家，前述《通史方法論》是否為張氏創見的學術公案，實無損於其整體史學成就之評價。

## 性情與生活

張蔭麟是一個天才，他的師長朋友似無人否認。張氏摯友謝幼偉說，天才的性格，自與常人不同。從一般人的觀點來看，張氏是有些古怪，有些不近人情的。張蔭麟性較內向孤僻，平素不喜多言，極怕俗世應酬；但酷好深思，喜與友好縱談當世利病，每有批評必直言無諱，不怕得罪人，他的時論文章均極剴切率直，至有報章不敢流布而身後始見刊行者。日常生活習性尤異常人，在衣食住行四件大事上，張氏注意的似乎只有「食」這一門，尤其到遵義後，平日消費，除了買書，大部分都用於吃。他對吃不但講究，而且食量驚人，據謝幼偉說，一隻清燉雞，他一人可獨自吃完，水果可以一次吃下兩三斤。至於衣著的精緻、居所的整潔，則一概不顧，甚至不喜沐浴，至多一個月才到浴室洗一次身，又經常徹夜讀書工作，作息極不規律。他的生活，除了讀書撰述，幾乎沒有一點休閒娛樂的喜好，他討厭運動，不愛音樂，從來不去看戲，也不看小說，他病中排遣寂寥的方式竟是讀哲學書，理由是他看哲學書就等於常人看小說。這些習性，固然是張氏好友所說「天才」的古怪與不近人情處，卻也是他的固執與率性純真處。

張氏家庭生活不美滿，據其好友的解釋，似也與他天才的率直性格有關。張氏在獨居昆明期間，曾與一位相識十多年的小姐發生戀情；二十八年秋間，其妻倫女士才帶了一子一女自廣州到昆明相聚。亂世夫妻，久別重逢，不但未得團圓的歡樂，婚姻危機反已隱伏其間，最後竟以爭吵、仳離收場。謝幼偉說，天才是情感和理智衝突最烈的一種人，張氏不但理智特別發達，感情也特別豐富。這段戀愛與婚姻的波折對張氏的打擊很大，使他的精神陷入時日頗長的抑鬱中。

嗜書若渴的張蔭麟，不只是一個才學俱優的傑出史家，更是一個關懷時事、直言不避的熱情書生。他質直孤僻的個性、略嫌古怪的生活習慣，以及充滿曲折的感情生活，在他留下的百萬餘言史學論著之外，流盪出一個史學天才的短暫生命最真實動人的旋律，至今猶引人低迴不已。

註：本文有關張氏生平與史學之介紹，主要根據《張蔭麟文集》中所收相關文獻，並參考黎華趙〈張蔭麟研究——生平、著述及其史學〉（師大歷史研究所碩士論文，民國七十年六月）一文略加整理。限於體例，無法於文中一一加註，非敢掠美也。特此說明。

編者案：林麗月教授此文原刊於一九八九年二月號《歷史月刊》第十三期，今徵得林教授同意為本書之導讀，特此致謝！

# 目次

## 輯二　文史考證



## 輯三　評論名家



## 輯四　史料譯文

# 輯一　歷史通論

# 中國民族前途的兩大障礙物

桃應問（孟子）曰：舜為天子，皋陶為士，瞽瞍殺人，則如之何？

孟子曰：執之而已矣。

然則舜不禁與？

曰：夫舜惡得而禁之？夫有所受之也。

然則舜如之何？

曰：舜視棄天下，猶棄敝屣也；竊負而逃，遵海濱而處，終身訢然，樂而忘天下。

右一段想像的故事，故白屋詩人吳芳吉（碧柳）先生曾打算用為他所擬作（不幸未動筆而死）一篇代表中國文明的史詩的開端。白屋詩人是對的。他因為浸淫於「詩禮」太深，在不自覺中已攫住了中國民族精神（不管為好為壞）的一個重要原素。

我每逢諷讀《孟子》這一章便聯想起去年先後吸引我注意的兩宗事情，都是包涵有些悲劇成分的。

一宗是一個美國婦人的悲劇，發生在離我所居不遠的一個美國大城市。她為了很複雜的原因，把兩個女同伴殺死，碎屍十數段，藏於皮箱，存入車站的行李室。經過很戲劇式的手續，她終於被安置在監獄裡，但她的供詞很閃爍。她的父親，一個平常的教士，老遠地跑去探望她，最後勸她道：「你照實說罷！法律是你的朋友，不是你的仇讐」。

另一宗事情，卻遠沒有這樣動聽，值不得上報紙的。那是一位留美學政治的某甲的小小悲劇。不，嚴格地，應當說是他父親某乙的悲劇。某乙是一個縣裡的紳士，因為縱匪而被拘在縣獄裡。縣長恰巧是我一位同學某丙的叔父，而某丙和某甲相好，於是某丙便接到一封轉託求情的信，訴諸於父子之情，訴諸於故舊之情。

時賢喜歡作中西文化的比較。我想，再沒有兩宗具體的事情，可以更簡約地例示中西文化的差別的了。

在這裡我並沒有表示絲毫對於某甲個人的非難。照中國舊道德的標準，他的行為是完全對的。他的人生哲學，就是堯以傳之於舜，舜以傳之於禹湯，禹湯以傳之於文王周公，文王周公以傳之於孔孟，如是一直傳到他的。

回到桃應和孟子所擬想的故事，這裡涉及社會組織的兩個基本重要的問題：（一）法律與道德的關係，（二）個人的價值與地位。

孟子總算是受過法家的影響的了。所以他竟違反了仲尼譏晉趙鞅鑄刑鼎（見《左傳》昭二十九年）的精神，而有「徒善不足以為政」的論調。在那個擬設裡，他不使皐陶枉法，也不使舜毀法，總算想了一個法律和私情兼顧的辦法。但他畢竟把孝德擱在法律之上。須知「竊負而逃」，也是犯法的行為啊！可惜桃應沒有問下去。舜把瞽瞍「竊負而逃」了，皐陶應否再追究？倘然他知道了舜和瞽瞍的下落，應否去捉拿他們？若不去捉拿，他還是枉法。若竟捉拿了，他應當怎樣處置？而舜又應營怎樣對付？這些問題，我從初讀這章書起，一直問到現在。

但就一點而論，孟子的意見是很明顯的，違反國家法律的「道德」可以與它所違反的法律同時有存在的價值。換句話說，有些違反法律的行為是道德的，必要的，雖然我們沒有取消它們所違反的法律的理由。這一個「雖然」十分重要，在另一觀點之下，我們也可以說，有些違反法律的行為是道德的；惟如此，則它們所違反的法律本身是不道德的，應當取消的。這一種主張雖承認理想的道德可與現實的法律衝突，但並不承認理想的道德可與理想的法律有什麼衝突。但孟子不見得主張「非救衛而殺人為有罪」和「劫獄或竊囚為有罪」的法律，應當取消，或應當受犯罪者的爵位或關係的限制。而他要使舜去竊囚，可見在他的道德哲學裡，理想的道德和理想的法律是可有衝突的。換句話說，照他的意見，有些違反合理的（不應當取消的）法律的行為是道德的。

不過，那些行為才有這樣的資格呢？在上引的一章書裡，孟子所涉及的是為著父親的行為。但是僅只這些行為呢？抑或還有別些行為呢？為著兄或弟的行為怎樣？為著夫或婦的行為怎樣？為著其他親戚（如妻舅，妾舅等類）的行為怎樣？為著朋友行為怎樣？這一層孟子卻始終沒有說到。

但在二千多年來中國士大夫所最喜歡講的「春秋大義」裡，對於這些疑問，卻有稍為含糊的答覆。那是：

（一）為尊者諱，

（二）為親者諱，

（三）為賢者諱。

這就是說，為著這三種人，法律（甚至「名教」）得將就這；為著這三種人，我們有時不妨犯法，而且必要犯法；不然，便是不道德的。在這個品字式盛行的時代，我提議替這條重要非常的「春秋大義」起個專名。叫做「三諱主義」。

我說，三諱主義有點含糊。自然「尊」字含糊最少。用春秋時代的話來說，天子和諸侯自然是至尊，卿大夫也很尊；所以，「刑不上大夫」。用現在的話來說呢，尊不尊的界限就不易劃分。但縣長以下似乎不算很尊，所以時常成為彈劾的對象。縣長以上就難說了。「親」字很含糊，到底要親到什麼程度呢？「賢」字更含糊，怎樣才算是賢呢？又要賢到什麼程度呢？還有，為著他們的什麼而諱呢？生命麼？財產麼？尊榮麼？安樂麼？抑或兼之？這些，無論在什麼時代，都是要等名流們和武裝同志們去解釋的。三諱主義的含糊，就是三諱主義的力量。

是的，三諱主義是很有力量的，一直到現在，為什麼一個濫殺無辜的省政府主席可以千劾萬劾而安然無事？因為他是尊，也許加上「賢」。為什麼一個包煙土被正式發覺的人可以安然做大官？因為他是賢。為什麼一個失土的逃將不能懲罰？因為懲罰他便間接直接牽涉到許多尊、親、而又「賢」的人。這類的例讓讀者自己去增益罷！支配現在中國政治的最大勢力，可說是三諱主義！

三諱主義是法律的最大讐敵。他在自覺或不自覺間給予違反法律的行為以「道德的支撐」（Moral support）和精神的慰安。它弄到今日中國「上無道揆，下無法守」，它弄到不拘什麼主義一到中國人手，便成為有害的招牌！它弄到稍為廣大一點的組織對於中國人為不可能！沒有法律的尊嚴，不會有公平的賞罰。沒有公平的賞罰，不會有廉潔的官吏，不會有能戰的軍隊。而廉潔的官吏和能戰的軍隊乃是國家生存的鬥爭中必要的工具。三諱主義是法律的尊嚴的摧毀者，所以在今日中國生存的鬥爭中第一需要的心理改革是打倒三諱主義！我們今日所需要的口號不是「黨權高於一切」而是「法律高於一切」！便是黨權高於一切的大前提也在黨的法律高於一切。不然，黨權靠什麼去維持？

林語堂先生是值得贊美的，他一切的嬉笑怒罵中包涵著一個極嚴重的提議。他有一句名語：「半部韓非治天下。」這的確是今日中國對症的藥。我不是說應用「半部《韓非》」便足以「治天下」，但至少非於「半部《論語》」之外加上「半部《韓非》」，決不足以「治天下」。我們絕對不能容許再有超法律的道德。我們要使「舜」聽「皐陶」把「瞽瞍」行刑，至多使舜當「瞽瞍」臨刑的時候多流一些眼淚！黑格爾全部哲學的最後結晶，就是把道德和法律合一。

我們且不必遠徵西洋文明。我國歷史上凡能起衰救弊存弱扶危的大政治家，像齊管夷吾、鄭子產、蜀諸葛武侯、明張江陵，以至晚清的曾左，莫不是靠「執法不阿」，靠「信賞必罰綜覈名實」的。而這與三諱主義的精神是勢不兩立的，尤其是當法律和社會思想已不承認有階級的分別的時候。

三諱主義在今日中國已沒有多少經濟或政治組織上的根據。我們去打倒三諱主義時所要對付的大體上是一種心理的惰性。它似乎是一種E. B. Tylor所謂「文化的殘遺」（Cultural survival），一種W. F. Oglurn所謂「文化的滯落」（Cultural Lag）；一種「貴族——農奴」式的宗法社會的產物。其中「為親」的一「諱」也許有一些社會組織背景，那是下文所要討論的大家庭制。

我在上文曾說，桃應一章涉及兩個重要的問題。其一、法律與道德的關係，上文已經交代過。其二、便是本篇所要考慮的，個人在社會中的地位與價值。

在那章書裡，孟子簡直把個人當作他的直系第一代尊親的生活的工具。為著父親的安全，甚至法律所不容許的安全，個人得犧牲一切，甚至他的帝位。為什麼要如此？從歷史上說，這顯然是父權的宗法社會的道德，孟子受了傳統觀念的支配而不自知。而經過了儒家的手，這觀念的威權益形鞏固。（讀者不要誤會，儒家學說有其短處，也有其長處。此文只箴其短處立論。）「以孝治天下」「百行孝為先」的訓條很顯明的統制了三千年的中國歷史。自然，在理論上，孝的涵義是饒有伸縮性的，如「戰陣無勇非孝」之類。但事實上從父權的至高無上，而擴張到家族利益的至高無上，從個人之對直系尊親的工具性，而擴張到一個人對於家族的工具性，使個人在在以「身家性命」為大前提，那是無人得而否認的歷史現象。自然，我們歷史上也有過「大義滅親」的事，但那是數世紀而一遇的曠典。

儒家之擁護「家族中心」的道德也有其理論上的根由。那就是孟子所說的，「君子篤於親，則民興於仁」，容或有之。而篤於親的人不見得就興於仁。張宗昌便是一個很明顯的例子，（但有許多人因此而稱贊他）！稍為留心觀察世事的人，當知這決不是一個例外。現代社會心理學上有一條可立的定律：對於一個團體的專心可使這個團體的分子對於別個團體的同情之擴張成為不可能。當國步艱難，軍事緊張的時候，綰兵符的將領還要同故鄉省親——這種現象，非有「百行孝為先」和「以孝治天下」的道德觀念是不容易解釋的。

曹孟德到底是一個看透了世情的奸雄。他在建安二十二年的求「賢」詔裡說道，「……吳起貪將，殺妻自信；散金求官，母死不歸。然在魏，秦人不敢東向；在楚，則三晉不敢南謀。……若文俗之吏，高才異質；或堪為將守，負污辱之名，見笑之行；或不仁不孝，而有治國用兵之術，其各舉所知，勿有所遺。」這只是上說一條社會心理學的原則的反面應用。在習聞了傳統的錯誤社會心理學的人，豈不會疑問：「不能孝的人怎能忠？」

讀者千萬不要誤會以我又在提倡討父仇的謬說，那絕對不是。我只要指出：父權中心或家族中心的道德，是無益而有損於國族的團結。在中國生存鬥爭當中，我們應當趕快捨棄家族中心的道德而代以國族中心的道德。它是中國民族前途的第二個心理的大障礙物，我們非打倒它不可！我並不是說，人們不應當孝，但至少在中國現狀之下，只能孝到不與國族的利益衝突的程度。我也不是說人們不應當愛家族（篤親），但只能愛到不與國族利益衝突的程度。過此以往的要求，便是亡國的道德！

我們今後若想教孝的話，要教那「犯法辱親非孝」的孝，「戰陣無勇非孝」的孝；而不要教那為親蔑義的孝，那使得父親犯法兒子要偷監的孝。但過去中國人所以為百行先的孝，事實上只後一種孝。這種孝無形中給予了舞文玩法和臨陣退縮的行為以「道德的支撐」和精神的安慰。

家族中心的道德觀，在今日中國，有其社會的背景，那便是大家庭制度。家族中，則對於其分子，尤其是有力的分子要求多。一個人對家族責任愈多，則其貢獻於國族，貢獻於文化的機會愈少。一個人念及家族的時候愈多，則其念及國家的時候愈少。柏拉圖在其「大公國」（不當譯作理想國或共和國）裡所以主張廢黜「守護者」（包括官吏和將士）的家庭組織的理由即在此。

大家庭制度的存在足以形成家族中心的道德觀，而家族中心的道德觀的形成又足以鞏固大家庭制度。故此二者可說是互為因果的。

父權中心的孝，也有其大家庭制度的根據。家族愈大，則家長在其有工作能力時負擔愈重，而其自為沒有工作能力時的設備愈難。故此中國有「養兒防老」的一語。一個兒子而成了父母「防老」的工具，從少至大，以此為典型，以養以教，則其此後的人生觀如自淑而淑世的機會也就可想而知。大家庭制度確是國家主義的勁敵。「家庭的組織決定一個社會的性質。」Le Play 一派社會學是很值得研究中國問題的人特別注意的。

在中國的生存鬥爭中要採用柏拉圖的辦法自然是不可能，且非必要。只看我們有沒有法子去變大家庭的制度為小家庭的制度？於此，我覺得有兩點很明顯：

第一、要使這種變遷在短時期（說五年、十年罷）內普遍全國或其大部分是不可能的，因為大家庭制度在今日中國有其經濟背景。

第二、靠心理的改造，在短時期內，使一部分人，尤其是有受中等以上教育機會的人；放棄家庭中心的道德觀，和大家庭的制度——那是可能的，而這些人應當是將來的生存鬥爭國族中領導的人物。

在解說這兩點之前，讓我在別的同類的問題上舉個例子。我想，凡稍為研究社會變遷史的人，都知道：男女平等的道德和法律的普及是有其經濟條件的；工業化和都市化。我國未曾具有這些條件，都因為外來思想的影響，已採用了大致上以男女平等為原則的法律條文，其結果，大部分人民現在不知道這種法律條文的存在，更不用說去利用它、而知道利用新法律的是都市中或都市附近比較有知識的人或和比較有智識的人接近的人。

推之，小家庭制度和國族中心的道德觀，在短時期中靠教育和宣傳的方法去推行，所得結果常不過爾爾。但若能爾爾，於國族生存的鬥爭當中已裨益不少。

我上文說，大家庭制度在今日的中國有其經濟的背景。那背景是什麼？我想在一個可耕的土地不能滿足能耕的人的發展的小農國裡，大家庭制度似乎有存在的需要。為什麼呢？比如一個農人遺下三十畝田和一所房子給他三個兒子，一個老婆，假定那三個兒子都是習於耕種（這是很自然的）而不容易得到或租到新的田土。在這種情形之下，他們若共耕，同居，同炊，共養老母，並於農隙找些散工彌補，還可勉強支持。若個人分家立業起來，這四口子只好吃西北風了！當他們父親生時的情形也是如此。推之於小規模的家庭工商業，理亦如是。若我這般假說不錯，那麼，在這種經濟制度未改變之前，大家庭制度之建立打破和國族中心的道德之普遍地建立似乎是不可能的。我們稍觀西洋近世史，便知國族主義的國家的建立和工業化都市化相為因緣。而經濟制度的改變是不能欲速的。

在中國民族生存的鬥爭當中，我們要在短時期內把這兩大障礙（三諱主義，和家族中心道德觀）減輕，只能藉賴心理改造，施於國內較易移轉的分子，有受教育機會的分子。而且心理改革也是消滅那兩種障礙的必要條件。否認心理改造的效力的人，應當同時主張廢除一切人為的教育。然而有人能化道樣主張嗎？我也不是說，我們可以靠輿論和教育使現在操著大小政治權的一代人立即洗心革面。當我寫這篇文章時，我的眼睛是望著將來的。我唯一的信賴是曾滌生這幾句話所指出的真理：

風俗之厚薄奚繫乎？繫乎一二人心之所嚮而已。民之生，庸弱者戢戢皆是也。有一二賢且智者，則眾人君之而受命焉。此一二人者之心向義，則眾人與之赴義……眾人所趨，勢之所歸，雖有大力莫之敢逆。……世教既衰，所謂一二者不盡在位。彼其心之所嚮，不能不騰為口說而播為聲氣，而眾人者，勢不能不聽命而蒸為習尚。於是乎徒黨蔚起，而一時之人才出焉。

曾滌生也很明白，後一種影響只能靠積漸而不能收急效。所以他結尾只得說：

循是為之，數十年後，萬一有收其效乎？非逆覩已！

是的，我們惟有循著最有收效的可能性的途徑去「鞠躬盡瘁」。未來的實效誰能「逆睹」呢？

（《國聞週報》第十卷第廿六期民國二十二年七月）

# 說民族自虐狂

近來無意中碰到兩段各不相謀而可以互為注腳的記載，把它們比並一讀，我的眼前驀地展開一幅「未來中國民族的現形圖」。

其一段記載說：「平津清查處已准在北平全市設立土膏行十六家，現在揀選中。至於煙土來源，以熱河土為最多；蓋在日本浪人包辦之下，運售既便，價亦低廉也。」（見《宇宙風》，一五期，一二八頁）

另一段記載說：「（四川的）人民……寧吃黑飯，不吃白飯。自宜昌到成都，枯皮包著瘦骨的行尸走肉我真看見不少。……吸鴉片的中國人當然不以四川為限，但至少在我的經驗中，吸鴉片的一件事，不論在吸者自己或他的親友眼中，總是一件諱莫如深的醜事。在四川卻不然，你到一個人家去吃飯，除非那是一個開明的家庭，……主人是要請你上坑吸一口兩口的。你笑說不吃，他便要說：『那有什麼關係呀！吸一口好消食，不用客氣吧！』」（陳衡哲：《川行瑣記》二，見《獨立評論》一九五期，一八至一九頁。）

其實上引陳衡哲女士所描寫四川的情形，並不是四川獨有的。至少她的鄰省雲南，據我平日所聞於一個雲南籍的老同學，也是一模一樣。我自己的家鄉廣東也正朝著這種情形追趕。有人說：西南邊省為中央政府所鞭長莫及的，所以這樣的糟。那麼，輦轂下的江南又怎樣？我去年寒假中遊蕪湖，一位鐵路的辦事員告訴我，近來這裡的白米生意日衰，而黑米的生意日盛；只這一市每年的「特稅」就有三百萬。

中國的鴉片問題因為已差不多有了一個世紀的歷史，因為已習慣到曾經做過青年會運動的目標，現在好像不值得深論。但我們試翻自有吸鴉片以來的歷史，「寓禁於徵」，只是最不開明的帝國主義者對待殖民地才採用的辦法。以三「民」主義的革命政府，當四海一家的時候，而採用這種辦法去對待它的「民」，豈不大奇？在袁世凱的一個時期，能不用「寓禁於徵」而應付得了的鴉片問題，而說現在捨此別無良策，那是「賽雪欺霜」的自誑。這類的自誑一天沒被撤銷，我們理智的良心未昧的人，一天不能相信為中國民族的利益而存在的政府真正存在。

鴉片的播散，有我們的統治者繼續「導乎先路」，有我們的善鄰加快「乘騏驥以馳騁」，那怕煙霧迷濛的癮君子國不會出現在這赤縣神州？

但是，我們未來的「現形圖」上，癮君子只佔一部分。設想有智識而最富於血性的人給砍殺，刑殺，囚殺了，給「變化氣質」了，蹈東海而死了；有智識而無血性的人肩著宦囊到外洋或租界「作新民」去了，做超等漢奸去了；剩下的蚩蚩者，若不是低級奴才，便是連竿也揭不起的癮君子。請問這樣的民族，即使上天特別賜給它以翻身的機會，又如何翻身？

現在中國的病態，我無以名之，名之曰「民族的自虐狂」（National Masochism）。變態心理學上有所謂自虐狂者，犯了這種毛病的人，會在自身的楚痛和屈辱上，得到筋酥骨癢的滿足。集合地說，現在的中國人就彷彿有這樣的情形。我們不獨自虐，簡直自殘；不獨自殘，簡直興高采烈的在自殺。我們肉體上的自殺，是在「寓禁於徵」的名目下養毒播毒，我們精神上的自殺，是用迅雷搋虎的威勢力去淘汰最富於勇氣和同情心的青年。我們只管見慣不怪；歷史上實在沒有一個民族比現在的中國人對待自身更狠毒更惡辣的了；環顧四境，實在沒有一個帝國主義者對待我們比我們對待自己更狠毒惡辣的了。

我們且慢自寬自慰。我們的「民族自虐狂」一天沒被祛去，則一切建設復興的工作，若不是飾爛泥而雕朽木，便是資寇兵而齎盜糧！我們且慢慶祝鐵路的完成，須知東三省在淪陷之前，是我國鐵路網最密的一部！我們且慢忙著醵資榨款不去購買糧食，以送雪中的炭，而去購買飛機以添錦上的花，須知九一八在瀋陽被掠的飛機，構成當時全國首屈一指的空軍實力。

（《獨立評論》第一九九號民國廿五年五月）

# 哲學與政治

哲學和政治的關係可以從兩方面來看：一是哲學的修養和政治的實踐的關係，一是哲學的理論和政治的主義的關係。下文分別說明之。

什麼是哲學的修養？我認為哲學的修養主要的有三：一是理智上徹底誠明的精神，二是「求全」（全體的全）的精神，三是價值意識的鍛鍊。

(1)所謂理智上的「誠」，就是理智上的「毋自欺」，就是不故以不知為知，不故以未至十分之見為十分之見：所謂理智上的「明」，就是理智上的「解蔽」，就是不妄以不知為知，不妄以未至十分之見為十分之見。誠與明在理論上雖然分別甚明顯，但在事實上每難分別；由誠可以至於明，由明亦可以至誠，不自欺之積可以成為自信，理智上糊塗的人每每同時即是理智上不忠實的人。理智上的誠與明是哲學上的第一戒。一個真正受過哲學訓練的人。他視任何判斷，任何信念，如其視幾何學的命題（這裡姑用普通人對幾何學的觀念）一般，要問：它是表示自明的事理，任何具理性的人所當承認，而無須為它舉出理由的嗎？否則他的前提是什麼？這前提是否表示自明的事理？否則它又有什麼前提？如是一直問下去，至於無可再問為止。假如我趨向了某一判斷或信念，而別有許多並非害心病的人卻不能接受它，而接受與它相反以至相矛盾的判斷或信念，他們對於所接受的信念又舉出了若干理由，則我在接受我所趨向的判斷或信念之前，必須把他們的理由加以客觀的考慮，看能否用嚴格的論證，把它推翻，如不能，則我得把我所趨向的判斷或信念虛懸或放棄，萬不能以叫囂謾罵作自衛的兵器，也不能關起大門，對一切異說，裝作不聞，或竟不知，而在沙堆上建築其理論的樓臺。這兩種「作風」誠然是一種捷徑，但這是誠明的反面，這是愛智的反面。因為哲學的墮落，晚近學哲學的人多失掉了理智上誠明的精神，也即失掉了愛智的精神，而只走捷徑。但我們不可以他們的捷徑。代表哲學的修養。

徹底誠明的精神，表面上似乎和政治實踐的需要不很適合。徹底的誠明就是徹底的自我批評，而政治的實踐需要對於主義的始終不渝的信仰，任何批評所不能搖動的堅執，一個常常「不惜以今日之我與昨日之我挑戰」的政治家，決不是偉大的政治家。政治根本主張上的貳臣降將和朝代上的貳臣降將，有相類的地位。他們即使是「棄暗投明」，對大眾也必然失去號召力，也即失去領導的資格。那麼政治家的根本信仰豈不是站在批評範圍之外，而政治家的根本精神，和哲學家的精神，豈不是不相容嗎？其實不然。正惟政治家有根本信仰有「從一而終」之義，所以他在「擇主（主義的主）而事」之時，需有徹底批評的精神。一個政治家在選擇主義時若沒有做過徹底批評的工夫，則日後的結局，除了倖而盲中外，若非朝秦暮楚便是一錯錯到底。一個政治家的錯到底不是等閒的事。那也許是幾千萬以至幾萬萬人的生死安危苦樂所關，中庸說：「誠之者擇善而固執之也」。執當然要固，但擇亦要精：要擇得精就要考慮得徹底。徹底的考慮就是徹底的批評。而且，政治家需要徹底批評的精神，不僅在主義的選擇，還在國策的主持任何政策都是根據國內或國際當前的情勢（可簡稱政情）而產生，它的功效就在它對某種政情下的國家的利益的適合。但政情隨時可變，有時（不是每逢）政情變了，政策就得因之而變。政策好比藥劑，政情好比病狀。有時病狀變了，藥劑就得因之而變。病狀變而藥劑不變，可以殺人。政情變而政策不變，可以禍國。但是政策若奉行了許久而歷歷有效，則他自身具有一種抵抗改變的固定力。功效產生傳統，傳統成了偶像，偶像成了理智的黑房。

在另一方面，政情的改變每非自始即彰明昭著，為有目所共見，卻經長久的隱藏潛流而爆發於一旦。抱傳統政策偶像，臨著劇變的政情，而措手不及；許多政治上的危機就是這樣造成，不用博徵遠引，現在美國的悲劇便是一個最好的例子。遠在危機爆發之前而能灼見政策與政情的脫節而從事補救，這便是「知機」，這便是「先覺」，從事後觀之，知機先覺每似乎是很簡單，很容易的事，但在當時卻便是超邁一世的大智大勇。所以古人說：「知機其神」又以先覺為聖。怎樣才得到這樣神聖的本領呢？天才成分擱開，就人力所能修的而言，惟有至誠至明的，不囿於傳統的反省，守候著政策和政情間的關係而已，這就是說，以徹底批評的精神施於政情的觀察和政策的考慮而已。張橫渠有一句話可以斷章取義地用作這番意思的注腳。他說：「誠、神、幾，曰聖人」。此所謂「誠」，是指自誠而明的工夫，所謂「神」，是指通過外表的障隔而見眾人所不測的本領，所謂「幾」，是知幾的效驗。由自誠而明的工夫，獲得能見眾人之所不測的本領，而收到知幾的效驗，這便是聖人。哲學之為政治家「內聖」的事，其要義之一在此。

(2)所謂「求全」的精神，就是對於全體之一種深切的興趣。科學在對象上注重局部，在方法上注重分析，而哲學在對象上和方法上都要「整個地看」。這「整個」又有兩層意思：就對象的範圍說，是「至外無外」的整個；就對象內容說，是「表裡精粗無不到」的整個。自然這只是一個目標，而且是一個永遠不能達到的目標，但哲學家明知它不能達到，卻力求去接近它；明知沒有路徑可以達到它，卻在無路徑中找路徑。這種精神對政治的實踐又有什麼貢獻呢？現在的政治自然只是國家的政治。對於世界而言，國家是一局部；但對於國家組成的部分而言，又是一全體。政治的推動和支配力每每發自國家的一局部。對於握有政治上的推動和支配力的政治家，最容易引起其注意而佔據其心胸的利益，每每是這種力量所從發的局部的利益，但他的任務卻是統籌全局，他必須超越局部，而以其心為全體的心，他即使在實踐上沒有「為天地立心，為生民立命」的機會，卻有「為國家立心，為國民立命」的職責。惟有一種取法乎上的「求全」的精神，可以引導他自然而然地超越局部。

(3)什麼是價值的意識？通常以真美善包括一切價值，那麼價值的意識就是領略真美善的能力。自然這三分法並不足以顯示價值世界的繁雜性，只舉其大綱而已。例如真有科學之真，與哲學之真；（對宇宙全體的直觀所見之真）美有閎壯之美，美麗之美；善有庸德之善，卓行之善，事功（群體之自覺的發展）之善。一個健全的文化，就是能使一切最後的價值都得到和諧的發展，都並育而不相害的文化，今日德，倭等國的瘋狂性就在事功的價值壓倒以至摧殘其他一切價值。在虎兕出柙的世界裡，一個國家要維持生存，即使無須以暴應暴，亦勢必要把事功的價值放在國民生活的前景，而讓其他一切價值退到背景。但這只是暫時不得已的變態，而不是永久當然的常態。

古人說：「堯舜興則民好善，幽厲興則民好暴」。這是說統治者的價值意識決定國民的價值意識。也許有人覺得這些話太過誇張個人的力量。但我們一看希特勒興起以前和他興起以後的德國，便不能不承認這話比它的否定更為近真。「君子之德風，小人之德草」。「上有好者，下必有甚焉」。當政治成為謳歌的對象時，它是指導文化的勢力。當政治成為諷嘲的對象時，它是限制文化的勢力。無論如何政治家的價值意識若乖戾，則一國的價值便不會平正；政治家的價值意識若狹隘，則一國的價值意識不會廣博；政治家的價值意識若卑下，則一國的價值意識便不會高尚。

一切價值的研究，一切價值的意義和標準的探討，即所謂價值論者，乃是哲學特有的部門。普通人的價值興趣都有所偏，對各種價值的瞭解深淺不一，惟哲學要對一切價值都求深刻的瞭解。價值意識的鍛鍊乃是哲學修養要素之一。必待政治家成為哲學家。一國的文化的發展才得到合當的指導，而免於不合當的限制。

上面已把哲學的修養和政治的實踐的關係闡明，其次要說哲學的理論和政治的主義的關係。在這一點上，我的話可以很簡短。

沒有一套哲學的理論充分地涵蘊一套政治的主義，沒有人能依邏輯的歷程單獨從一套哲學的理論引申出一套政治的主義。二者之間的聯繫不是邏輯的，而是心理的。有宇宙的、自然的秩序；有人間的、人為的秩序。我們的本性要求這個秩序之間有一種連續，一種契合，一種和諧，恰好比我們的審美意識要求建築物的形色和佈置與四週的景物相協調。我們不樂意看見人道和天道相背而馳。我們不能改變宇宙的秩序，以適應人間的秩序；可是別的考慮擱開，我們情願依倣宇宙的秩序，以創造或改變人間的秩序。所以我們對宇宙秩序的認識，不免影響到我們創造或改變人間的秩序的計劃，請舉一個最簡單的例，比方《易傳》說：「天行健，君子以自強不息」。「天行健」表示對宇宙秩序的一種認識，「自強不息」是指示我們改變人間秩序的一個方向。「天行健」的命題本身邏輯上並不涵蘊「我們應當自強不息」的命題，我們若相信「天行健」而反對「我們應當自強不息」的命運。邏輯上並不陷於自相矛盾。為什麼「天行健」，我們就得

「自強不息」呢？沒有什麼，只是我們根於本性，不樂意看見「天行健」而我們「自弱而息」而已。有誰否認這一點，我唯一的答覆就是「汝安則為之」。哲學的理論，就是宇宙的秩序的描寫，政治的主義，就是改變人間的秩序的計劃。我們對於某種哲學理論的從違，乃是我們對某種政治主義的從違的決定因素之一，政治學家不能忽視哲學，尤其是流行的哲學思想，其原因之一在此。

（《思想與時代》第二期民國卅年九月）

# 從政治形態看世界前途

姑置中國於局外不論，現在世界各國的政治態度，有兩個相反的類型，我借用墨子的名詞，稱之謂為「上同」的政治和「下比」的政治。我挖出這兩個古董的名詞來用，並不是故意矜奇立異，為的是避免流行名詞所引起的情感反應。情感的反應每是明晰的認識的障礙。

「上同」的政治以國家為最後的目的，以國家的發展為一絕對的價值。個人只是國家發展的工具。個人生活的意義和價值，就在其對於國家發展的貢獻。為著國家的發展，他得犧牲一切。國家利益的追求需要專門的智識，需要秘密的獨斷。重要政治行動的理由，在理論上和事實上都是無法家喻戶曉的。故此個人對於政府只有服從的義務，沒有批評的自由。主持政治的人，是國家的人格化，國民的同命化，對於國家的永久利益負責，對天下後世負責，對「上帝」負責，而不是對目前大多數國民的利益負責，更不是對大多數國民所自由發表而出公開討論而定的共同意見負責。反之，他要憑教育和宣傳，造成一種局勢，使得他的意見，就是全國一致的意見；使得國人對於他的政令不獨無公開批評的機會，並且不會起私下批評的念頭，因此他對於任何國民，如能身之使臂，臂之使指。在這一方面，他的成功就是他的理據。因為若非他的行為，和他的行為的實際影響，在國家利益範圍內，盡皆真正至公無私，這種局勢，是決不能造成的。為達到國家的利益，他什麼手段都可以用，甚至對本國人民說出彌天的大謊。

「下比」的政治，以個人為最後的目的，以個人的幸福為一絕對的價值，國家存在的理由就在其為保持和增進大多數國民的最大幸福的工具。個人生活的意義和價值乃在幸福的追求。什麼是個人的幸福？這在小節上誠有見仁見智之殊，但大體上說，下比政治下的人們，對此有一致的見解，那就是：(1)物質生活的安全和舒適，(2)教育機會和若干文化價值的享受，(3)若干「自由」的享受。這些要求是絕對的。（附註：此文寫成後，閱報載《美國幸福雜誌》約集專家討論美國和平目標的結論有云：「我們贊成美國接受約束；根據下列原則為自由人民建設新秩序而努力。」其所列原則三條，第一條云：「國家必須承認個性絕對的價值，政府的目的應當是創造機會的均等，使大多數人民能……逐漸生長達成負責的有自製力的個人。」）如人民於此有時須作局部的犧牲，必定出於大多數人的自願。而他們自願作局部的犧牲唯一可能的理由，只是「兩害相權取其輕」的考慮。如個人有時需要為國家而犧牲生命，那只因失掉國家就失掉一切幸福，而失掉幸福，就失掉生活的意義和價值，失掉生活的意義和價值而生，就不如死。所謂「逼生之害甚於死」也。個人為國家而犧牲性命的最後理由。也是「兩害相權取其輕」的考慮。再者，大多數人的福利之最精明而最可靠的裁斷者還是大多數人本身。主持政治的人只是「公僕」，他不獨對主人福利負責，並且對主人的意旨負責，他只能向主人作呼籲，不能給主人以教訓，他寧可遵從主人的意旨而錯，不能違反主人的意旨，而且在任何時候主人並沒有付給他以便宜行事的全權；在若干國家大事的決斷上，他得預先間接或直接徵求主人的同意。

上同政治本質上是戰鬥的政治，它在若干點上是比較的適於戰時，但同時它要靠戰爭來維持。戰爭停止，它的「存在理由」也就隨之消失。上同政治能給人性的某一方面以強烈的滿足，因而引導它作變本加厲的發展，但就人性的全體而論，它是違反人性的。它的強點在此，它的弱點亦在此。人並不是安靜的動物，當他沒有得到舒適的生活和平靜的享受時，他固然朝這方向去追求，但得到了之後，他的倦惡會與日俱增，他情願冒死去登亞拉山的絕頂，或看南北極的曉光，情願到殊方絕國去流浪，情願爭風決鬥，痛飲狂歌，以至「憑陵大叫呼五白」。這種要求，人人多少是有一點的，而且滿足這種要求的滋味，一經嘗試每令人欲罷不能。戰爭，翻天覆地的戰爭！爭勝利，排山倒海的勝利！這對於在軍事訓練中生長的人是天鵝肉的誘惑。這種誘惑能使人忘記世間的其餘一切。但在另一方面，人性要求他自身被看作一目的而不讓他甘作純粹的工具。康德認為道德根本原則之一義，是要把每個人當作一目的而不當作一工具，這有不刊的真理。除了在反常狀態之下，誰情願做火爐中取栗的貓爪？上同的政治就是要把個人當作純粹的工具。人當他久屈得伸，久苦得樂，久靜得動，久悶得舒的時候，固然會忽略或忘記他被用作純粹工具的事實。但當他由伸轉屈，由樂轉苦，由舒轉悶的時候，一發現他從前暫時的好處的代價是被用作純粹的工具，他便會和以純粹工具處他的勢力精神上分離，甚至對它行動上反叛。所以在侵略戰爭中，上同國家是可順而不可逆，可挺而不可挫的。長期的挫逆就是上同政治所給予其國民的誘惑的解毒劑。上同國家所以每每「興也勃焉，亡也忽焉。」原因在此。但和上同國家對抗的勢力若自謀不臧，它未始不可以「盡敵而友。」但因為上同的政治本質上是鬥爭的政治，它盡敵的時候，就是它開始崩潰的時候，無論在什麼情形下，上同政治進行的路徑總是趨向墳墓的。

下比的國家，當與上同國家對抗時，它的弱點是很明顯的。第一，因為它視戰爭為一種可免則免的災禍，所以它在軍事的準備上自始即落人後。第二，它的戰鬥行為不是少數人所能發動，必須等待無數「主人」的同意。所以它在戰略上永遠失掉「先發制人」「先聲奪人」和「出其不意，攻其無備」的機會。但它的強點也就在此。因為他的戰鬥行為是基於大多數人自主的同意。是基於大多數人「入主出奴」的選擇，是基於大多數人忍可無忍讓無可讓的整愾，所以它能忍受挫折，長久支持。上同國家從事戰爭，本以求勝，不勝則倦，倦則悔生；下比國家從事戰爭，本以求生，猶生則安。上同國家最不利於久戰，而下比的國家最利於久戰。所以下比國家對付上同的國家之最有效的武器是把戰爭的時間無限延長。

從上面政治形態的分析，我們可以得到如下的結論：在侵略戰爭中，上同國家如不能速戰速決，則戰爭愈久延，它在政治形態上所具的強點愈被中和，而它在同方面的弱點愈增加決定的作用，不過政治形態不是決定戰爭勝負的唯一因素，此外有關的主要因素，包括⑴生產技術，⑵經濟資源，⑶人口，⑷人謀。在生產技術上，現在從事戰爭的上同國家集團和下比國家集團相差有限，可說大體上旗鼓相當。在經濟資源和人口的兩個因素上，下比集團顯然有壓倒的優勢。而戰爭愈延久則這兩個因素上的優勢也愈增加決定的作用。這次戰爭之將成為延久的戰爭是無疑的。所以從政治形態，經濟資源和人口的三個因素上看，下比集團有可勝之勢，從生產技術的因素上看它無必敗之勢。唯一的未知量便是未來兩方的「人謀」了。所謂人謀，包括政略，戰略和戰術。

（《思想與時代》第三期民國三十年十月）

# 論中西文化的差異

文化是一發展的歷程。它的個性表現在它的全部「發生史」裡。所以比較兩個文化應當就是比較兩個文化的發生史。僅只一小時代一階段的枝節的比較是不能顯出兩文化的根本差異的，假如在兩方面所摘取的時代不相照應，譬如以中國的先秦與西方的中古相比，或以西方的中古與中國的近代相比，而以為所得的結果，就是中西文化的根本異同，那更會差以毫釐，謬以千里了。

尋求中西文化的根本差異就是尋求貫徹於兩方的歷史中的若干特性。惟有這種特性才能滿意的解釋兩方目前之顯著的外表的而以為所無的差異，若只注意兩方在近今一時代之空前的差異，而認為兩方的根本差異即在於此，一若他們在近今一時代之空前的差異是突然而來，前無所承的，在稍有歷史眼光的人看來，那真是咄咄怪事了！

近代中西在文化上空前的大差異，如實驗科學，生產革命，世界市場，議會政治等等之有無，決不是偶然而有，突然而生的。無論在價值意識上，在社會組織上，或在「社會生存」上，至少自周秦希臘以來，兩方都有貫徹古今的根本差異，雖然，這些差異在不同的時代，有強有弱，有顯有隱。這三方面的差異互相糾結，互相助長，以造成現今這三方面的發生史上的差異，下文以次述之。

## 一

凡人類「正德，利用，厚生」的活動，或作為「正德，利用，厚生」的手段的活動，可稱為實際的活動。凡智力的，想像的，或感覺的活動，本身非「正德，利用，厚生」之事，而以本身為目的，不被視作達到任何目的之手段者，可稱為純粹的活動。凡實際的活動所追求的價值，可稱為實踐的價值。凡純粹的活動所追求的價值，可稱為觀見的價值。過去中西文化的一個根本差異是：中國人對實際的活動的興趣遠在其對純粹的活動的興趣之上；在中國人的價值意識裡，實踐的價值，壓倒也觀見的價值，實踐的價值，幾乎就是價值的全部，觀見的價值簡值是卑卑不足道的。反之，西方人對純粹的活動，至少與對實際的活動有同等的興趣；在西方人的價值意識裡，觀見的價值，若不是高出乎實踐價值之上，至少也與實踐的價值有同等的地位。這一點中西文化的差異，以前也有人局部地見到。例如在抗戰前數年時，柳詒徵先生於〈中國文化西被之商榷〉一文裡曾說：

吾國文化惟在人倫道德，其他皆此中心之附屬物。訓詁，訓詁此也，考據，考據此也。金石所載，載此也。詞章所言，言此也。亙古亙今，書籍碑板，汗牛充棟，要其大端，不能悖是。

又說：

由此而觀吾國之文學，其根本無往不同。無論李，杜，元，白，韓，柳，歐，蘇，辛稼軒，姜白石，關漢卿，王實甫，施耐庵，吳敬梓，其作品之精神面目雖無一人相似，然其所以為文學之中心者，君臣父子，夫婦，兄弟，朋友之倫理也。

柳先生認為中國人把道德的價值，放在其他一切價值之上，同時也即認為西方人沒有把道德的價值放在其他一切價值之上，這是不錯的。不過我以為這還不能詳盡地普遍地說明中西人在價值意識上的差異。在上文所提出的價值的二分法當中，所謂實踐的價值，包括道德的價值，而不限於道德的價值，惟有從這二分法去看中西人在價值意識上的畸輕畸重，才能賅括無遺地把他們這方面的差異放在明顯的對照。

說中國人比較地重視道德價值，稍讀儒家的代表著作的人都可以首肯。但說中國人也比較地重視其他實踐的價值，如利用厚生等類行為所具有的，許多人會發生懷疑。近二三百年來西方人在利用厚生的事業上驚心炫目的成就，使得許多中國人，在自慚形穢之下，認定西方文明本質上是功利（此指社會的功利，非個人的功利，下同）主義的文明；而中國人在這類事業的落後，是由於中國人一向不重功利。這是大錯特錯的。正唯西方人不把實際的活動放在純粹的活動之上，所以西方人能有更大的功利的成就，正唯中國人讓純粹的活動，被迫壓在實際的活動之下，所以中國人不能有更大的功利的成就。這個似是自相矛盾而實非矛盾的道理下文將有解說。

《左傳》裡說，古有三不朽：太上立德，其次立功，其次立言。這是中國人的價值意識的宣言。歷來中國代表的正統思想家，對這宣言沒有不接受的。許多人都能從這宣言認取道德價值在中國人的價值意識中的地位。但我們要更進一步注意：這僅只三種被認為值得永久崇拜的事業都是實際的活動，而不是純粹的活動，這三種頭等的價值，都是實踐的價值而不是觀見的價值。所謂德，不用說了。所謂功，即是惠及於民，或有裨於厚生利用的事。所謂言，不是什麼廣見聞，悅觀聽的言，而是載道的言，是關於人生的教訓。所以孟子說：「有德者必有言」。

亞里士多德的《尼哥麥其亞倫理學》，其在西洋思想史中的地位，彷彿我國的《大學》、《中庸》。《倫理學》和《大學》都講到「至善」。我們試拿兩書中所講的至善，作一比較，是極饒興趣的事。亞里士多德認為至善的活動，是無所為而為的真理的觀念；至善的生活，是無所為而為地觀玩真理的生活。《大學》所謂「止於至善」則是「為人君止於仁，為人臣止於敬，為人子止於孝，為人父止於慈，與國人交止於信。」這差別還不夠明顯嗎？中國人說「好德如好色」而絕不說「愛智」「愛天」；西方人說「愛智」「愛天」，而絕不說「好德如好色」。固然中國人也講「格物致知」，但那只被當著「正心，誠意，修身，齊家，治國，平天下」的手段，而不被當作究竟的目的。而且這裡所謂知，無論照程朱的解釋，或照王陽明的解釋，都是指德性之知，而不是指經驗之知。王陽明的解釋不用說了。程伊川說：「知者吾所固有，然不致則無從得之。而致知必有道，故曰致知，在格物。」又說：「聞見之知，非德性之知，物交物則知之，非內也；今之所謂博物多能者是也。德性之知，不假見聞」。「致知」所致之知，為「吾所固有」，即「由內」而「不假見聞」，即德性之知也。朱子講致知，是「竊取程子之意」的，其所謂「知吾之知」當然是致「吾所固有」之知了。實踐價值的側重在宋明的道學裡更變本加厲。在道學家看來，凡與修身齊家治國平天下無明顯關係的事，都屬於「玩物喪志」之列。「學如元凱方成癖，文至相如始類俳。獨立孔門無一事，卻師顏氏得心齋！」這是道學家愛誦的名句。為道學家典型的程伊川，有人請他去喝茶看畫，他板起面孔回答道：「我不喝茶，也不看畫！」

我不知道有什麼事實可以解釋這價值意識上的差異。我們也很難想像，這差異是一孤立的表象，對文化的其他方面，不發生影響。這價值意識上的差異的具體表現之一是純粹科學在西方形成甚早，而在中國受西方影響之前，始終未曾出現。我們有占星術及曆法，卻沒有天文學；我們有測量面積和體積的方法，卻沒有幾何學；我們有名家，卻沒有系統的論理學，我們有章句之學，卻沒有文法學。這種差異絕不是近代始然，遠在周秦希臘時代已昭彰可見了。純粹科學，是應用科學的必要條件。沒有發達的純粹科學，也決不會有高明的實用的發明。凡比較複雜的實用的發明，都是（或包涵有）許多本來無實用的發現或發明的綜合或改進。若對於無實用的真理不感興趣，則有實用的發明便少所取材了。這個道理，一直到現在，我國有些主持文化學術或教育事業的人還不能深切體認到。傳統的價值意識囿人之深，於此可見了。觀見價值的忽略，純粹科學的缺乏，這是我國歷史上缺少一個產業革命時代的主因之一。

有人說：中國的音樂是「抒情詩式的」，西洋的音樂是「史詩式的」。不獨在中西的音樂上是這樣，在中西全部藝術上的成就也大致是這樣，想像方面的比較缺乏「史詩式的」藝術，與智力方面的缺乏純粹科學是相應的。史詩式的藝術和純粹科學同樣表示精細的組織，崇閎的結構，表示力量的集中，態度的嚴肅，表示對純粹活動的興趣，和對觀見的價值的重視。

## 二

其次，從社會組織上看中西文化之發生史的差異。就家族在社會組織中的地位，以及個人對家族的權利和義務而論，西方自希臘時代已和中國不同。法國史家古郎士說：「以古代法律極嚴格論，兒子不能與其父之家分離，亦即服從其父，在其父生時，彼永為不成年者。……雅典早已不行這種子永從其父之法。」（希臘羅馬《古代社會研究》漢譯本頁六四）又斯巴達在庇羅奔尼斯戰役以後，已通行遺囑法（同上頁五八）使財產的支配權完全歸於個人而不屬於家屬。基督教更增加個人對家族的解放。在基督教的勢力下，宗教的義務，是遠超過家族的要求，教會的凝結力，是以家庭的凝結力為犧牲的。《新約》裡有兩段文字，其所表現的倫理觀念與中國傳統的倫理觀念相悖之甚，使得現今通行的漢譯本不得不大加修改。其一段記載耶穌說：

假若任何人到我這裡來，而不憎惡他的父母，妻子，兒女，兄弟和姊妹，甚至一己的生命，他就不能做我的門徒。

另一段記載耶穌說：

我來並不是使世界安寧的，而是使他紛擾的。因為我來了，將使兒子與他的父親不和，女兒與他的母親不和，媳婦與他的婆婆不和。（兩段並用韓亦琦君新譯）

基督教和佛教都是家族組織的敵人。基督教之流佈於歐洲與佛教之流佈於中國約略同時。然基督教能抓住西方人的靈魂，而佛教始終未能深入中國人的心坎者，以家族組織在西方本來不如在中國之嚴固，所謂物必先腐然後蟲生之也。墨家學說的社會的涵義和基督教的大致相同，而墨家學說只曇花一現，其經典至成了後來考據家聚訟的一大問題，這也是中國歷來家族組織嚴固的一徵。基督教一千數百年的訓練，使得犧牲家族的小群而盡忠於超越家族的大群的要求，成了西方一般人日常呼吸的道德空氣。後來基督教的勢力雖為別的超家族的大群（國家）所受而代，但那種盡忠於超家族的大群的道德空氣是不變的。那種道德空氣是近代西方一切超家族的大群，從股份公司到政治機構的一大鞏固力，而為中國人過去所比較欠缺。

我不是說過去中國人的社會理想一概是「家族至上」。儒家也教人「忠孝兩全」，教人「移孝作忠」，教人「戰陣無勇非孝也」，教人雖童子「能執干戈以衛社稷者可無殤」，孔子亦曾因為陳國的人民不能保衛國家，反為敵國奴役，便「過陳不入」。有些人以為過去儒家所教的忠只是「食君家之祿者，忠君家之事」的意思，那是絕對錯誤的。不過中國人到底還有調和忠孝的問題，而西方至少自中世迄今則不大感覺到。在能夠「上達」的人看來，「忠孝兩全」誠然是最崇高的理想，但在大多數只能「下達」的人看來，既要他們孝，又要他們忠，則不免使他們感覺得「兩姑之間難為婦」了。而且對於一般人畢竟家近而國遠，孝（此處所謂孝就廣義言，謂忠於家族）易而忠難，一般人循其自然的趨向，當然棄難趨易了。就過去中國社會組織所表現於一般中國人心中的道德意識而言，確有這種情形。而這種情形在西方至少是比較輕淺的。像《孟子》書中所載「舜為天子，皋陶為士，瞽瞍殺人，則如之何」的疑問，和孟子所提出舜「竊負而逃，遵海濱而處」的回答，是任何能作倫理反省的時代的西方人所不能想像的。許多近代超家族的政治或經濟組織，雖然從西方移植過來，但很難走上軌道，其至使人有「橘瑜淮而北為枳」之感者，絕對盡忠於超家族的大群的道德空氣之缺乏是一大原因。

## 三

再次，就社會的生存上看：過去中國的文化始終是內陸的農業的文化；而西方文化，自其導源便和洋海結不解的關係。腓尼基，克列特，不用說了。希臘羅馬的繁榮是以海外貿易，海外掠奪，和海外殖民做基礎的。在中世紀，海外貿易的經營仍保存於東羅馬帝國，而移於波斯人和亞拉伯人之手。文藝復興的時代。同時也是西南歐海外貿易復興和市府復活的時代。從十二世紀西南歐的準市府的經濟到現代西方海洋帝國主義的經濟是一繼續的發展，是一由量的增加而到質的轉變的歷程。這歷程和希臘羅馬的海外開拓是一線相承的。而海外開拓的傳統是中國歷史上所沒有的。這點差異從兩方的文學也可看出。西方之有荷馬和桓吉爾的史詩；好比中國有《詩經》和《楚辭》。荷馬和桓吉爾的史詩純以海外的冒險的生活為題材，他們的英雄都是在風濤中鍛錬成的人物。而在《詩經》和《楚辭》中，除了「朝宗於海」，「指西海以為期」一類與航海生活無關的話外，竟找不出一個海字。近三四百年來，像克茫士（葡萄牙詩人，以華士哥發現好望角之航行為史詩題材者）康拉特（英小說家，專編海上生活）之徒在西方指不勝屈，而中國則絕無之。中國惟一與航海有關的小說《鏡花緣》，其海外的部分卻是取材於《山海經》的。

我不是一味謳歌洋海的文化而詛咒內陸的文化。二者各有其利弊。孔子說：「智者樂水，仁者樂山，智者動，仁者靜。」我們也可以說「洋海的文化樂水，內陸的文化樂山；洋海的文化動，內陸的文化靜。」而且我們也可以更進一步說：洋海的文化恰如智者，尚知；內陸的文化恰如仁者，尚德。洋海的文化動：所以西方的歷史比較的波瀾壯闊，掀揚社會基礎的急劇革命頻見疊起。內陸的文化靜：所以中國歷史比較平淡舒徐，其中所有社會的大變遷都是潛移默運於不知不覺，而予人以二千多年停滯不進影象。洋海的變化樂水：所以西方歷史上許多龐大的政治建築都是其興起也勃焉，其沒落也忽焉，恰如潮汐；而中國則數千年來屹立如山。（第一次世界大戰後，希特勒汲汲經營陸軍，圖霸歐陸，而不甚著意海軍，以圖收復殖民地，他未必不是有見於此理。）這差別固然有其地理環境的因素。但地理環境所助我的文化發生史上的差異，研究比較文化的人不容忽視。海外開拓是產生資本主義的一大原動力，雖然資本主義的發達也增加了海外開拓的需要。一般僅只根據「共產黨宣言去講唯物史觀的人，以為照馬克斯的說法，歐洲資本主義的社會是蒸汽機的發明所造成的。（所謂生產工具決定生產關係。）其實馬克斯晚年在《資本論》裡已經放棄這種說法。近年講馬克斯主義的人決不提到《資本論》裡對資本主義起源的更逼真的解釋，我覺得是很可詫異的。

在《資本論》裡，馬克斯把資本主義分為兩個時期：(1)手工製造時期，(2)機器製造時期。

照定義在資本主義的手工製造時期，蒸汽機還沒有出現，怎麼說出蒸汽機的發明造成資本主義的社會呢？馬克斯以他所目擊的英國為例。資本主義發生的先決條件是大量無產無業的「普羅列特列亞」聚集都市，以供擁有資財的人的利用。因為海外市場對英國毛織品的需求，使得這樣製造事業（起初是由小規模的工場和家庭出品的收集來供應的）在英國特別繁榮，同時羊毛的價格也大漲。於是擁有巨量土地的貴族，紛紛把本來供耕種用的土地收回做牧場，同時把原有永久的佃戶驅逐。這大量被剝奪了生產的資藉的農民的聚集都市，和海外市場對英國織造業的繼續增長的需求，便是造成最初出現於歐洲的大工廠的動力。以上都是馬克斯在《資本論》裡的說法。我們更可以補足一句：蒸汽機的發明也適應著海外對英國織造業的繼續增長的需要的。（但非純由於適應此需要。遠在此時以前西方已有以蒸汽為發動力的機構，惟視為無用的奇器，陳列於博物院者而已。）所以要明白近代西方生產革命的由來，不可忽略了西方航海事業的傳統，要了解中西文化在其他方面的差異，也不可不注意西方航海事業的傳統。

（《思想與時代》第十一期民國卅一年六月）

# 論歷史學之過去與未來

史學應為科學歟？抑藝術歟？曰，兼之。斯言也，多數績學之專門史家聞之，必且嗤笑。然專門家之嗤笑，不盡足懾也。世人恒以文筆優雅，為述史之要技。專門家則否之。然歷史之為藝術，固有超乎交筆優雅之上者矣。今以歷史與小說較，所異者何在？夫人皆知在其所表現之境界一為虛一為實也。然此異點，遂足擯歷史於藝術範圍之外矣乎？寫神仙之圖畫，藝術也。寫生寫真，毫髮畢肖之圖畫，亦藝術也。小說與歷史之所同者，表現有感情，有生命，有神彩之境界，此則藝術之事也。惟以歷史所表現者為真境，故其資料必有待於科學的搜集與整理。然僅有資料，雖極精確，亦不成史。即更經科學的綜合，亦不成史，何也。以感情生命神彩，有待於直觀的認取，與藝術的表現也。斯賓格勒之論文化也，謂為「若干潛伏之理想情感性質之表露、之實踐。惟然，故非純粹單簡之智力所能識取其全體。智力者，僅能外立以判物而已。文化者，吾人視之，當如視一藝術品。」夫豈惟文化，其他多數人類活動，亦莫不然。

要之。理想之歷史須具二條件：（一）正確充備之資料，（二）忠實之藝術的表現，過去與現在之歷史，能具此二條件否耶？如不然，將來之歷史如何然後能具此二條件耶？藝術者，半存乎天才，非人力所能控制，以預期將來之如何如何。故茲略而不論，惟論資料：

（一）過去歷史資料所受之限制何在？

（二）此等限制在將來有打破或減輕之可能否？若可，則

（三）如何控制將來之資料，以打破或減輕此等限制，使將來之歷史漸臻於理想之域。

吾確信苟認識此諸問題之意義者，必深覺其於史學及人類知識之前途有綦重之關係。蓋此等問題一解決，新方法見諸實行，則將來世界之歷史記錄，將來人類經驗之庫藏，必大改觀。人類關於自身之知識，或因此而得無限之新資料與新觀點，亦未可知也。此等功效自不能奏顯於目前，然使人類而不必為明日計，使學術本身之前途而不須顧及，使真理之探求而不必窮可能之限度，則亦已矣，如其不爾，則舉世以歷史為專業之人，不可不急起而考慮此諸問題也。

此諸問題及其重要，本極簡單明顯。最可異者：自有歷史迄今，對於第（一）問題，雖近世學者間有感及，然從未有加以詳盡及統系的分析。至於第（二）第（三）問題，則絕無提出者，豈不以史家之目光為過去所牢籠，遂並史學自身將來之命運，亦無暇顧及耶？吾今為此論，非敢沾沾自喜，誠以此諸問題關係將來人類之歷史智識者甚鉅，而歷史智識者幾佔人類知識全部之半。故不能指陳此諸問題之重要，以冀今後學者之注意。至吾今所能為者，僅發凡起例而已。

一切具體的科學，按其研究對象之性質，可分為二類。其一為直接的科學：其所研究之現象，可直接實驗或觀察，而同樣現象，可隨意使之復現；或依自然之週期而復現，至百千萬億次

而無所限，故其敘述推理及結論之所據，非某時代某人特定的觀察，而為人人所能親見之事實。此類科學，如物理化學其最著者也。其二為間接的科學：其所研究之現象，一現旋滅，永不復返，吾人僅能從其所留之痕跡而推考之。此種痕跡，又分為二類，其一，本身即為過去之現象之一部份者：如地層化石古動物骸骨及古器物之類是也。其二，為某時某人對某現象直接或間接所得之印象，如史傳遊記之類是也。專以前一類為研究對象者，如地質學古生物學及考古學是也。其研究對象為兼前二類者，歷史是也。從個人之印象，而推斷事實之真際，其道何由乎，此則凡曾讀西洋普通史學方法書者，皆習聞之矣。曰，由於多數獨立坦白而能力充分之見證人之諧協以非專門之語言之。今有一事，甲乙丙丁等若干人同親見之。彼等皆有明察此事之能力，（例如耳目無疵神經不錯亂等）又無作偽欺人之意，又未嘗互通消息。而其關於此事之報告，有互相諧協之處，則其諧協之部分，可稱為信史。此歷史真理之根據，原則上雖不能與科學真理之根據立於同等鞏固之地位，實際上尚為可靠之標準，雖然。一部世界史，若逐事嚴格以此標準繩之，其得稱為信史者，恐不逾數十頁也。其所以若此者，則以歷史所由構成之印象，其質的方面及量的方面，胥受種種限制，不能如理想所期也，此過去之事，後人所無可如何者也。（雖地下及地上常有新資料之發現，然其所能補之苴漏，不過九牛之一毛耳。）雖然，未來之歷史，亦將不能逃此命運乎？吾人對於未來史事之印象，不能有預先之控制，以提高其質的方面而增加其量的方面乎？更進而言之。過去種種限制，其皆出於天然，而非人力新能打破者乎？欲解決此問題，宜先知過去史料所受之限制為何？

以吾淺陋之分析，此等限制有十五種，可別為兩類，茲分論如次：

## （甲）絕對之限制

所謂絕對之限制者，非謂限制之本身皆為絕對不可變者也，謂其在過去之結果，後人無法補救也。吾人於不良之資料，自可擯棄懷疑，然終無法改善其質也。吾人雖能發現歷史之罅隙，然有補苴之希望者極少也。此類限制，為數有十一：

### （一）觀察範圍之限制

歷史智識之來源，厥為事實之觀察。然人類之活動，有許多為活動者以外之人觀察所不能及者。

（子）個人之活動自守秘密者

凡個人不可告人之事皆屬此類。歷史上不可告人之事而關係極重大者何限？試以近世史為例：袁世凱當東山再起之日，是否已早定欺劫孤兒寡婦之陰謀？當其宣誓就大總統職之時，是否已預作黃袍加身之計？此皆無人能證明或反證者也。

（丑）個人之活動無發表之機會者

關於此項，今舉一極有趣之例證：吳沃堯在其《二十年目睹之怪現狀》現狀中已引為笑談者也。《左傳》記晉靈公使鉏麑往刺趙盾，「麑晨往，寢門闢矣。盛服將朝，尚早。坐而假寐。麑退，歎而言曰：不忘恭敬，民之主也，賊民之主不忠，棄君之命不信，有一於此，不如死也。觸槐而死。」試問此時趙盾假寐而未醒，鉏麑入室而無覺，誰能得聞其將死時心中之自語乎？

（寅）多數人之活動自守秘密者

例如最近共產黨在中國之秘密分佈及暴動之陰謀是也。又如兩軍對壘時軍事之秘密，及外交上秘盟秘約是也。

（卯）多數人之活動無發表之機會者

例如歷代奸雄之殺其黨徒或爪牙以滅口之類是也。

## （二）觀察人之限制

凡科學上之實驗觀測，必出於洞明學理，久經訓練者之手。今有不通天文學之人，持管以望天，天文學家必不取其所見以為研究之資料也。今有不識鳥獸草木之理之人，摹狀奇禽異花之構造及特徵，生物學家必笑而置之也。不幸過去之史事，具正確觀察之能力者，多不得觀察之機會，而得觀察之者，卻多為缺乏智識與訓練之人。史家所得而根據之資料，大部份不啻尋常人持管之望天，鄉愚對於奇禽異花之摹狀也。關於史事，有訓練者之觀察與無訓練之觀察之差異程度，可舉一例以明之：

> 一九二〇年九月六日正午，紐約市華爾街突爆發一炸彈。此事之預謀者及其動機，至今猶未明也。華爾街《彙報》之編輯人，所居與爆發地密邇，聞訊，立遣訪員往查。其後彼又詢問當場見證者九人。其中八人，皆謂當時該地車馬甚多。或謂為數有十。有三人且堅確肯定，謂載炸彈者為一紅色之摩托車。只有一退伍之軍官，謂炸彈實爆發於一貨車以馬引者。其車停於檢治局（The assay office）之門前。此外只見一摩托車停於貨車之對面。此軍官之言，其後證明為確實。該報編輯記事畢，更附論曰，吾人須注意者，此軍官實為有專門訓練之見證人，因曾為軍官，故習於炸彈爆發之真相，習於正確之觀察。其餘八人，對於當地車數之重要問題，莫不謬誤。……彼八人之報告，非其所見，乃其所推斷；抑且非其所推斷，乃其所猜度。……鄙人為報紙訪事員者已三十五年，世界幾已歷遍。搜集新聞，權衡證據，素所習為。以鄙人之經驗觀之，吾儕（報紙訪事員）大抵皆不自覺之說謊者而已。（Letter to the New York Times, May 1924. 據一九二六年出版之A. Johnson "Historian and Historical

Evidence"一書第二十四至二十五頁所引）

夫今日之報紙訪事員如是。昔之記史證者又何如？

## （三）觀察地位之限制

吾人對於一事物之印象，每視乎吾人觀察之地位而異。歷史記載，每因觀察者地位之限制，而不得正確之印象，此種限制，又分為二類：

（子）距離之限制

例如觀察一戰事。與其僅在後方聽礮聲之遠近，覘軍隊之進退，不如更親臨戰場，觀交綏之情形。然古今戰史資料之來源，其得自戰場上者有幾耶？

（丑）觀點之限制

例如甲乙同在戰場觀戰。甲在堡中外闞，乙在高山上瞭望。則衝鋒肉搏之狀，甲所能瞭睹者，乙不能也。空中飛機追逐昇墜之狀，乙所能瞭睹者，甲不能也。是故有時必須比較在數觀點之觀察，然後能得一事實之真象。然一事實而有數觀點之觀察者，歷史上蓋罕覯也。

## （四）觀察時之情形之限制

觀察時個人自身之情形，及外界四周之情形，有足影響於其印象之正確者。

（子）個人自身之情形

個人之知覺作用及觀察能力，每蔽於一時之感情，而失其正。《大學》所謂「身有所忿懥，則不得其正。有所恐懼，則不得其正。有所好樂，則不得其正。有所憂患，則不得其正。心不在焉，視而不見，聽而不聞」者是也。敗兵喪膽，則鶴唳風聲，皆為敵號。遠山草木，盡是敵兵。此其例也。

（丑）外界的影響

（天）物界

例如陰霾漫天，則近景不辨。巨響震地，則語聲不聞。又如顏色之感覺，受光度之影響。晚間光度若減，則紅藍不辨。故苟有證人謂在黑暗中見一紅帽而非藍帽者，則法庭必不信其證據。

（地）社會

若有一種共通信仰或感情，流行於社會，個人受其影響，先入為主。則凡與此種信仰或感情之對象相疑似之物，輒易被認為真。《左傳》所記鄭人相驚以伯有之事，即其例也。

通常所謂精神傳染（Psychic Contagion）、所謂心靈的導引（Mental induction）、所謂群眾心理（Psychology of the Crowd）皆所以解釋此種事實之名詞也。

## （五）知覺能力之限制

假設觀察之人，觀察之地位，及觀察時之情形，皆合於理想矣，猶未必能得理想之印象，何也。以吾人之感官（Sense organ）原為不可靠之測量器也。構成歷史之要素，厥為空間、時間、動作、景物（Scene）。然感官於此四者所得之印象，其差忒之度，恒出人意表。謂余不信，試觀近代心理學家實驗之結果。

（子）空間

（天）大小

昔牟斯特伯（Munsterberg）氏嘗仿效天文學家Foestrer之試驗。命一班學生，各言其所見滿月之大小與直臂所持在目前之何物相同，氏之報告曰，吾所得之答案如下：一圓銀幣之四分一，中等大之甜香瓜，在地平線時如菜盤，當頭時如果碟，吾身中之時計，直徑六吋，一元銀幣。吾身中之時計之一百倍，人頭，半圓幣，直徑九吋，葡萄子，車輪，牛油碟，橘子，十呎，二吋，一角幣，教室中之時鐘。豌豆。湯盤，自來水筆，（似指直徑）檸檬糕，手掌，直徑三尺。此足見印象紛歧之可驚矣。更有足使讀者駭訝者，諸答案中，其惟一正確者。厥為以月比豌豆答案。（以上見Hugo Munsterberg所著On the Witness-Stand第二十七至二十八頁）

（地）距離

恒人之估算遠近，大抵以物象明晰之程度為準，鮮有兼計及光度之強弱者。是故遇有煙霧，則近前之物模糊，而人覺其巨且遠。天朗氣清，則遠處物體明晰顯豁，人覺其小而近。

（丑）時間

時間知覺之譎幻，尤為昭著。據心理學家之研究，吾人不覺時間之分點，但覺時間之範圍及延續。換言之，即吾人於一時間，但覺其起訖之界限也。對於一時間之覺認，與在此時所作事之興趣及注意成正比例。是故同一長度之時間，若當旅行艱苦之途程，則覺其酷長。若當聚精會神於動人之戲劇，則覺其飛速，此凡人所有之經驗也。然有可異者。在回想中，則悠久而厭苦之期間，反覺其短。歡樂之瞬息，反覺其長。此表似矛盾之現象，可解釋如下：吾人追想過去之時間，其長短之感覺，視乎此時間之內容，（所歷情節）存於記憶中者之多寡而殊。愉快之時間，其情節繁多，厭倦之時間，其情節單調。其在記憶中之遺痕淺而少。

復次：吾人對於事物之知覺（Perception）有一特點，即所覺者，非事物之種種屬性，而為事物之全體。故知覺之定義，為感覺置在意識前之特殊實物。（Consciousness of Particular material things present to the sense）今夫椅，有其種種特異之屬性及部分。如椅柄也，椅腳也，靠背也，椅身也，然吾人非先見椅柄，椅身，椅腳，靠背各部分，然後合之而成一椅也。吾人張目看椅，即見其全體。夫此時感覺神經之受刺激者，自有多數。然吾人所見，卻為一結合體，何為能如是耶？則以知覺之歷程，乃以先前之經驗代表新事物於意識中也。藉前此之識覺，已得知椅之性質，已造成習慣的反應。故不待分析各部，而即見其全體也。是故在大多數情形之下，知覺者，實為粗略之重現的歷程。（reproductive process）過去之知覺，與當前之知覺，攙合為一體。而將新者改易範疇，使與過去符同，此心理學家之恒言也。吾嘗有譬焉，知覺者，非逐物攝影。乃先搜集無數物像，然後對像認物也。若有與舊像大致無差者，則易被認為同物而不細辨。若有一種新事物，其像為舊所無，或不經見者，則或知其無，而為攝新像。或不知而以不同之舊像冒混之。此種對像認物之步驟，其正確之程度，視乎下列三者而殊。(1)預期，即已有先入為主之成見。如第（三）目（子）項及第（三）目（丑）項（地）條所舉者是也。(2)速度。(3)對象之複雜程度，關於後二者，茲按動作與景物分論之。

（寅）動作

同一人觀察一連續之動作，（假定只能有一次之觀察者）其所得印象之正確程度，與動作之速度及複雜程度，成反比例。故稍為速而繁之動作，雖經訓練之觀察者亦無如之何。茲舉一例如下。

昔在葛廷根（Gottingen）開心理學會議時，曾舉行一極有趣之試驗，受試者皆有訓練之觀察者也。離議堂（會議所在）不遠，方舉行一公共宴饗，並有化裝（戴面具）跳舞，猝然議堂之門被衝而開，一村夫奔入。又一黑人追之，手持短銃，二人止於堂中而鬥。村夫仆，黑人躍跨其上，發銃。然後二人俱奔而出。此事始末，歷時不及二十秒。

主席立請在場之人，各作一報告，云將以為法庭審判之佐證。繳報告者四十人，僅就主要之事實而論，其錯誤少於百分之二十者僅一人，百分之二十至四十者十四人，百分之四十至五十者十二人，百分之五十以上者十三人。復次：有二十四報告，其中細節百分之十純出虛構。其虛構在百分之十以上者有十報告。在百分之十之下者有六。約言之，報告之四分之一出於虛構。（以上見Walter Lippman所著Public Opinion一書第八十二至八十三頁該書一九二二年出版）

夫以（一）有訓練之觀察者，（二）作負責之報告，（三）敘方現於其眼前之事。而結果如此。則不具此諸條件者，更當何如耶？言語亦為動作之一。旁聽者所受之限制，亦適用上述之定律。故馬丁路德在瓦爾姆會議（The Diet of Worms）中所言為何。至今猶為聚訟不決之問題也。

（卯）景物

上節言動體之觀察，此節言靜體之觀察。靜體觀察正確程度，與所觀察物之複雜程度成反比例，與觀察時間之長度成正比例。靜體之舉視動體之觀察有一優點焉。動作之速度，（就歷史事實而論）絕非吾人所能控制，而觀察時間之長短，有時為吾人所能控制者，靜體又分為二類：一為固定者，一為不固定者。前者如山川之形勢，後者如戰爭中防禦之佈置。前者視後者有一利，前者可容許無數次之觀察及覆勘。此類之觀察之繆誤，（如實物尚存於今者）當屬於相對的限制（詳後）之範圍，後者或僅容許一次之觀察，如動體然。且也，物體之過小及過大。皆足影響觀察（當然僅指肉體之觀察）之正確。以極微小之物體之為研究對象者，在自然科學中多不勝數，惟史學上則罕睹。茲可不論。因觀察體之過大而影響觀察之正確，其在歷史上最著之例，如中國之河源問題是也。古傳說謂「河出崑崙，其高二千五百餘里，日月所相避隱為光明也，其上有醴泉瑤池。」（《史記》〈大宛傳〉引〈禹本紀〉）此說荒誕固矣。自張騫使大夏，窮河源。謂「河有二源，一出葱嶺山，一出于闐，于闐在南山下，其河北流與葱嶺河合，東注蒲昌海。（中略）潛行地下。南出於積石。為中國河」云。其摧掃舊日神話，固為地理學智識之進步。然張騫之觀察，較以今日地理學智識，實全屬謬誤也。

## （六）記憶之限制

截至上文止，已略陳史事觀察所受之限制。假設無此等限制，而能得理想之印象矣。然經若干時候，則此印象漸漫漶而模糊，或與他印象相攙合而混淆。是故科學之記錄，必隨觀察時為之，絕無依賴記憶者。惟過去歷史記錄則不然，此其故有三：

（子）未有文學以前之傳說，必待文學發明以後，始能見於記錄。

（丑）延長之動作，復繼續注意者，吾人不能將其截斷為若干部份，不能先觀察記錄畢一部份，然後及其他，因史事完全非觀察者所能控制也。是故有時必待事畢然後能記錄。此事所歷之時愈長，則所需於記憶者愈多。

以上二類，皆不可免者也。

（寅）亦有可免而不免者。自來有觀察史事之機會之人。當其觀察之時，而已預存作正確記錄之心者鮮矣，預存此心而知事後立即記錄之重要而實行之者，則更鮮矣。大多數記錄之產生，皆由於久後興趣之感動及實際之需要。史料中之起居注及日記，可謂去觀察時最近之記錄矣，然試翻乙部之目，此二類所佔之部分不過太倉之一粟，餘則大抵記錄於事後數年，數十年，甚至於數百年者也。

歷史所需於記憶者既若是矣，而記憶之可靠程度為何等耶？玆舉一例以明之。約翰亞丹斯John Adams者，曾參與起草美國獨立宣言書之人也。其事在一七七六年六月。其後四十七年，亞丹年已八十八，追記其事。既敘國會委派獨立委員會之經過畢，續曰：

委員會聚集數次，有人提議發表宣言。委員會乃派哲福森Jefferson先生與余負草創修飾之責。

此專任之委員分會遂聚集。哲福森提議命予屬草，予曰：予不為此，彼曰：君當為此，予曰：噫！不能。彼又曰：君胡不為？君當為之。予曰：予不為。彼曰：何故？予曰：理由多矣，曰：理由何在？予曰：理由一，君為勿吉尼亞省人，此事當使勿吉尼亞人居首。理由二，予生平冒犯人多，為世所疑，且不理於眾口。而君則反是。理由三，君文之佳，十倍於予。哲福森曰：有是哉。君意若決，予當盡其所能。予曰：甚善！待君草創就，吾等將來會。

越一二日，哲福森復晤予，出其草稿見示。予當時有無獻議或修改，今已不憶。此文交付獨立委員會（由五人組成）審查，有無更易，吾亦已遺忘。惟其後報告於國會，經嚴格之批評，又刪去詞令最巧之數段，卒見採用。以一七七六年七月公佈於世。（以上見The Life and Works of John Adams卷二第五一二至五一四頁）

言曰：

哲福森記此事則又大異。謂亞丹斯之記憶，使其陷於鐵案如山之謬誤。哲福森致友人書之

五人委員會聚集，並無設專任委員分會之議，惟全會一致促予一人獨任宣言之草創，予允之。予乃屬稿。惟在交付委員會之前，予曾將文稿分示福蘭克林博士及亞丹斯先生，請其斧正。……宣言之原稿，君已見之矣。其中行間有富蘭克林博士及亞丹斯先生之改削，皆出彼等之手筆。彼等所改易，只有兩三處，而皆文詞上之修飾耳。予當時乃重鈔一清稿，以付委員會。委員會毫不加改，以付國會。（以上見Writings of Thomas Jefferson一八六九年刊本卷七第三〇四頁）

然哲福森之記憶亦未嘗無誤，宣言原稿今猶在，其中改削確不止二三處，而亦不盡出富蘭克林亞丹斯二人手筆也。（參閱Becker所著The Declaration of Independence一三六至一四一頁）

## （七）記錄工具之限制

假設得理想之印象，而又不受記憶之限制矣。然此印象須翻譯成具體的記錄，然後能傳達他人，此翻譯步驟之正確程度，亦受限制。記錄之工具可分為二：一圖象，二語言文字。圖象，（指歷史畫之類）在史料上佔極少數，茲略而不論。語言文字對於述史之限制有三：

（子）使用語言文字之能力，因人而殊。即慣於操翰之人，亦每有詞不達意之感。詞不達意之結果有二：（一）因無詞以發表，遂使印象消滅。（二）因用字不當，使人誤會。後者尤為重要。因史家所用言詞，與尋常日用者同，非如專門術語各有明確之字義也。雖極精於文字學之人，其用字亦難悉符字典上之公認標準，況有直接觀察之機會，而欲為記錄之人，固未必精通文字也。尋常一字，其在各人心中所代表之對象，每或差歧甚大。此等試驗，中國心理學家尚未聞有舉行之者。茲姑引一外國文例如下。（見Walter Lippmann所著Public Opinion第六八至六九頁）

一九二〇年，在美國東部，曾舉行一字義試驗。受試驗者為一群大學生。舉alien（異邦人）一字，令各人下一定義，其結果如下：

與本邦為仇之人　　與政府作對之人

立於對方之人　屬於與本邦無友誼之國之國民
戰時之外國人　外國人謀害其本國者
來自外國之敵人　與一國家作對之人

讀者須注意。（一）alien為極常見之字，且在法律上有極確定之意義。（二）受試者為大學生，結果猶如此也。

（丑）在文言不合一之國，載筆之士，為求雅馴起見。必將歷史人物之口語譯成文言。修飾愈工，去真愈遠。試翻《二十四史》及兩《通鑑》，古人之言談應對，其不遭此劫者有幾？昔劉子元亦嘗痛慨之矣。

> 《史通》卷十六〈言語篇〉：後來作者，通無遠識。記其當事之語，罕能從實，而書文復追效昔人，示其稽古。是以好丘明，則偏模《左傳》。愛子長，則全學史公。用使周秦言詞，見於魏晉之代，楚漢應對，行乎宋齊之日。而為修混沌，失彼天然，今古以之不純，真偽由其相亂。故裴少期譏孫盛錄曹公平素之語，而全作夫差亡滅之詞。雖言似《春秋》，而事殊乖越者矣。

（寅）異國文字互譯。無論譯者忠實及正確之程度如何，終不能使二者如一。故若(1)以甲邦人用甲邦之文字述乙邦之事；遇記言及迻載歷史文件時，輒易失真。若此事實及文件在乙邦全無載錄，則其失更無從糾正。《二十四史》中之〈蠻夷列傳〉，多有此例。或⑵一國之文籍原本已失，只有異邦譯本。則其內容之正確程度有減，《佛典》中此例最多。

## （八）觀察者之道德

以上論史事之觀察及記錄。皆假定觀察者為忠誠正直，絕無虛匿欺人之心。又立志求真，絕不肯點竄裝飾以期悅聽者也。然自來史家，具此等之美德者有幾耶？關於虛飾之動機及方法，西方論史法之書多有詳細之分析，本文不必贅及。惟論其影響有三：（子）史蹟因隱匿而消滅。（丑）因改竄而事實之次序關係及輕重皆失其真。（寅）因虛造而無中生有。後者若能知其偽，則於史無傷。惟前二者所生之損失，有時無法可償也。

## （九）證據數量之限制

因觀察者所受種種限制。故一人之孤證，雖為直接觀察之結果。史家決不據為定論，而必求多數獨立證據（直接觀察之結果）之符同，證據愈多則愈善。雖然，一史蹟而有多數獨立直接之證據者實不多睹，甚或孤證僅存。此其故有三：

（子）有觀察一史蹟之機會者，未必為多數人。例如帝王之顧命，勇士之探險，親見者必屬少數。又如《史記》〈留侯傳〉載張良與圯上老人之事實若信，則除張良及老人外無人能知。

（丑）有觀察一史蹟之機會者，未必各作記錄。例如隨鄭和下西洋者二萬七千八百餘人。（《明史》〈鄭和傳〉）而記其經歷者，以吾所知只有馬歡之《瀛涯勝覽》，費信之《星槎勝覽》，及鞏珍之《西洋番國志》（此書見錢曾《讀書敏求記》，無刊本，今存否尚未可知。）耳。其或僅有一種記錄者，例如歷朝之起居注是也。

（寅）同一史事之多數記錄，經時間之淘汰，或人為之摧殘，遂僅餘少數。或惟存孤證。例如記宋南渡事者，《三朝北盟會編》所引之書無慮百數十種，而今存者幾何？又如岳飛為中國史上最彪炳之人物，而記其事之書，今惟存《金陀粹編》。

## （十）傳訛

一人之見聞經歷，未必親為記錄，記錄亦未必盡。其未經記錄之事，他人得知，惟藉口傳，時或原記錄已失，而只存他人之重述。無論口傳與筆述，每經一輾轉，即多受一重知覺之限制，記憶之限制，應用工具能力之限制，傳述者之道德之限制。輾轉愈多，則印象愈變而失其真。此外尚有傳鈔傳刻之訛，更無待舉。初民之傳說及流俗之口碑，夫人皆知不可據矣。而不知雖近代極簡單之事實，記錄去傳述之時甚近，傳述者與所傳述之對象關係極密切，且傳述者為績學之士大夫，又毫無作偽欺人之意，其謬誤猶或足使人驚駭。例如蘇玄瑛為清末民國初南方文壇上最惹人注目之人物，玄瑛既卒，其十餘年深交之摯友柳棄疾為作小傳，寥寥四百餘言，於重要事實，宜若可無大刺謬矣。然試觀柳氏後來自訟之言：

> 柳棄疾《蘇曼殊年譜》後（序見柳無忌編《蘇曼殊年譜及其他》第三十五至三十七頁）曼殊既歿，余為再錄其遺事，成〈蘇玄瑛傳〉一首，顧疏略殊甚。於曼殊卒年三十有五，竟不及詳考。復誤沒於廣慈醫院為寶隆醫院。……於曼殊少年事，……第就聞於曼殊故友台山馬小進君者述之。……嗣檢舊篋，得日本僧飛錫所撰〈潮音跋〉。蓋曼殊手寫見畀者，……宜可徵信。因取校余傳，則牴牾萬狀。試比而論之，傳文稱「曼殊祝髮廣州雷峯寺，本師慧龍長老奇其才，試受以學，不數年盡通梵漢暨歐羅巴諸國典籍。」而〈潮音跋〉則言「年十二，從慧龍寺主持贊初大師披　於廣州長壽寺。旋……詣雷峯海雲寺，具足三壇大戒。……」是則曼殊祝髮之地為長壽而非雷峯，本師為贊初大師而非慧龍長老。傳文之誤

一也。且具足三壇大戒之所，在雷峯海雲寺。雷峯乃地名而非寺名，而贊初大師稱慧龍寺主持，慧龍又寺名而非人名。傳文之誤二也。跋言曼殊從西班牙莊湘處士治歐洲詞學，後至扶南，隨喬悉磨長老究心梵章，其求學淵源如此。初無本師傳受之說。傳文之誤三也。又傳稱遍遊歐羅巴美利堅諸境，而跋（中）……歷數遊踪……均不出亞洲以外。即晚年與友人書所謂「當歐洲大亂平定之後，吾當振錫西巡，一弔拜輪之墓」者，亦終未成事實。是傳文之誤四也。

夫使柳氏不檢舊篋，或〈潮音跋〉已飽蟫蠹，將誰疑此小傳中有如此之四大謬誤耶？

## （十一）亡佚

假使人類之歷史為三百頁之一冊。則有記錄之部分，只佔最末之五十餘頁而已。而此五十餘頁，又殘闕不全，一頁或僅存數字，或僅存數行。東缺一角，西穿一穴，而每頁皆有無數之蠹痕。殘缺之因，除受觀察，記憶，工具，及傳訛之限制外，厥有三事：

（子）史蹟之失載

不必言未有文字以前之史事，不必言先秦三代之史事。即就民國開國之史而論，當時碩彥，今尚多存。問有幾人，曾舉其見聞經歷為詳悉之記錄耶？有欲記錄而無記錄之自由者，如專制時代之懼犯忌諱。亦有載矣而經後人之故意毀滅者。如清初《東華錄》之刪改是也。

（丑）古籍古器物之散亡

此其為例，舉不勝舉。如春秋戰國間之百三十年；為我國歷史上變遷最劇之時代，而文獻全無足徵，顧炎武已嘗痛慨之矣。如張騫通西域，我國歷史上一大事也，《隋書》〈經籍志〉有張騫〈出關志〉一種，而今亡矣。試取諸史之《藝文志》一比對，則凡有書癖者孰不痛心也。至論器物，遠如楚子所問之鼎，近如宋人所著錄之數百種古彝，今皆何在？

書器之散亡，由於時間之淘汰者少，由於人為之摧毀者多。昔隋牛弘論圖書有五厄：

《隋書》卷四十九〈牛弘傳〉（節錄）：秦皇焚書，一厄也。王莽之末，長安兵起，宮室圖書（圖書景武成之所搜求劉向父子之所校錄者）並從焚燼，二厄也。孝献移都，吏民擾亂，文縑帛皆取為帷囊，所收而西，載七十餘乘，屬西境大亂，一時燔蕩，此三厄也。魏晉中秘書鳩集已多，屬劉石憑陵，京華覆滅，朝章闕典，從而失墜，此四厄也。衣冠軌物，圖書記注，播遷之餘，皆歸江左，及侯景滅梁，秘省經籍雖從兵火，其文德殿內書宛然。蕭繹平侯景，文德之書及公私典籍重本七萬餘卷，悉送荊州。江表圖書，盡萃於此矣。及周師入郢，繹悉焚之於外城。所收十才一二，此書之五厄也。

清潘祖蔭論古器有六厄：

潘祖蔭《攀古樓彝器款識》〈自序〉，古器自周秦至今凡有六厄。《史記》曰：始皇鑄天下兵器為金人，兵者戈戟之屬。器者鼎彝之屬，秦政意在盡收天下之銅，必盡括諸器可知，此一厄也。《後漢書》曰：董卓更鑄小錢。悉取洛陽及長安鐘簴飛廉銅馬之屬以充鑄焉，此二厄也。《隋書》開皇九年四月，毀平陳所得秦漢三大鐘，越三大鼓。十一年正月，以平陳所得古物多禍變，命悉燬之，此三厄也。《五代會要》，周顯德二年九月，敕兩京諸道州府銅像器物諸色，限五十日內並須毀廢送官，此四厄也。《大金國志》，海陵正隆三年，詔毀平遼宋所得古器，此五厄也。《宋史》，紹興六年，斂民間銅器。二十八年，出御府銅器千五百餘事付泉司，此六厄也。

凡關心文獻之人，讀此孰能不掩卷而太息，然潘氏不過就所聞雜舉，抑何能盡。（例如《烈皇小識》卷六，記明思宗將內庫歷朝諸銅器盡發寶源局鑄錢。據《燕京學報》一卷一期容庚〈殷周禮樂器考略〉文末所引）。至牛弘所舉之厄，則自隋以後，何代蔑有。雖秦政之行，於史無偶，然若孟子所言，戰國「諸候惡其害己也，而皆去其籍。」若清代乾隆朝之焚燬禁書及違礙書，其去秦政之行一間爾。以上皆論全部之亡佚者也。亦有小部分之亡佚，如古籍之佚篇，脫簡，奪句，缺字。又如清乾隆時修庫書，於宋明人之著作，或抽燬其章節，或削改其違礙字眼，皆是也。

（寅）亦有形式雖存，而內容已湮晦者，此在古史為例最多，此項又有三類。⑴古文字之不可識者，如羅振玉《殷契待問編》所錄是也。以後人之努力，雖或當續有所發明，然孰能決其必盡有渙然冰釋之一日乎。⑵字雖可認，而文句不能索解者，例如《尚書》，《墨經》，及《楚辭天問》中之有須闕疑者是也。⑶句讀之不明者，例如《老子》首章「無名天地之始有名萬物之母」，或謂當於二名字讀，或謂當於二無字下作讀。又如《莊子》〈天下〉篇「舊世法傳之史尚多有之」，或謂當於史字下作讀。或謂當於上之字下作讀，誰能起老聃莊周於地下而問之耶？

## （乙）相對之限制

絕對之限制，使吾人對於史蹟不能得理想之記錄。相對之限制，使既得之記錄復失其本來面目，或不得其真正之意義與價值。然相對之限制可因史學及科學之進步而逐漸減少，此種限制可別為四類：

（一）絕對之限制而生之謬誤未經發覺者

此等謬誤，上文多已舉例論列，茲不復贅。在過去之歷史中，此等錯誤恒經長久之時間始能發見。在未發見之前，人皆信以為真。以今之視昔，而推後之視今，安知現在所認為正確真實者，其中無偽謬之處，而有待於將來之發現？以下各類之謬誤，亦同此理。

（二）偽書及偽器之未經發覺者

例如梅賾之《偽古文尚書》，我國學界受其欺者千三百餘年，至梅鷟閻若璩輩始發其覆。如《岣嶁碑》，舊以為夏禹遺蹟，今日則稍聞金石學者皆知其偽。

緣以上二種限制而生之謬誤，史家與史料之作者各負一半責任。因史家若能知其虛謬，則不致受其欺也。以下二種謬誤，則全由史家負責。

（三）史料本不誤因史家判斷之不精密而致誤（或史料固誤因而加誤）而未經發覺者。

此類範圍極廣，自史料之搜集，外證內證（External and internal criticism）事實之斷定，以及敘次表述上之種種步驟，皆有致誤之可能。詳細論列，不屬本文範圍，茲僅舉二例如下：

(1)舊日中國學者以指南車與指南針混為一談。日本山野博士證明指南車全為機械之構造，與磁針無關，其說甚是。然山野遂謂「指南車既為後漢之張衡及三國時代之馬鈞所創造，則（此字疑衍）斯時代之中國人僅知磁石有引鐵之力而已。彼等何能應用（磁石之）指極性以造指南車乎？即使（當作假使）能應用，則後漢三國兩晉南北朝隋唐時代之記錄中，除記磁石之引鐵外，當然非論及其特徵（指極性）不可，而何以必於宋時記錄中始論及其指極性，

（見《夢溪筆談》）並指極性之應用（見《萍州可談》）乎？是則宋朝以前之中國人，決不知磁石有指極性也。」（以上見《科學雜誌》第九卷第四期四百零五頁文聖舉譯文）此言固似言之成理，吾人若不能發現宋以前有關於磁之指極性之記載，亦無以折其說。然予按王充《論衡》〈是應篇〉有云「司南之杓，投之於地，其抵南指。」此寥寥十二字，已將山野博士之說根本推翻，而證明其判斷實差一千餘年。夫《夢溪筆談》及《萍洲可談》關於磁針之記載，及宋以前諸史籍中關於指南車及磁石之記載，未嘗誤也。山野因搜集證據未盡，而遽用默證（Argument from silence），遂鑄大錯矣。

(2)此言事實之誤也，亦有事實不誤而因果關係誤者。例如漢武帝表彰六經，罷黜百家，此事實也。西漢以後，諸子學說衰微，此亦事實也。然若謂後者之因，全在前者，則成一問題矣。

（四）事實之解釋

史家之解釋歷史現象，必以其時代所公認或其個人所信仰之真理為標準。而人類之智識，與時代俱進化。後世所證明為謬者，先時或曾認為真理，而史家莫能逃此限制也。是故某時代信天變為人事之感應，則史家言地震與君德有關。某時代信鬼神為疾病之源，則史家採二豎入膏肓之說。又如元時西人不知有煤炭，故《馬哥孛羅遊記》謂北京人採一種黑色之巨石為薪。明時中國人不知光之速度與聲之速度之差。故《南中紀聞》謂「西洋烏銃初發無聲，著人體方發響。」

以上論過去歷史所受之限制竟。

近世科學之昌明，遠邁前古矣。然近世及當今史事之記錄，其有以愈於昔者幾何？其能打破上述種種限制者至何程度？尚有何未盡之可能性，此皆吾人所當發之問題也。以近百年科學及史學研究之發達，相對的限制日漸減輕。且可斷言將來之減輕與努力之人數及分工之精密成正比例。

就絕對之限制而論。近今之歷史，亦稍優於前世。以教育之發達，以印刷術之盛行，以出書費之比較低廉，故文字史料之量大增。以印本之多，流通之便，及圖書館博物館之興，故史料之保存易。此近世之優點一也。

史事可分為二類：一為動的事實，如革命戰爭等是也，一為靜的事實，如政治制度及風俗習慣等是也。後者為社會科學研究之對象。以今世社會科會之發達及其分工之精密，近世史之靜的事實得更詳細更有系統而更正確之描寫。此近世之優點二也。

又近世有一種新史料，為古人所未能夢見者，厥為報紙。（中國在唐代已有朝報。然其性質不能與近日報紙比。）此種史料之重要，西方史家已深切感及，惟今日中國史家尚鮮注意之。五年前美國露西女士（Lucy mayoard Salmon）刊行《新聞紙與權威》（The Newspaper and Authority）及《新聞紙與史家》（The Newspaper and the Historian）二巨書。（均紐約之牛津大學出版部美國支部出版）據《美國史學報》（The American Historical Review）之評論。前書論國家及社會對於報紙自由之限制，後書言整理新聞紙上史料之方法，皆與本段所論有深切之關係。以予之固陋，恨至今未得讀其書，詳細之論列，須俟異日另為一文。今僅述個人粗略之分析。

自報紙發明以後，史事記錄之優於前者，略有三焉。舊日史事之有紀錄，大抵為偶然之事，非如在報紙制度之下，有專負觀察調查及有系統的紀錄之責者也。有之，惟中國上世所謂右史記言，左史記動，及後世起居注官。然其所及範圍，遠不如報紙之廣也。此報紙之優點一也。報紙所載，以新為尚，消息靈通，為競爭標準之一。故訪員觀察一事實，或聞知一消息，必於可能之最短時間內，敘述傳播之，絕無隔數月數年以至數十年者。以是其所受記憶之限制較輕。此報紙之優點二也。報紙所記載之範圍，視舊日所認為歷史之範圍為廣。一般社會之情形，舊史所以為無足輕重而略去者，報紙所不遺棄。報紙實為社會之起居注。此報紙之優點三也。

然則報紙遂為理想之歷史記錄（所謂歷史記錄與歷史著作殊）矣乎？曰其差猶不可以道里計也。報紙記錄之來源，厥為報館及通訊社之訪員，其刪定者則為各館社之編輯。就大多數而論，彼等於真理之探求，皆非有特殊興趣也。今試執一訪員或編輯而問之曰：君何故為訪員或報館編輯？吾知其答案當不為欲使人類之活動得科學的記錄也。雖調查翔實為其職業之條件，然非其惟一而絕對之條件也。在不影響於其職業之範圍內，鮮有能為真理而努力者也。以求真為目的與以求真為手段，二者終有一間之差耳，此其弊一也。且訪員大多數無專門觀察之訓練。上引紐約華爾街《彙報》某編輯之言，謂以其三十五年訪事之經驗，而知彼等大抵皆不自覺之說謊者。細思此言，誰敢以求真之責付託於今之報紙訪員乎？此其弊二也。又彼等因人數之分配及時間地位精力之限制，其消息之來源，大部分恃間接之訪問，或個人政治機關及團體之報告。其得自直接觀察者，只佔極微小之數量。此其弊三也。訪員之訪事及作記錄，貴乎速捷，速則無暇細思覆審。此其弊四也。為電報之省費，則敘述不能不省略，有時省略過甚，或不得其法，則事實之關係不明。至如演說談話一經節縮，輒易失真。此其弊五也。訪員既不可恃如此，而通訊社及報館為經濟所限，又決不能派多數訪員同往觀察一事，以求多數獨立證據之符合。此其弊六也。因稿件之需求，通訊社及報館恒採外來之投稿，不加覆證，輒為刊佈。此其弊七也。訪員有訪員之偏見及特殊之目的，通訊社有通訊社之偏見及特殊之目的，（試以路透社及東方通訊社關於中國之通訊為例）報館有報館之偏見及特殊之目的。事實經此三道關頭，而能不失其真者鮮矣，至憑空揑造更無論也。此其弊八也。報紙恒受政治勢力之支配，其與政府之利益衝突時，則受政府之禁制，（如檢查新聞）其與政府妥協時，則供政府之利用。（如歐戰時參戰各國之報紙）此其弊九也。由是觀之。則報紙非理想之歷史記錄明矣。

假設治天文學者僅研究古代觀測之記錄，而不思用科學方法觀察記錄現在天體之運行，試問天文學智識之本質，能有進步乎？不幸今日之歷史學正有類於是。舉世之歷史學家及史學團體，日日殫精竭智以搜尋過去人類活動遺蹟，偶有半銖半縷之發現，偶能補苴一微罅小隙，輒以為莫大之慶幸。夫此固無可菲薄，然所可異者，獨無個人或團體，以現在人類活動之任何部分之科學的記錄為己任，而一聽其隨命運之支配，時間之淘汰，以待後來史家於零編斷簡中搜索其殘痕。真理所受之犧牲，有大於此者耶？

往者不可諫，來者猶可追。欲求將來之歷史成為科學，欲使將來之人類得理想的史學智識，則必須從現在起，產生真正之「現代史家」或「歷史訪員」。各依科學方法觀察記錄現在人類活動之一部分。此等歷史訪員，更須組織學術團體，以相協助，並謀現代史料之保存。

歷史訪員制之實行，必有待社會之同情與贊助。關於此種制度在現代社會上所將遭遇之阻礙及破除此阻礙之方法，予尚無具體意見。抑且恐非待實驗後不能確知。復次，此歷史訪員當與現在之新聞訪員分立歟？抑當提高現在之新聞訪員，使成為歷史訪員乎？此又為一問題矣。

所謂用科學方法觀察記錄當代人類活動者，其目的即求減輕過去歷史記錄所曾受之絕對限制而已。此諸限制除觀察範圍之限制外，幾無一不可減輕者。茲針對上述諸絕對限制，於未來科學的觀察與記錄之法則，發其凡如次：

（一）有意遺傳於後（Consciously transmitted）之史料，其來源有二：一為歷史人物之自述，二為見證人之記錄。欲求見證人之記錄之進步，須實行予上所稱之歷史訪員制。欲求歷史人物之自述之進步，須使歷史教育普及，使忠信於後世，成為公共之意識。使人人皆感覺有以信史傳後之責任。至自述與察訪相同之點，當然適用察訪之法則，以下即略述此法則。

（二）歷史訪員須有精細之分工，各於其所負觀察責任之部分，須有專門之訓練。

（三）於同一事象，須有多數（愈多愈善）之訪員，各為獨立之觀察。

（四）須有多數人作同一觀點之觀察，更須有多數人作不同觀點之觀察。

（五）關於時間空間之測度，實物及自然環境之考驗，須盡量利用科學原理及科學儀器。

（六）靜物之觀測，宜有充分之長時間，及充分之覆勘。

（七）觀察所得，須於可能之最近時間內記錄之。

（八）觀察者對於文字語言之應用，須有充分之能力。

（十）歷史人物之語言，須力存其真。

（十一）觀察者當觀察之前，於一己之心理方面及道德方面須有相當之省察。

（十二）觀察者於其觀察之記錄，須以社會同負廣播及保存之責任。

吾所希望於歷史記錄之將來者如是。其事項之簡單，其義理之明顯，幾無待言。然以是世遂無言之者，吾不能避其淺顯而不言也。務實際及講實利之人，必且以此所言為夢囈，是夢乎？亦欲世人知有此夢。如此夢非無實現之可能，而求實現之，則於現世無絲毫之損，於將來有莫大之利而已耳。

（《學衡》第六十二期民國十七年三月）

# 論傳統歷史哲學

傳統上所謂歷史哲學之性質，可以一言賅之：認定過去人事世界之實在，而探求其中所表現之法則。然歷史法則之種類不一。過去學者或認此種，或認彼種，歷史法則之探求為歷史哲學；是故傳統歷史哲學之內容殊乏固定性。然此不固定之中卻有固定者存：即歷史法則之探求是已。本文之任務，在舉過去主要之「歷史哲學」系統而一一考驗之，抉其所「見」，而祛其所「蔽」，於是構成一比較完滿之歷史觀。

以吾所知傳統的歷史哲學家所探求之法則可別為五類：

（一）歷史之計劃與目的

（二）歷史循環律

（三）歷史「辯證法」

（四）歷史演化律

（五）化變遷之因果律

此五者並非絕對分離。容有一類以上之結合以構成一家之歷史哲學，然為邏輯上之便利起見，下文將分別討論之。

## 一、目的史觀

第一種所謂歷史哲學即認定全部人類歷史乃一計劃，一目的之實現而擔任闡明此計劃及目的之性質，此派歷史哲學可稱為目的史觀，其主要代表者，自當推黑格爾。彼之《歷史哲學》演講稿為影響近百年西方史學思想最鉅之著作。過去「歷史哲學」之名幾為目的史觀所專利。因之否認此種學說者遂謂歷史哲學為不可能。

目的史觀之最原始的形式即謂全部人類歷史乃一天志之表現，謂有一世界之主宰者，按照預定計劃與目的而創造歷史，此即基督教說之要素，其在西方史學界之勢力，至近半世紀始稍衰。雖黑格爾猶未能脫其羈軸。（參看黑氏《歷史哲學》，Universal Literature Library本頁五七至六〇）神學史觀吾認為現在無討論之價值，下文將不涉及。雖然，「人類史為一計劃，一目的之實現」之命辭，除卻神學的解釋以外，遂無其他可能之意義歟？有之，即謂：「人類歷史乃一整個的歷程，其諸部份互相關結，互相適應，而貫徹於其中者有一種狀況，一種德性，一種活動或一種組織之積漸擴充，積漸增建以底於完成，一若冥冥之中有按預定之計劃而操持之者然。此種漸臻完成之對象，即可稱為歷史之目的。」此為理論上持目的史觀者所能希望以史象證明之極限。至史象果容許如此之解釋與否則為一事實問題。過去持目的史觀者之所成就離此極限尚不知幾許遠，曾無一人焉能將全部或大部分人類歷史範入此種解釋之中。吾人亦無理由可信他日將有人能為此，然彼等不獨認此理想之極限為不成問題之事實，甚且超於此極限之外而作種種形上學之幻想，與未來之推測，而以為皆歷史事實所昭示者焉。遂使「歷史哲學」成為一種不名譽之學問，為頭腦稍清晰之哲學家所羞稱，此則黑格爾之徒之咎也。

請以黑格爾之《歷史哲學》為例，彼之主要論點之一，即謂「世界之歷史不外是對於自由之覺識之進步」，其進展之階段：則第一，在東方專制國家（中國、印度、波斯）中只知有一人（君主）之自由；第二，在希臘羅馬建築於奴隸階級上之共和政治中只知有一部人之自由；其三，在黑氏當世歐洲之立憲政治中人人自覺且被承認為自由（同上頁六三至六四）。故曰「歐洲（黑氏當世之歐洲）代表世界歷史之究竟」。換言之，在黑氏時代以後，人類世界將不復能有新奇之變遷矣。

黑氏號稱已證明全世界全人類之歷史為一有理性之歷程，為一目的之實現。（同上頁五四頁六四），而實際上彼所涉及者僅人類歷史中任意選擇之一極小部分，在時間上彼遺棄一切民族在未有國家以前之一切事蹟。彼云：「諸民族在達到此境地（國家之成立）之前容或已經歷長期之生活，在此期內容或已造就不少文明。然此史前期乃在吾人計劃之外；不論繼此時期以後者為真歷史之產生，抑或經此時期之民族，永不達到法治之階段。」此之割棄有何理由？其理由即在如上所示「真歷史」與「假歷史」之分別。黑氏以為一民族在未有國家，未有志乘（志乘為國家之產物）

以前之事蹟，縱可從其遺物推知，然「以其未產生主觀的歷史（志乘），遂亦缺乏客觀歷史」（仝上頁一三）。夫具客觀的歷史之事蹟云者，（如引語之上文所示）即曾經發生於過去之事蹟而已。謂曾經發生於過去之事蹟為缺乏客觀的歷史，若非毫無意義之譫囈，即自相矛盾。夫同是發生於過去之事變，其一產生志乘，其一未產生志乘；今稱前者「真歷史」，後者為非「真歷史」，除以表示此之差別以外，更能有何意義？此新名之贈予，豈遂成為割棄世界之歷史大部分於歷史哲學範圍外之理由？蓋黑氏發現人類歷史中有一大部分無法嵌入於其歷史哲學中，而又不能否認其實在，於是只得「予苟以惡名而誅之」。

在空間上，黑氏亦同此任意割棄。彼所認為人類史之舞臺只限於溫帶。「在寒帶及熱帶中無屬於世界史的民族存在之地」。然即溫帶國家之歷史彼亦未能盡賅。關於北美洲，彼但以「屬於未來之境土」一語了之。於東方彼雖涉及中國印度波斯，然無法以之與歐洲歷史聯成一體。其敘東方不過為陪襯正文之楔子而已。即北歐之歷史彼亦須割棄其大半。故曰「東亞之廣土與通史之發展分離，而於其中無所參預；北歐亦然，其加入世界史甚晚，直至舊世界之終，於世界史無參預，蓋此乃完全限於環地中海諸國。」（同上頁一四四）可知黑氏所謂歷史哲學僅是地中海沿岸諸民族有國家以後之歷史之哲學而已。而猥曰「世界史為一有理性之歷程」，猥曰「世界之歷史不外是自由認識之進步」，其毋乃以名亂實乎？地中海沿岸可以為「世界」，則太平洋沿岸何以不可為「世界」？裡海沿岸何以不可為「世界」？甚哉黑氏之無理取鬧也。

即捨其空間上以部分為全體之謬妄不論，其以一人之政治自由之覺識包括全部東方史，以少數人之政治自由之覺識包括全部希臘羅馬史，以全民之政治自由之覺識包括全部近世歐洲史，亦屬掛一漏萬。姑無論在任何時代政治僅為人群生活之一方面，其他方面如經濟，宗教，學術，不能完全劃入政治範圍之內。且一民族在其政制確立以後，直至影響自由觀念之政治改革發生以前，其間每經過悠長之時期。此時期之歷史可謂全無「自由之覺識之進步」？在黑氏歷史哲學中對於此時期之歷史，除否認其為「歷史」以外，直無法處置。

然黑氏之妄更有甚者。彼不獨認世界史「不外是自由之覺識之進步」，且認此之進步為一「世界精神」，一操縱歷史的勢力之活動結果。此精神者，「以世界史為其舞臺，為其所有物，為其實現之境界。彼之性質非可在偶然機遇之淺薄的遊戲中，被牽來扯去者，彼乃前物之絕對的裁斷者；完全不為機遇所轉移，惟利用之，駕御之，以達一己之目的。……彼其理想之實現，乃以（人類之）知覺及意志為資藉；此等才性，本沉溺於原始之自然的生活中，其最初之目標為其自然的命運之實現，——然因主動之者為（世界）精神，故具有偉大之勢力而表現豐富之內容。是故此精神與己為戰，以己為大礙而須征服之……此精神所真正追求者乃其理想的本體之實現；然其為此也，先將目標隱藏不使自見，而以此之叛異自豪。（同上頁一〇五）倘若人能假定黑氏言語為有意義者，則其持說當如下述：有一非常乖僻，卻具有非常權能之妖魔或神聖，名為世界精神者，其為物也，無影無形無聲無臭；在黑格爾以前無人知覺之，而除黑格爾及其同志以外，亦無人能知覺之。此怪物自始即有一殊特之願望：即造成十八世紀末及十九世紀初之德意志式或普魯士式的社會。然彼卻好與自己開玩笑，使用一種魔術將其原來之願望忘卻，而終以迂迴不自覺之方法實現之。彼最初隱身於中國，印度，及波斯民族之靈魂中造成「一人之自由之認識」，繼則分身於希臘，羅馬民族之靈魂中造成「少數人自由之認識」，終乃轉入德意志民族之靈魂中以造成「人人自由之認識」。如此神話式之空中樓閣，吾人但以「拿證據來！」一問便足將其摧毀無餘。歷史之探索，乃根據過去人類活動在現今之遺蹟，以重構過去人類活動之真相。無證據之歷史觀直是譫囈而已。

現在批評黑格爾之歷史哲學誠不免打死老虎之嫌。然過去目的論之歷史哲學家無出黑氏右者，故不能不舉以為例。且黑氏學說在我國近日漸被重視，吾今第一次介紹其歷史哲學，不能不預施以「防疫」之處理也。

要之吾人依從證據所能發現者，除個人意志及其集合的影響外，別無支配歷史之意志；除個人之私獨的及共同的目的與計劃外別無實現於歷史中之目的與計劃。一切超於個人心知以外之前定的歷史目的與計劃皆是虛妄。又事實所昭示，人類歷史，在一極長之時期內乃若干區域之獨立的，分離的發展；其即間互有影響亦甚微小。此乃極彰著之事實。彼以全部世界為一整個之歷程者，只是閉眼胡說而已。

與目的史觀相連者為進步之問題，凡主張目的史觀者必以為貫徹於全部歷史中者有一種狀況，一種德性，一種活動，或一種組織之繼續擴充，繼續完成，換言之，即繼續進步。此說邏輯上預斷全部歷史為一整個歷程。蓋進步之必要條件為傳說之持續。惟承受前人之成績而改革之始有進步可言。以現代之機械與五百年前美洲土人之石器較，前者之效率勝於後者不可以道里計矣。然吾人不謂二者之間有進步之關係者，以就吾人所知前者並非從後者蛻變而來也。歷史既包涵若干獨立之傳說，不相師承，故其間不能有貫徹於全體之唯一的進步。假設進步為事實則歷史中只能有若干平行之進步。

吾人現在可退一步問：畢竟在各民族或各國家，或各文化之全史中，自邃初迄今，是否有繼續不斷之進步？如其有之，進步者為何？

「進步」本為一極含糊之觀念。過去論者每或將之與倫理價值之觀念混合，因以為進步者乃倫理價值上之增益。而何為倫理價值之標準，則又古今聚訟之焦點。於是歷史中有無進步，或進步是否可能之問題，遂棼然不可理。吾今擬將第一名之價值的涵義刊落。每有一種狀況，一種活動，或一種組織之量的擴充，或質的完成，便有進步，準此而論，則過去歷史哲學家分別認為各文化史中所表現之進步計有下列各項：

（一）智識

（甲）廣義的　智識之內容及思想方法

（乙）狹義的　控制及利用自然之技術，生產之工具

（二）政治上之自由及法律上之平等

（三）互助之替代鬥爭

（四）大多數人之幸福

（五）一切文化內容之繁賾化

以上五者在各民族，各國家，或各文化之歷史中是否有繼續不斷之進步？換言之，是否在任何時代只有增益而無減損？下文請從末項起分別討論之。（關於進步觀念可參看J. B. Bury: The Idea of Progress, 1924.）

（一）所謂繁賾（Heterogeneous）化者，謂由一單純之全體生出差異而相倚相成之部份。斯賓塞爾在〈進步：其法則及原因〉一文闡說此種進步甚詳。彼以為宇宙間一切變化皆循此經過，此事亦非例外。試以政治為例，統治者與被統治者間之差別，由微而著。「最初之統治者自獵其食，自礪其兵，自築其室」。進而有「勞心者治人，勞力者治於人」之鴻溝。政治與宗教例焉合一，終然分離。法令日以滋章，政府之組織日以繁密。更以經濟上分工為例，其日趨於精密更為極明顯之事實。其在語言，則方法上之析別，形音義孳乳；其在美術，則音樂詩歌與舞蹈由合而分，繪畫雕刻由用器之裝飾而成為獨立之技藝，凡此皆繁賾化之事實。至若科學史上之分化，更無須舉例矣。就文化之全般而論，繁賾化之繼續殆為不可否認之事實。然若就單個之文化成分而論，卻有由繁而趨於簡，甚且由簡而趨於消滅者。例如宗教之儀節，神話之信仰，苛細之法禁是也。

（二）謂在任何文明之歷史中大多數人之幸福繼續增進，此說之難立。無待深辨。五胡十六國時代大多數中國人之幸福，視漢文景明章之時代何如？十七世紀中葉，及二十世紀初葉以來大多數中國人之幸福，視十八世紀時代何如？類此者例可增至於無窮。

（三）自由，平等，或互助之繼續進步說，更難當事實上之勘驗。試以中國史為例，吾人但以五胡十六國時代與兩漢全盛時代，以晚唐五代與盛唐時代，以元代與宋代，以崇禎末至康熙初與明代全盛時一比較，便知此等史觀之謬。

（四）生產方法之繼續奪似可認為事實。一種新發明而較有效率之生產工具之被遺忘或捨棄，歷史上殆無其例。然智識內容之繼續進步說，則難成立。試以我國數學史為例。明代在西學輸入以前，實為我國數學大退步之時代。宋元時盛行之立天元一術至是無人能解。其重要算籍如《海島》，《縣子》，《五曹》等除收入《永樂大典》，東之高閣外，世間竟無傳本，後至清戴震始從《大典》中重復輸出焉。吾人若更以中世紀初期之與羅馬盛時之學術史比較，則智識繼續進步說之謬益顯。

思想方法進步說之最有力的倡導者為孔德。彼以為思想之發展經歷三階級。其一為神學時期，以人格化的神靈之活動解釋自然現象。其二為玄學時代，以為有種種抽象的勢力附麗於物中而產生其一切變化。其三為實證時代，於是吾人放棄一切關於自然現象之「理由」與「目的」之討索，惟致力於現象之不易的關係之恒常的法則之發現。於是吾人屏除一切無微之空想而以觀察，實驗，為求知之唯一之方法。雖然在同一時代各科學不必達於同一階段，例如物理學可入於實證時期而生物學仍在玄學或神學時期。然則吾人以何標準，而劃分某時代之屬於某階段？孔德以為此標準乃在道德及社會思想之方法。實證的論理學及社會學之成立，即一人群之入於實證時期也。

孔德之三時期說實予學術史家以極大之幫助，使其得一明晰之鳥瞰，就大體上言，此說無可非難。然此說所予通史家之助力蓋甚少。一民族之普通思想方法恒在長期內無甚更革，而同時文化之他方面則發生劇烈之變遷（例如我國自春秋末迄清季大致上停留於玄學之階段，而經濟，政治，宗教，藝術上則屢起劇變）則後者之不能以前者解釋明矣。

除生產工具，思想方法，及文化內容之繁賾化以外，吾人似不能在任何民族之歷史中，發現直線（即不為退步所間斷）的進步。於是主張他種進步論者，或以螺旋式之進步而代直線式之進步。所謂螺旋式的進步論者，承認盛衰起伏之更代，惟以為每一次復興輒較前次之全盛為進步，此在智識之內容方面似或有然。然若視為普遍之通則，則螺旋式之進步說亦難成立，譬就政治上之自由，法律上之平等及生活上之互助及大多數人之幸福而論，吾不知宋代全盛時有以愈於唐代全盛時幾何？唐代全盛有以愈於後漢全盛時幾何？

## 二、循環史觀

與直線式之進步史觀相對峙者為循環史觀。（循環史觀與螺旋式之進步史觀並不衝突，惟各側重事實之一方面）進步之觀念起源甚晚，惟循環史觀則有極遠古之歷史。蓋先民在自然變化中所最易感受之印象厥為事物之循環性。晝夜朔望，季候，星行，皆與一定之次序，周而復始。以此種歷程推之於人類或宇宙之全史乃極自然之事，故初期於過去之冥想家大抵為循環論者。然吾人當分別兩種循環論：其一謂宇宙全部乃一種歷程之繼續復演，或若干種歷程之更迭復演，此可稱為大宇宙的循環論。此種冥想，在東西哲學史中多有之，試舉我國之例：莊子謂「萬物出於幾，入於幾（幾可釋為原始極簡單之生命質）」；「始卒書，莫得其倫。」《朱子語類》中所記：「問，自開闢以來至今未萬年，不知以前如何？曰以前亦須如此一番明白來。又問，天地會壞否？曰，不會壞。只是相將人無道極了便齊打合，混沌一番，人物都盡，又從新起。」然最徹底之循環論者則數尼采，彼推演機械論至於極端，以為世界全部任何時間之狀況，將完全照樣重演。此類關於大宇宙之冥想，原非以人類史事為依據。（當屬於哲學中之宇宙論範圍）而不屬於歷史哲學範圍，故今不置論。第二種小宇宙的循環論，乃謂世間一切變化皆取循環之形式：任何事物進展至一定階段則回復於與原初相類似之情形，此可稱為小宇宙之循環論。吾國《老子》及《易傳》中均表現此種思意。

「萬物並作，吾以觀復」《易傳》曰「既往不復。」龔定庵引申此說尤為詳明，萬物之數括於三，初異中，中異終，終不異初。一匏三變，一棗三變，一棗核亦三變。……萬物一而立，再而反，三如初。」（《壬癸之際胎觀第五》，本集卷一）專從循環論之觀點以考察歷史之結果則為一種循環史觀。（關於循環史觀可參看P. Sorokin: A Survey of the Cyclical Conceptions of Social and Historical Process, Social Forcee, Sekt, 1927.）

以吾人觀之，謂一切人類史上之事變皆取循環之形式，此說（假若有人持之者）顯難成立。譬如「孔子在齊聞〈韶〉，三月不知肉味」，此為孰一循環變化之一部分？秦始皇焚書，此孰一循環變化一部分？張衡發明候風地動儀，此又為孰一循環變化之一部分？然曾謂人也，或歷史中富於循環之現象，遠多於吾人日常所察覺或注意者，因之吾人若以循環之觀念為導引以考察人類史，則每可得驚人之發現，此則吾所確信不疑者。試舉最近一極佳之例。周作人氏在其《中國新文學的源流》中指出我國文學史上有兩種思潮之交互循環：其一為「詩言志」之觀念，其一為「文以載道」之觀念。吾人若將中國文學史分為下列諸時期：（一）晚周，（二）兩漢，（三）魏晉六朝，（四）唐，（五）五代，（六）兩宋，（七）元，（八）明，（九）明末，（十）清，（十一）民國，則單數諸期悉為言志派當盛之世，雙數諸期悉為載道派當盛之世。按諸史實，信不誣也。（周著予尚未見，此據《大公報》文學副刊第二百四十七期中撮述。）

過去關於人類史中循環現象之觀察以屬於政治方面者為多。孟子曰「天下之生久矣，一治一亂！」《禮運》言大同小康據亂三世之迭更。希臘普利比亞（Polybius）則謂一君政治流而為暴君專虐，暴君專虐流而為貴族政治，貴族政治流而為寡頭政治，寡頭政治流而為民主政治，民主政治流而為暴民專虐；由暴民專虐而反於一君政治，如是復依前序轉變無已。馬支亞浮列（Maohiavalli）則謂「法律生道德，道德生和平，和平生怠惰，怠惰生叛亂，叛亂生破滅，而破滅之餘燼復生法律。」聖西門則謂組織建設之時代與批評革命之時代恒相迭更。其實後四家之言皆可為《孟子》注腳。惟〈禮運〉失之於理想化，普利比亞失於牽強，馬支亞浮列失之於籠統，惟聖西門之說則切於事實。

## 三、辨證法史觀

「辯證法」一名在我國近漸流行，其去成為口頭禪之期殆亦不遠。畢竟「辯證法」為何？在我國文字中，吾人尚未見有滿意之闡說或批判。言辯證法者必推黑格爾。黑氏書中「辯證法」一名所指示者，以吾人所知，蓋有四種不同之對象。此四者邏輯上並不相牽涉，其中任一可真而同時餘三者可偽。

第（一）「辯證法本義」其說略如下：凡得「道」（絕對真理）一偏見執，若充類至盡，必歸入於其反面，因而陷於自相矛盾。原來之見執可稱為「正」，其反面可稱為「反」，於是可有一種立說起於二者之上而兼容並納之。是為「合」。若此之立說仍為一偏之見執，則「正」「反」「合」之歷程仍可繼續推演，至於無可反為止。此所止者是為絕對真理，換言之，即黑格爾之哲學。是故對於一切一偏之見執，皆可用「以子之矛，攻子之盾」之術破之。此即所謂「辯證法」，以吾觀之？謂許多謬說可用此法破之，信然，若謂一切謬說者可用此法破之，則黑氏未嘗予吾人以證明，吾人亦無理由信其為然。黑格爾以為此乃柏拉圖語錄中之蘇格拉底所常用者，原非彼所新創。

第（二）可稱為認識論上的辯證法。略謂吾人思想中之範疇，或抽象之概念，試任取其一X而細察之，則知X與其反面，實不可分別，吾人若謂一主辭A為X，則同時亦必須謂A為X之反面，如是則陷於自相矛盾。進一步考察之，則可發現一更高範疇Y，融會X與非X者。於是X為正，非X為反，而Y為合。是為一辯證的歷程。然Y又或為不固定範疇，如是，則辯證之歷程可繼續推演。黑氏以「泛有」之範疇為起點，經歷若干連續之辯證歷程（其中不盡經「合」之階級而轉換，於上界說之辯證歷程之例外者）以達於「絕對觀念」，是為最高範疇，無可再反。（附註：以吾觀之，黑氏哲學中此部分完全謬誤，彼所謂相反而不可分之二範疇，大抵一觀念之二名耳。彼誤以同實之二名為代表二實，遂造出一大座空中樓閣。試以彼「大名學」中之第一品（Triad）為例。彼以為「泛有」（即僅是有，而不決定有何屬性）與「無」相反而不可分，而「有」與「無」之合為「成」（由無而有謂之成）。夫黑氏何不逕曰「有」與「無」相反而不可分，而必以「泛有」與「無」對。蓋「泛有」實即無有，實際無之別號，猶1×O為O之別號也。「泛有」與無，異名同實，可混淆以為相反而相同。而「有」與「無」則二名異實，不能妄指以為相合一也。夫「泛有」之非有。猶1×O之非I也。謂「泛有」與無相反而相同，即謂無與無反而同，猶謂1×O與O相反而相同，蓋無意義之讒囈而已，此則黑氏書中所最富者也。）

第（三）辯證法即變相之所謂「本體論證」（Ontological proof）其大致如下：先從二觀點在思想上建設一概念之系統，乃究問此系統有無客觀的對象，繼從此系統本身之性質，而推斷其即所求之對象。（此種方法康德在《哲理論衡》中早已駁倒）以上三種辯證法皆不在本文範圍之內。今所欲討論者B。

第（四），歷史中之辯證法，以極普通極抽象之形式表出，其說略如下：一民族或社會當任何歷史階段之達於其全盛時，可視為一「正」辯證法三階之第一階。然此階段之進展中，即孕育與之對抗之勢力。此勢力以漸長成，以漸顯著，可視為一「反」。此一正。一反，互相衝突，互相搏爭。搏爭不可久也，結果消滅於一新的大氣體中。在此新全體中，正反兩元素，無一得申其初志，然亦無一盡毀，惟經昇化融會而保全。此新全體，新時代，即是一「合」，一否定之否定；於其中「正」與「反」同被「揚棄」。（aufgehoben，近來國內「革命文學」中常見之「奥伏赫變」一名即譯此。）所謂歷史的辯證法大略如是。專從此觀點考察歷史之結果是為一種辯證法的歷史觀。以上歷史辯證法之抽象的形式乃黑格爾與馬克思之所同主。

馬克思自承為傳自黑格爾之衣鉢即此。（現時流行之所謂「辯證法的唯物史觀」即指此種辯證法，與前三種辯證法邏輯上無涉）然其具體之解釋則馬克思與黑格爾大異。略去其形上的幻想（涉及「世界精神」，「民族精神」）則黑氏歷史辯證法之具體觀念如下：

任何人群組織之現實狀況，恒不得完滿，其中卻涵有若干日漸增加而日漸激烈之先覺先進者，憧憬追求一更完滿之境界。現狀之保持者可視為「正」，而理想之追求者可視為「反」。此兩種勢力不相容也。守舊與維新，復古與解放，革命與反動之鬥爭，此亘古重演之劇也。然鬥爭之結果，無一全勝，亦無一全敗，亦可謂俱勝，可謂俱敗：於是產生一新組織社會在其中理想實現其一部分，舊狀保持其一部分，是為合之階段。黑氏認理想為一種支配歷史之原動力，為「世界精神」之表現。而馬克思則以為理想不過經濟制度之產物。馬氏歷史辯證法之具體觀念特別側重經濟生活。其說略曰：一人群之經濟組織範圍其他一切活動。過去自原始之共產社會崩潰後，在每一形成之經濟組織中包涵對峙之兩階級。其一為特權階級，其一為無特權階級。其一為壓迫者，其一為被壓迫者。經濟組織之發展愈臻於全盛或益以新生產方法之發明，則階級之衝突愈劇烈，壓迫階級要求現狀之維持是為一「正」，被壓迫之階級要求新秩序之建立，是為一「反」。此兩階級對抗之結果為社會革命，而最後乃產生一新經濟組織，將對抗之兩勢銷納，於是階級之鬥爭暫時止息。是為一「合」。經濟組織改變則政治法律，甚至哲學藝術亦隨之改變。

以上兩說乃同一方法之異用。然以吾人觀之皆與史實刺謬。試以我國史為例，周代封建制度之崩潰，世官世祿（即以統治者而兼地主）之貴族階級之消滅，此乃社會組織上一大變遷。然此非由於先知先覺之理想的改革，非由於兩階級之鬥爭，亦非由於新生產工具之發明。事實所示，不過如是：在紀元前六七世紀間沿黃流域及長江以北有許多貴族統治下之國家，其土地之大小饒瘠不一，人口之眾寡不一，武力之強弱不一。大國之統治者務欲役屬他國，擴張境土，小國之統治者及其人民欲求獨立與生存，於是有不斷之「國」際戰爭。其結果較弱小之國日漸消滅而終成一統之局。因小國被滅，夷為郡縣，其所包涵之貴族亦隨其喪失原有地位。是為貴族階級消滅之一因。君主與貴族爭政權，而務裁抑竄逐之。是又貴族階級消滅之一因。貴族階級自相兼併殘殺，是又其消滅之一因。凡此皆與階級鬥爭，生產工具之新發明，或理想之追求無與。即此一例已摧破黑格爾與馬克思之一切幻想。（關於黑氏及馬氏歷史辯證法之陳述可參看B. Copsoer: The Logical Influence of Hegel on Marx, University of Washington Publication in Social Sciences, Vol. II, No.2.）

## 四、演化史觀

許多原初極有用之名辭，因被人濫用寖假成為無用，「演化」一名正是其例。就予個人而論，平日談話作文中用此名詞殆已不知幾千百次。今一旦執筆欲為此觀念下界說，頓覺茫然。流俗用「演化」一名，幾與「進步」或「變化」無異。然吾人可確知者，演化不僅是變化，卻又不必是進步。畢竟演化之別於他種變化者何在？

吾今所欲究問者非演化觀念之形上的意義。例如在一演化的歷程是否一種潛性（Potentiality）之實現？若然，此潛性在其未實現之前存於何所？又如演化的歷程是否須有內在的一種主動的「力」，為之推進，是否需有一種終始如一的實質（Identical Substance）為其基礎？對於此諸問題予之答案皆為否定的，然在此處不必涉及。予今所欲究問者：事物之變化，至少必須具何種條件，吾人始得認之為一演化的歷程？吾將斬除論辯上之糾紛而逕下演化之辨別的界說如下：

一演化的歷程乃一事接續之變化，其間每一次變化所歸結之景狀或物體中有新異之成分出現，惟此景狀或物體仍保持其直接前立（謂變化所自起之景狀或物體）之主要形構（Essential configuration）。是故在一演化歷程中，任何變化所從起與其所歸結之景狀與物體，大致必相類似；無論二者差異如何鉅，吾人總可認出其一為其他之「祖宗」，惟演化歷程所從始與其所歸結（此始與終皆吾人之思想所隨意界劃者，非謂吾人能知任何演化歷程之所始或所終也）之景狀或物體，則或異多於同，吾人苟非從歷史上之追溯，直不能認識其間有「祖孫」之關係。

以上演化之觀念之涵義有兩點可注意：第一，異乎斯賓塞爾之見，演化之結果，不必為事物之複雜化，容可為事物之簡單化。此則現今生物學家及社會學家所承認者也。第二，演化之歷程中，非不容有「突變」。然須知突與漸乃相對之觀念。其差別為程度的。白貓生黑貓，對於貓之顏色而言則為突變，對於貓類之屬性而言則為漸變。許多人根據達夫瑞（de Vries）氏物種「突變」之研究，遂以為演化論中「漸變」之觀念可以取消。又有許多人以為達爾文主義與突變說不相容，此則皆為文字所誤。變化所歸結之狀態或物體必保持其直接前之其主要形構，此演化之觀念所要求者，超此限度以外之「突變」為演化之歷程中所無，（若有之則不成其為演化歷程）。惟在此限度內變化固容許有漸驟之殊也。雖然「主要形構」之界限，殊難嚴格確定，只能靠「常識」上約略之劃分，此則許多認識上之判別之所同也。

專從變化之觀點考察歷史之結果，是為一種演化論的歷史觀。演化觀念可應用於人類歷史中乎？曰可。然非謂人類全體之歷史乃一個演化歷程也。演化歷程所附麗其主體，必為一合作的組織，而在過去任何時代人類之全體固未嘗為一合作的組織也。又非謂過去任何社會，任何國族之歷史，皆一綿綿不絕之演化也。一民族或國家可被摧毀，被解散，被吸收，而銷失其個性，即其文化亦可被摧毀或被更高之文化替代。然當一民族或國家，其尚存在為一民族或國家，為一組織的全體時，當其活動尚可被認為一民族或國家之活動時，吾人若追溯其過去之歷史，則必為一演化之歷程：其中各時代新事物之出現，雖或有疾遲多寡之殊，惟無一時焉，其面目頓改，連續中斷，譬若妖怪幻身，由霓裳羽衣忽變而為蒼髯皓首者。

任何民族或國家其全國的歷史為一演化的歷程，然若抽取其一部分，一方面而考察之，則容或可發現一種「趨勢」之繼續發展（進步）；一種狀態復演，或數種狀態更迭復演（循環性）；或兩種勢力其相反相剋而俱被「揚棄」（辯證法）。進步，循環性，辯證法，皆可為人類史之部分的考察之導引觀念，試探工具，而皆不可為範納一切史象之模型。此吾對於史變形式之結論。

初期演化論之歷史哲學家，不獨以為一切社會其歷史皆為一演化之歷程，更進一步以為一切社會之演化皆循同一之軌轍。譬如言生產方法則必始於漁，次獵，次游牧，次耕稼，言男女關係則必始於雜交，次同血族群婚，次異血族群婚，次一男一女為不固定之同棲，次一夫多妻，次一夫一妻。其他社會組織之一切方面亦莫不如是。若將社會眾面之演化階段綜合，則可構成一層次井然之普遍的「社會演化計劃」云。此計劃之內容諸家所主張不同。惟彼等皆認此種計劃之可能為不成問題者。此之學說可稱為「一條鞭式的社會演化論」，其開山大師當推斯賓塞爾，其集大成者則為穆爾剛，然在今日西方人類學界此說已成歷史陳迹。近頃郭沫若譯恩格思重述穆氏學說之作為中文，並以穆氏之「社會演化計劃」範造我國古史，為《中國古代社會研究》一書，頗行於時。故吾人不避打死老虎之嫌將此說略加察驗。

從邏輯上言，此說所肯定者乃涉及一切民族之歷史之通則，宜為從一切或至少大多數民族之歷史中歸納而出結論。其能立與否全視乎事實上之從違。苟與事實不符，則其所依據一切理論上之演繹俱無當也。然此說初非歷史歸納之結論。為此說者大抵將其所注意及之現存原始社會，並益以理想中建造之原始社會，按照一主觀所定之「文明」程度標準，排成階級，以最「野蠻」者居下。以為由此階級上升即社會演化之歷史程序。一切民族皆得最低一級起步；惟其上升有遲速，故其現在所達之階段不同云。然彼等初未嘗從史實上證明，有一民族焉完全經歷此等一切階級而無所遺缺也。而大多數原始社會無文字記錄，其過去演化之蹟罕或可稽，即有文字之民族其初期生活之歷史亦復多失傳，故理論上此等計劃之證實根本不可能。而事實上此等計劃無一不與現今人類學上之發現相衝突。（參看Goaldenweiser: Cultural Anthropology, 見Barnes氏所編History and Prospect of Social Sciences中）。昧者不察乃視為天經地義，竟欲將我國古代記錄生吞活剝以適合之。斯亦可憫也矣。

## 五、文化變遷之因果律

本節所涉及之問題有二：（一）在文化之眾方面中有一方面焉，其變遷恒為他方面之變遷之先驅者之原動力，反之此方面若無重大之變遷，則其他方面亦無重大之變遷者乎？具此性格之文化因素，可稱為文化之決定因素。故右之問題可簡約為：文化之決定因素何在？（二）文化之變遷是否為文化以外之情形所決定？

對於第（一）問題，曾有兩種重要之解答。

（甲）其以為文化之決定原素，在於人生觀之信仰者，可稱為理想史觀。其說曰：任何文化上之根本變遷，必從人生觀起，新人生觀之曙光初啟露於少數先知先覺。由彼等之努力，而逐漸廣播，迨至新人生觀為社會之大多數份子所吸收之時，即新社會制度確定之時，亦即文化變遷告一段落之時。是故先有十五六世紀之文藝復興，將生活中心，從天上移歸人間，然後有十七八世紀之科學發達，然後有十八九世紀工業革命。先有十九世紀末西洋思想之輸入，然後有中國之維新，革命，新文化等等運動。此外如近世俄羅斯，日本，土爾其，其改革皆由少數人先吸收外來之新理想而發動。故曰「理想者事實之母。」

雖然，一社會中人生觀之改變，無論為新理想之倡導，或異文化中理想之吸收，恒受他種文化變遷之影響，吾人通觀全史，新理想之興起，必在社會組織起重大變化之時代，或社會之生存受重大威脅之時代，是故有十字軍之役，增進歐洲與近東之交通及商業，有十四五世紀南歐及都市生活之發達，然後有文藝復興之運動。有春秋以降封建制度之崩壞，軍國之競爭，然後有先秦思想之蓬勃。有鴉片之役以來「瓜分之禍」，然後有「維新」「革命」及「新文化」諸運動。他如近代帝俄，日本，土爾其之革新運動，莫不由於外患之壓迫，故吾人亦可曰「需要者理想之母」也。從另一方面言，許多文化上之根本變遷，如歐洲五六世紀間民族之移徙以造成封建制度，又如先秦封建制度之崩壞，初未嘗有人生觀之改變為其先導也。

（乙）與理想史觀相對待者為唯物史觀。其以生產工具為文化之決定因素者，可稱為狹義的唯物史觀，其以經濟制度（包括生產條件，如土地，資本，之所有者，與直接從事生產者間之一切關係）為文化之決定因素者，可稱為廣義的唯物史觀。然二者皆難成立。吾人並不否認生產工具（如耕種，羅盤，及蒸汽機之發明等）或經濟制度上之變遷，對於文化其他方面恒發生重大之影響，惟史實所昭示：許多文化上重大變遷，並無生產工具上之新發明，或經濟制度上之改革為其先導。關於前者，例如歐洲農奴制度之成立，唐代授田制度之實行是也。關於後者例如佛教在中國之興衰，晉代山水畫之勃起，宋元詞曲之全盛，宋代理學及清代考證學之發達皆是也。其實類此之例，可例舉至於無窮。

對於第（二）問題，（文化之變遷是否為文化以外之情形所決定）亦有種種之答案。在文化範圍外，而與文化有密切之關係者，厥惟地理環境與個人材質。二者均嘗為解釋文化變遷者所側重。然地理環境中，若地形土質，自有歷史以來，並無顯著之變遷；其有顯著之變遷，可與文化上之變遷相提並論者，只在氣候？以氣候解釋文化變遷之學說，可稱氣候史觀。以個人之特別稟賦，解釋文化變遷者，可稱為人物史觀。

（甲）氣候史觀。此說所側重者，不在一地域之特殊氣候對於居民生活之影響，而在一地域氣候上之暫時的，（如荒旱，水災或過度之寒暑），或永久的反常變化（如古西域諸國之淪為沙磧）與其他文化變遷之關係。持此說者，以為一切文化之重大變遷皆為氣候變遷之結果，夫謂氣候之變遷有時為文化變遷之一部分的原因，且其例之多過於尋常所察覺，此可成立者。吾可為舉一舊史事所未注意及之例：《左傳》十九年載「衛大旱，卜有事於山川，不吉。寧莊子曰：昔周飢，克殷而年豐。」寧莊子之言若確（吾人殊無理由疑其作偽）則殷之亡，周之興，而封建制度之立，其原因之一，乃為周境之荒災。然若謂一切文化上之變遷皆有其氣候之原因，則顯與事實剌謬。例如日本之明治維新可為該國文化上一大變遷，然其氣候之原因安在？歐洲大戰，亦可為近世文化上大變遷之關鍵，然其氣候之原因安在？如此之例不勝枚舉。氣候史觀實難言之成理。（氣候史觀之最有力的主倡者為亨丁頓。此說最佳之批評見於P. Sorokin所著《現代社會學原理》中。）

（乙）人物史觀。文化為個人集合活動之成績，文化之變遷，即以活動之新式樣代替舊式樣，故必有新式樣之創造，然後有文化變遷之可能。然新式樣之創造，固非人人所能為，所肯為，或所及為也。《記》曰「智者創物，巧者述之，愚者用焉。」一切文明上之新原素，皆有特殊之個人為之創始，此毫無問題者也。所謂創始有三種意義：（一）完全之新發現或新發明。（二）取舊有之式樣而改良之。（三）將舊有之式樣集合而加以特殊之注重，即所謂「集大成」者是也。復次採納一種舊有之行為式樣（譬如說孔教，佛教，或基督教），身體力行，並鼓勵，領導他人行之。此亦可視為一種創造者。以上四類之創造者，包括古今一切「大人物」之活動。世間若無此四類之人，則決不會有文化之變遷，此亦無可疑者也。雖然，大人物之所以成為大人物者何在？

（一）在於「天縱之將聖」？抑（二）在於生理學上稟賦之殊異？抑（三）在於無因之意志自由，抑（四）在於偶然之機遇？

天縱說固無討論之價值。生理異稟說亦無實證之根據。持後一說者顯然不能從一人在文化上之貢獻而推斷其必有生理上異稟。因此事之確否正為待決之問題也。然過去文化上之創造者，許多並主名而不可得。即或姓氏幸傳，其人之生理的性格亦鮮可稽考。欲使生理異稟說得立，只能用間接推斷，而間接推斷之唯一可能的根據，即一實驗之法則：凡具某種生理異稟者，恒有文化上之創造；凡不具某種生理異稟者，恒無文化上之創造。然迄今尚無人曾發現一如是之法則。故生理異稟說，只是一種空想而已。然吾人若捨棄此說，則或當選擇於意志自由與盲目之偶然機遇間，二說孰優？此形上學的問題之解答，非本文之範圍所容許，吾僅欲於此指出歷史哲學與形上學之關係。

（《思想與時代》第十九期民國三十二年二月）

# 輯二　文史考證

# 老子生後孔子百餘年之說質疑

梁任公考證《老子》一書（見《哲學雜誌》第七期梁啟超評胡適《中國哲學史大綱》），謂為非與孔子同時之老聃所作（原文結論甚籠統，惟中謂仁義兩字為孟子專賣品，不應為老子所道，是認老子為在孟子之後。）其言信否，誠吾國哲學史上一問題，不揣鄙陋，謹述管見。

茲於討論梁先生所考證之先，有應研究者二事：

（一）《中庸》云：萬物並育而不相害，道並行而不相悖。夫孔子以前，學術為王官專掌，安能有並行之道。然則孔子之為此言，當時必有與孔子並行之道可知。今考孔子之時，捨老子外，並無與孔子並行之道；若謂老子在孔子後，則孔子安得有是言？

（二）莊子學術與老子極有關係，而莊子書中所稱老子，明明與孔子同時。〈天運〉、〈天道〉、〈田子方〉三篇所言，又非荒唐神怪，不近人情，安能因書中有寓言，而一概抹殺，謂為不足據？若然，則〈天下〉篇所舉諸子亦屬子虛耶？且信如梁先生所考，老子年代既約在莊子先後，莊子果何因而必提高孔子後百餘年之人而為孔子先輩？如以為欲尊老子而抑孔子耶？然當時之人，誰不知老子在孔子百餘年之後，而孰信其言者？莊子豈不知其言之必不能達其目的。譬如居今之世，有欲推尊一人者，而曰此章學誠之先輩也，雖至愚者不出此。況〈天下〉篇稱述老子而贊之，曰古之博大真人，使老子與莊子同時，或去莊子未久，則莊子不當以之為古。

今就梁任公所考證者，一一討論之：

梁先生第一證，引《史記》「老子之子名宗，宗為魏將；宗子注，注子宮，宮玄孫假，假仕漢孝文帝，假子解，為膠西王卬太傅。」而謂「魏為列國，在孔子卒後六十七年。老子既是孔子先輩。他的世兄還捱到做魏將，已是奇事。再查《孔子世家》。孔子十代孫藂，為漢高祖將。十三代孫安國，當漢景武時。前輩老子的八代孫與後輩孔子的十三代孫同時，未免不合情理。」夫《史記》之文既自相矛盾若此，則老子為孔子先輩，與《史記》所載老子世系，二者必有一真，必有一偽。果何據而謂《史記》所載老子世系必可信？如以為老子之後，至漢猶存，為史遷聞見所及，故較可信耶？然吾觀《史記》疑老子為百六十歲或二百歲。夫使老子而為百六十或二百歲。則其五六代孫或至七代孫當及見之。與八代孫相去非遙。苟史遷聞見所及者而真為老子之後，則此等事而實有耶？當時不應有此疑惑；而無耶？當時尤不應有此等神話。更就梁任公以為老子在孟子後而考之：自老子之生至漢景帝時，至多不過百六十年至百七十年，依《史記》所載八代計之。每代相傳年數。平均至多當二十年至二十一年。律以古人三十受室，似無二十至二十一歲而有子之理。況以孔子較之，自孔子之生至漢景帝時，凡三百八十四年。以十三代計之，每代相傳之年數平均適三十年，與古人三十受室之事實相符，而較之老子每代相傳年數，相差三分之一。信如梁先生所考，殊不近情理。

其第二證云：「孔子樂道人之善（中略），何故別的書裡頭沒有稱道一句？墨子孟子都是好批評人，他們又都不是固陋，諒不至連那著五千言的博大真人都不知道，何故始終不提一字？」別的書不知何所指，如指六經耶？則六經皆孔子贊述舊典，何有稱道老子之機會，如指《論語》耶？《論語》為孔子再傳弟子所記，（因書中有載子夏之門人問交於子張一事）安能無遺漏？墨子去老子未久，且為宋人。而老子至關著書，以其時書籍傳播之難，墨子之不及見亦何足異。至若孟子之未嘗批評老子，更何足據以疑老子，考孟子略與莊子同時。（據《史紀》〈老莊申韓列傳〉莊子與齊宣王梁惠王同時而孟子見梁惠王稱之曰叟則孟子亦較莊子為老也）《莊子》書中盛稱老子，而孟子獨不知有老子，非固陋而何？且《莊子》書中亦未嘗一批評孟子。然則《孟子》亦非孟軻之書耶？

第三證云：「就令承認有老聃這個人，孔子曾向他問禮，那麼《禮記》〈曾子問記〉他五段的談話，比較可信。卻是據那談話看來，老聃是一位拘謹守禮的人，和那五千言精神恰恰相反。」考老子為周之史官，於周之典制，知之最詳，故孔子問之。《禮記》所記五段談話，祇可證明老聃為明禮，而不能謂其必拘謹守禮也。例如或就一反對耶教之人問聖經內事實，其人據實直說，然則吾人本此即可證明此人為信耶教者耶？

第四證云：「《史記》一大堆神話，什有八九是從《莊子》〈天道〉，〈天運〉、〈外物〉

三篇湊合而成（中略）。《莊子》寓言什九，本不能拿作歷史談看待，何況連主名都不能確定？」梁先生所謂神話，未審定義如何？以吾觀之，《史記》此傳中為神話者不過二處：（一）「蓋老子百六十餘歲，或言二百歲。」（二）「或言儋即老子，」此外更無神話。而此二語與《莊子》〈天道〉，〈天運〉、〈外物〉三篇，可謂風牛馬不相及。至若《莊子》所載孔老時之可據，前已言之，茲不贅。又《莊子》書中所言，老聃自老聃，老萊子自老萊子，何主名不能確定，惟史《史記》疑老萊子太史儋與老子是否一人耳。

第五證云：「從思想統系上論，老子的話，太自由了，太激烈了（中略）。太不像春秋時人說。果然有了這一派議論。不應當時的人不受他影響，何以於《論語》《墨子》《左傳》裡頭，找不出一點痕迹。」吾謂孔子是受先王禮教之原動力，而繼續其同方向之動者也，老子是受先王禮教之原動力，而生反動力者也。於思想統系上有可疑，若論當時人何以不受其影響，吾當仿梁先生問胡適語答之曰：「古代印刷術未發明，交通不如今日之便，書之傳播甚難。一個人的言論，好容易影響到別處，又況老子主出世，著書即隱。未嘗栖栖皇皇，求行其道，與列國既無關係，《左傳》何從稱道之？墨子如上所言，既未必見老子之書，更何從生影響？《論語》既不能無遺漏，其不能尋出影響之痕迹，亦何足異？

第六證云：「從文字語氣上論，《老子》書中用王侯、王公、萬乘之君等字樣凡五處，用取天下字樣凡三處。這樣成語，像不是春秋時人所有？還有用仁義對舉好幾處。這兩個字連用，是孟子的專賣品，從前像是沒有的。還有師之所處，荊棘生焉，大兵之後，必有凶年。這一類話，像是經過馬陵長平等戰役的人，才有這種感覺。還有偏將軍居左，上將軍居右，這種官名都是戰國的。」考楚於春秋已僭王號，擁兵強盛，時存遷鼎之心。老子楚人，受環境之感觸，其用王侯，萬乘之君等名詞，亦理之常。若仁義二字。既非孟子所創，何得謂孟子以前不能有人將之對舉。若必有凶年，荊棘生焉等語，皆極甚之形容詞，即王充所謂增之，豈必實有其事？況老子之為此言，豈必感於當時？讀〈武成〉血流漂杵之言，不更甚耶？又觀《史記》〈老莊申韓列傳〉，言申不害之學本於老子。史遷之時，其書尚存，似當可據。然則老子必在申不害以前，即就申不害考之，申不害相韓，在三家分晉後二十五年。前孟子數十年，去馬陵長平之戰百餘年，更安能執此疑老子？至若上將軍一語，其全文云：「吉事尚左，凶事尚右，故上將軍處右，偏將軍處左。」此乃陰陽家之言，與老子學說風牛馬不相及。且與下章「天地相合、以降甘露」（此為後世方士附益，胡適之中《中國哲學史大綱》已言之）適相鄰，其同為後世附益無疑，不能執此以疑老子。

以上皆梁先生考證老子之失也。

（《學衡》第廿一期民國十二年十月）

# 紀元後兩世紀間我國第一位大科學家——張衡

講到科學，我們中國真是「瞠乎其後」了。就物質的科學說，現在我國，簡直找不出一個創造家。這是何等可恥啊！但是，我們只要努力，不要自餒。試拿我們的科學史和西方的科學史一比較，在十三四世紀以前，我國也未嘗「獨後於人」。倘若現在我們能努力去繼續從前的光榮，那麼，在過了一千幾百年後的我國科學史裡，近世所占的幾頁是毫不相干的。我們努力啊！現在把我們的科學史鈔出幾頁來和大家看看，或者也可以鼓起我們的勇氣去努力。

這裡所鈔出的幾頁，是講我國第一位科學家在科學上的貢獻。我還要先聲明：我介紹這位科學家，是用「傳」的體裁。因為要使讀者了解他「整個的人」，所以對於他生平的行歷，雖然和科學沒有關係，也要說說。

## 一

我國的第一位大科學家是誰？曰：張衡。

張衡別字平子，後漢南陽西鄂人。即現在河南鄧縣。於章帝建初二年（紀元七十七年）他的家族是當時累代著名的大姓。他的祖父張堪曾做過蜀郡的太守。

他性情很謙虛，淡靜；雖聰明絕世，而沒有驕尚的態度；但也不喜歡和俗人交接。他生平「不患位之不尊，而患德之不崇；不恥祿之不夥，而恥智之不博。」（用〈答難〉中自述語。）

因為如此，所以從前中國一般讀書人的做官熱，他簡直沒有。永元間，當地的官吏舉他為孝廉，他不行；公府裡徵聘他，他也不就。當時有一位炙手可熱的大將軍鄧騭仰慕他的才名。屢次召他，他也沒有答應。後來安帝聞他的名，拜為郎中——一位近侍的官吏，品秩和前清的侍郎差不多。再遷為太史令，是一個掌理史事和曆法的職任。因為他無意做官，所以好幾年都沒有陞官。後來離了太史令職改官尚書郎。到順帝即位又為太史令。這時候也許有些人笑他本事不好，不會高陞。所以他做了一篇〈答難〉來表明他的意志。我們從這篇文章裡，可以看出他的人格。沒幾久，他又遷為侍中，和皇帝很親近。當時政權完全在太監手裡，他於是上疏請「勿令刑德八柄不由天子。」他在皇帝跟前，也常時諷刺左右的人物。有一天皇帝問他：「天下所痛恨的是什麼人？」在旁的太監們怕他說自己壞話，鼓起眼睛盯住他。他只得含糊答應而出。那群太監到底怕他為後患，於是時時向皇帝面前說他長短。後來他外放做河間相，政績極好。做了三年，他上書告老求歸，徵拜為尚書。這便是他在政界的履歷。

他本來是一位文學家，自少便有文學天才。他做〈兩京賦〉，「精思傅會，十年乃成」；一生的精力大半都費在文學上。著有〈詩〉，〈箴〉，〈銘〉，〈七言〉，〈應問〉，〈七辯〉，〈巡誥〉，〈懸圖〉等三十二篇；大部分現在還存。我們試把他的〈兩京〉〈賦思玄〉等篇一讀，便曉得他在我國文學史上的位置了。

他也研究過經學。少年時在太學——當時的國立大學裡念過書，並且「貫五經，通六藝」；曾著過一部《周官訓詁》，這部書，現在已不存，據他的同時人崔瑗說：是「不能有異於諸儒。」也許他對於這種學問未嘗有深刻的研究。他又想補《孔子易說》的缺漏，但是後來到底沒有做成。

他對於漢代的掌故也很留心。永初中，劉珍和劉騊在東觀裡司理著作，撰集一部《漢紀》，因為想定漢家禮儀，上疏請使張衡幫助他們。可是沒幾久這兩人竟死了。衡常時歎息，想把他完成。到了做侍中的時候，便上疏請「得專事東觀，畢力於紀註。」書上後，皇帝沒有答應。他又上書指摘司馬遷，班固所記的錯失十餘事；又陳述他所主張漢史的體例。他所指摘和主張有價值與否，另為一問題；但是可以證明他嘗有志於史學了。

## 二

上面所說，還沒有半個字表現他在科學史上的位置。我為這位科學家做傳，說了一大堆和科學沒有關係的話，讀者一定覺得討厭。現在我要歸入本題了。

在張衡那時代，像張衡一樣對於科學的貢獻是很不容易發生的。因為：

（一）當時圖緯五行之說——科學的大對頭——盛行，差不多沒有一門學問不被他盤據。

（二）當時政府所提倡，學問界所趨向，全在「古文派」的儒家。一般讀書人，個個都向半偽的經典的一家師說裡討生活，永世不會望見師說以外的天日；那些藝成而下的東西，更不必說了。

張衡雖服膺儒家的經典。但是因為他平生「恥智之不博」，所以他對於儒者所以為藝而下的學問，如天文，曆學，數學，機械等都盡力去研究。他對於當時時髦的圖緯學，極力反對。當他做太史令的時候，嘗上疏請「收圖緯一切禁絕之」；說圖緯是「一卷之書，互異數事」的，是「欺世罔俗」的。這件事在我們今日看來本無足奇。但是在他那時候，圖緯是帝王所祖述，儒者所爭學的；（《後漢書》〈衡傳〉言：「光武善讖，及顯宗肅宗，因祖述焉，中興之後，儒者爭學圖緯。）他竟能發生這大膽的反抗，我們不能不佩服他的勇氣。由此可見，他的治學精神，和當時的儒者，完全是兩路的。因為如此，他捱當時人們的痛罵不少，所以他在〈答難〉裡說：「嘗見謗於鄙儒」。後來還要勞范蔚宗在他的傳裡替他辯護，說他不是一個「藝成而下」的人！

他在科學上的貢獻是什麼呢？下面要分開來說。在分述之前，請先說說他關於科學的遺著。

（一）《靈憲》一卷，《靈憲圖》一卷　《靈憲》是他的天文學著作。《靈憲圖》是一部天文圖。這兩部書《隋書》〈經籍志〉都有記載。到《唐書》〈經籍志〉，《靈憲》

便亡了。過了宋代，《靈憲圖》也亡了。《靈憲》一書，後人從類書，和引用他的書裡輯出首尾相續的還有一千五百多字。（最初輯錄的是張溥《漢魏六朝百三名家》集裡的《張河間集》所載，所輯約千三百多字，但未注明出自何書。後來嚴可均（清嘉慶間人）的《全後漢文》裡輯出約千五百多字並注明所根據的書是：《續漢天文志》，《開元占經》，《左傳序正義》，《史記天官書正義》，《隋書天文志》，《北堂書鈔》，《藝文類聚》，《初學記》，《太平御覽》，《廣韻》。蔭按：尚有唐李淳風《乙己占》所引。）據我所考，這部書曾被人竄亂。現存輯本還有偽文。（例如《後漢書》〈衡傳〉李賢注〈引靈憲文〉作「昔在先王，……先準之於渾體，是為正儀，故《靈憲》作興」。《乙巳占天象篇》所引，（《開元占經》同）卻作「昔在先王……先準之於渾體。是為正儀立度。而皇建有逌極也，樞運有樞稽也；乃建，乃稽，斯經天常。聖人無心，因茲以生。故《靈憲》作興。」正儀以下，羼入凡三十一字。若說是李賢節錄原文，那麼，原文若如《乙巳占》所引作「……正儀立度。而……」稍通文義的人，都知道原文至立度才是一句。曾做《後漢書注》的李賢，斷不至這樣不通，把正儀截作一節，而削去下文。況且羼入的話和上文完全不相銜接，這更是極明顯的事實。又如張衡是主張渾天說的，所以作渾天儀。他的渾天說是：「……地如鷄子中黃孤居天內……載水而浮……」而《乙巳占》所引《靈憲》文，卻說：「用重鈎股懸天之影，薄地之儀，皆移千里而差一寸。過此以往，未之或知也。未之或知者宇宙之謂也。宇之表無極；宙之端無窮。」地既「如鷄子中黃，……載水而浮。」何以又會說：「未知或知」，「無窮」呢？這豈不是渾天說相矛盾嗎？這也是妄入竄亂的證據。）但是其中張衡獨到的發明，決不是妄人所能假造的。

（二）《渾天儀》一卷　這部書是他的渾天儀器的說明書；《隋唐志》都有著錄，到宋便亡了。現在也有輯本。（以《全後漢文》所輯為最好，總書輯出有一千三百多字）書中附帶說及他的天文學不少。現在輯本，還有片段的遺留。

（三）《算罔書》一卷　李賢〈本傳注〉說是：「網絡天地而算之」。這書《隋志》尚存，《唐志》便亡了。現在無隻字可考。劉徽的《九章注》嘗引張衡的算法，未審是否根據此書。

我們根據這些殘闕的遺著，和《後漢書》裡頭的〈張衡傳〉，〈律曆志〉，以及《晉書》《隋書》的〈天文志〉中關於張衡的記載，和《九章注》所引張衡的算法，大略還可以考見張衡在科學上的貢獻如左：

## 三

### 1. 張衡的天體說及天象的新解譯

張衡是主張渾天說的。渾天說創於漢武帝時之落下閎（《揚子法言》裡載：「或問渾天，曰：落下閎營之，鮮于妄人度之，耿中丞象之。」揚子雲去落下閎未久，又是渾天學家，（《隋書・天文志》：「揚子雲作難蓋天八事以通渾天。」）其說如此。不料在揚子雲後幾百年的人，卻會說顓帝堯帝的時候，不獨有了渾天的學說，並且有了渾天的儀器。（《春秋》文耀鈎說：「唐堯即位，羲和作渾儀。」《隋書・天文志》載：《晉傳》中劉智說：「顓帝造渾儀」。）我們真正佩服他們製造歷史的能力！又《堯典》「璿璣玉衡，以齊七政。」孔安國的傳說：「璿璣玉衡即漢代的渾天儀。」後來的注釋家附會得更厲害，連玉衡的尺寸都說得出。按：璿璣玉衡乃星名，並不是天文儀器。這事清代學者雷演淇考證得很詳確，說詳《介庵經說》（畿輔叢書有刻本）可惜落下閎的學說，現在沒有半個字可考。張衡說天體道：

> 渾天如雞子。天體圓如球，如彈丸。地如雞子中黃，孤居於內。天大而地小，表裡有水。天之包地，猶殼之裹黃。天地各乘氣而立，載水而浮。周天三百六十五度四分度之一，又中分之，則一百八十二度八分之五覆地上；一百八十二度八分之五繞地下。（《渾天儀》）。

這種解說，拿現在的眼光來看，淺薄極了。但是比之他以前的天體說，其進步真不可以道里計了！說地如雞子中黃是打破從前「天圓地方」的謬說。他說「地孤居於天內」，「乘氣而立」；是打破從前「天柱地維」的謬說。又他以為是半覆地上，半繞地下，越發和近代的科學解釋有點接近了。最奇者：他說地是「載水而浮」，和希臘的推爾士（Thales），竟不約而同。（參看W. T. Sedgwick and H. W. Tyler 的A Short History of Science, p. 45）他說：「地如雞子中黃」和希臘Milesian

說地在天之中心，也有點相似。（參看同書頁四十六）。

他解釋月所以有光和圓缺的原故說：

夫日譬猶火，月譬猶水；火則外光，水則含影。月光生於日之所照，魄（謂月虧也）生於日之所蔽；當日則光盈，就（此字疑有誤）日則光盡也。」（《靈憲》）

又以為：星之所以有光，也是這個道理；但是星的光是由月轉給他的，所以說：

眾星被耀，因水轉光。（《靈憲》）

星和月的光，既是由於日之直接的，或間接的所照，為什麼有的時候他們正「當日之衝」卻會沒有光——即是交蝕——呢？他解釋這點，說是因為「蔽於地」，所以說：

當日之衝，光常不合者，蔽於地也。是為闇虛，在星，星微；月過則蝕。（《靈憲》）

他在二千年前，解釋月光，月的圓缺，和交蝕等現象，和近代科學的解釋，竟不爽毫釐。這不獨是張衡在科學史上的榮耀，也是我國在文化史上的榮耀呵！雖是月假日光的道理，在張衡以前的推爾士也嘗說過，（參看A Short History of Science, p. 44）但張衡對於月盈缺，和交蝕的解釋，實非推爾士所能夢見。

## 2. 曆學及渾天儀

張衡做過兩任太史令，曆學是他的職掌。他曾和當時的曆家辯論過，（《後漢書律曆志》：「安帝延光二年謁者亶誦言當用甲寅元，梁豐言當復用太初。尚書郎張衡，周興皆能曆數，難誦，豐，或不對，或言失誤。」）並「參按儀註以『九道法』為最密。」（用《後漢書律曆志》語）「九道法」，後漢之初已有之，並不是他所創。（《後漢書律曆志》云：「史官舊有九道術，廢而不修。熹平中，故治曆郎梁國宗整上九道術，詔書下太史，以參舊術相應，太子舍人馮恂課校。恂亦復作九道術。」）他又指摘歆《三統曆》的差謬，說：

> 向歆父子欲以合春秋，横斷年數，損夏益周，考之表紀，差謬數百。兩曆相課，六千一百五十六歲而太初多一日。冬至日直斗，而云在牽牛，迂闊不可用。（《後漢書律曆志》載《張衡曆議》）

按：冬至日在斗，不在牽牛；此說東漢之初已發現，（《後漢書律曆志》云：「元和二年，太初失天益遠，宿度相覺浸多。而候者皆知冬至日在斗十二度，未至牽牛五度。」）也不是他的創說。他的曆學，大半祖述前人，沒有什麼發明。他在我國曆象界的功勞，完全在渾天儀的創造。

渾天儀是什麼一件東西呢？《晉書天文志》說：

張衡置渾象具內外；規南北極，黃赤道；列二十四氣，二十八宿，中外星官，及日，月五緯。以漏水轉之於殿上室內。星中出沒與天相應。因其闕（疑關字之訛）戾，又轉瑞輪蓂莢於階下，隨月盈虛，依曆開落。

《隋書》〈天文志〉說：

……以四分為一度，周天一丈四尺六寸一分。亦於密室中，以漏水轉之。令聞之者閉戶而唱之，以告靈臺之觀天者。璿璣所指，某星始見，某星已中，某星已沒，皆如合符。

這件儀器，是用銅製的，他在鑄造之先，曾用竹片鍼……等物做了一個小模型，名為「小渾」。他製造這模型的方法，現在輯本的《渾天儀》還有詳明記載。我們還可以依他的方法重造一個。海內的儀器製造家何不試試？

## 3. 候風地動儀及其他機械之製造

張衡極精於機械之製造。他的渾天儀，固然是他的天文和曆學的結晶，也是他機械精巧的表現。此外他的機械製造還不止此。

陽嘉元年張衡造了一個測驗地震的儀器，名「候風地動儀」，用精銅鑄成，圓徑八尺，上面有突起的蓋，形狀很像一個酒罇。上刻篆文，山龜，鳥獸等形狀來做裝飾。中間有一條主要的柱。旁邊有八處，可以施放機關。外有八條龍，每龍口裡含著一顆銅丸，下面有蟾蜍張口來接。機器隱在罇的裡頭，覆蓋得很周密，沒有一些罅漏。如有地震，罇便受振動，龍內的機關發動，把銅丸吐出，落在下面蟾蜍的口裡。銅丸落下的時候，發生很大的聲響，伺候的人便可曉得。地震時，只有一條龍的機關發放，其餘的一些都不動。尋那條龍所指的方向，便曉得地震所在。經過事實得證明，是很應驗的。有一天，其中一條龍的機關發動了卻沒有覺得地震。於是京師的學者，都怪他靠不住。過了幾天，驛站裡的消息傳到來，果然是隴西地震。眾人才服他的神妙。

這件儀器的確是科學界的一大創作。可惜他的內容，和他所根據的原理，現在都不可考了。

他又曾製造過一架三輪自轉的機器，正史裡雖然沒有記載，但他在〈答難〉裡曾說：「參輪可使自轉。」本傳李賢注引《傅子》曰：「張衡能令三輪自轉。」可惜這件機器，現在也失傳了。

他又嘗製造一個土圭——測日影的儀器。（《義熙起居注》載：「十四年（東晉帝義熙十四年）相國表曰：「平長安獲張衡所作渾儀，土圭。」——以上據《玉海》引）但是正史也沒有記載。此外他製造的儀器，正史裡沒有記載的一定不少。可惜現在已無可考了。

## 4. 張衡的圓周率

劉徽《九章注》少廣開立圓術（已知球體積求球直徑）裡嘗引張衡的方法。我們從這方法裡，可以推知他所發明的圓周率是$\pi=\sqrt{10}$，（參看《科學雜誌》茅以昇〈中國圓周率史〉）這率雖然比現在的密率過大，但入算很易，又《開元占經》裡載張衡的圓周率，是$\pi=\frac{92}{29}$（據李儼〈中國數學源流考略〉《北京大學月刊》第一卷第五期）這率比密率更大些，或者他的圓周率，是從$\pi=\frac{92}{29}$改為$\pi=\sqrt{10}$，也未可定。但是他怎麼樣得到這個結果，現在也不可考了。

$\pi=\sqrt{10}$的圓周率，印度波羅馬克多（Brahmagupta 589-?）在他的著作《Brahma-sphuta-siddhanta》（著在五九八年參看〈中國數學源流考略〉及F. Cajori's A History of mathematic, p. 94）裡也有紀載。後二百年，亞剌伯的算書也用他。（據〈中國數算源流考略〉）但是張衡還比他先五百年至七百年。

## 四

從上面所述看來，張衡在科學上的貢獻，真正不少。他不獨是我國科學上的第一個人物，他在世界科學史也有不朽的位置。可惜他的學業，幾千年來，竟沒有人繼續下去；也沒有發生甚麼影響。並且連他苦心孤詣的發明，也和他的生命一齊死滅。這不獨是我國文化的損失，也是世界文化損失啊！

## 五

現在再將他生平的事實做一個簡略的年譜如左：

| 帝號 | 西元 | 歲 | 事 |
|---|---|---|---|
| 章帝建初二年 | 七七 | | 張衡生 |
| 章帝（?）年 | （?） | （?） | 入京師，觀太學 |
| 和帝永元中 | 九八（?） | 二二（?） | 舉孝廉，不行；連辟公府，不就。 |
| 安帝永初（?）年 | | 三〇（?） | 〈兩京賦〉成。 |

| 帝號 | 西元 | 歲 | 事 |
|---|---|---|---|
| 安帝永初（？）年 | （？） | （？） | 大將軍鄧騭屢召，不應。此事不詳何年。<br>按：鄧騭做大將軍，在永初元年，此事必在永初元年後。 |
| 安帝（？） | （？） | （？） | 徵為郎中。 |
| 安帝（？） | （？） | （？） | 遷為太史令。 |
| 安帝建光元年 | 一二一 | 四三 | 去太史令職，為尚書郎。<br>按：衡去太史令職，本傳不言轉為何官。惟《後漢書律曆志》載：「安帝延光二年尚書郎張衡……」云云，此時正當衡去太史令職之後，復任太史令之前。故知衡去太史令職後轉為尚書郎。<br>著《靈憲》，《算罔論》。<br>作三輪自轉機。<br>作土圭。<br>此三事年時無可考，姑列於此。 |
| 安帝延光二年 | 一二三 | 四五 | 與亶誦梁豐論曆，主九道法。 |
| 順帝永建元年 | 一二六 | 四八 | 復為太史令，作〈答難〉。<br>作渾天儀，著渾天儀。<br>按：造事本傳載在遷太史令後，不詳何年。《隋書天文志》說：「桓帝延熹七年張衡造渾天儀，」據本傳，延熹七年時，張衡已死了二十六年。《隋書》所載若確，那麼，張衡的卒年便發生問題。但是《隋書》所載的編輯，遠在《後漢書》之後，（《後漢書》纂於劉宋《隋書》纂於唐初）其可信程度當然較少。又考《晉書天文志》載張衡作渾天儀在順帝時。是《隋志》之謬又有顯證。現在特為刊正。 |

| 帝號 | 西元 | 歲 | 事 |
| --- | --- | --- | --- |
| 順帝陽嘉元年 | 一三二 | 五四 | 作候風地動儀。 |
| 順帝永和後 | （?） | （?） | 上疏陳時事。 |
| 順帝（?）年 | （?） | （?） | 上疏闢圖緯。 |
| 順帝（?）年 | （?） | （?） | 宦官讒之作〈思玄賦〉。 |
| 順帝永和元年 | 一三六 | 五九 | 出為河間相。 |
| 順帝永和四年 | 一三九 | 六二 | 乞假歸徵拜尚書。是年卒。 |

## 後錄

這篇文章做成後，涉覽所及，又發見了好些新資料。現在把他逐條寫在下面，以補遺缺。

（一）張衡的祖父張堪，乃後漢有名的循吏。並以討公孫述和擊禦匈奴有功。《後漢書》有傳。

（二）張衡和當時的文學家崔瑗，（工詞賦通曆算。）及大思想家王符（著有《潛夫論》）均相友善。（以上據《後漢書》〈崔瑗傳〉及〈王符傳〉）並與王充同時。惟充卒於永元間，時衡約三十歲。又王充於衡〈說日篇〉引日蝕由於地蔽之說而駁之。可見張衡此說，已早行於世。

（三）衡嘗創製指南車。據《宋書》〈輿服志〉說：「指南車，……至於秦漢，其制無聞，後漢張衡，始復創造。漢末喪亂，其器不存。」

（四）據唐張彥《歷代名畫記》（卷三及卷四）張衡工圖畫，嘗作地形圖，至唐猶存。惜唐以後無可稽，末從考知其內容。

（五）《隋書・經籍志》子部有張衡《黃帝飛鳥曆》一卷。此書《舊唐書・藝文志》以下，均不見著錄。書已久佚。其內容無可考。

（《東方雜誌》第二十三卷二十三號民國十三年十二月）

# 秦婦吟之考證與校釋

## 一、秦婦吟之各種寫本

一九一九年（民國八年）春，予至英國博物院審視斯坦因爵士所蒐集之燉煌寫本書。偶見一小冊，凡九頁，長一四五米突，廣一〇五米突。斯坦因所僱中國助手題曰：「戲耍書一本」。予稍諦察知其與內容不符。及手為寫錄，知乃詩也。共一百五十三行，不完，首尾皆為句之中央；題亦佚。惟觀其用妾字，知述者為一婦人。詩敘八八〇至八八一年冬黃巢陷長安事。

此發現已極饒興趣矣。數月後，予復得此詩之別一鈔本。此為卷子本，開端已被扯去；惟其餘直至詩之末句完好無缺，凡一百九十八行。且著題曰「《秦婦吟》一卷」。有跋曰「貞明五年己卯歲四月十一日燉煌郡金光明寺學仕郎安友盛寫訖」。繼之為一歪詩，蓋鈔者藉以洩其牢騷之氣也。詩亦不完，祇存四句曰：

今日寫書了，合有五升麥。
高代不可得，還是自身災。

此二本寫工殊草率，後一本為尤甚。然不久予又得第三本。此本如第一本然，為一小冊，惟稍大。其筆畫雖尚可辨讀，而劣拙足使人駭；似幼僧初學塗鴉，寫為習課者。然此本缺憾雖多，殘毀較少。前二本所具之句此皆具之。（惟有三四句偶然遺脫）。且首處多二句。

以上三種寫本，吾依序以甲，乙，丙別之。就紙與字法觀之，甲乙二本約為同時之產物，即十世紀初之產物也。丙本書以較粗之草紙。以此種紙流行之稍後，粗略估計，丙本或屬於十世紀之中葉。論寫錄之正確，則適所序列恰可次其等第。蓋甲本大體上可稱佳本。乙稍遜。丙絕劣，其訛者多為別字，可見鈔者之恃目不若其恃耳也。合三本觀之，篇幅雖短，異文殊夥。

一九二三年七月余為一文論此詩[1]。在英國皇家亞洲學會百週年慶祝會宣讀。時伯希和教授適預會。予聞之教授，始知《秦婦吟》寫本尚有二種，為彼在敦煌所發現者，藏巴黎國立圖書館。此二本雖少有虧損，大體全整，卷末尤完好。其一編在二七〇〇號者，吾稱之為丁本；其一編在三三八一號者，吾稱之為戊本。丁本詩題下有「右補闕韋莊撰」一行。戊本卷末題「天復五

1 此文見通報第二十四卷，第四五合期，一九二六年十二月出版。原文並有《秦婦吟》英譯本，茲略去。

年[2]（九〇六）十二月十五日敦煌郡金光明寺[3]學仕張龜寫。」依伯希和教授之意見，戊本時代稍後於丁本。此二本寫工皆劣，時有錯謬。予雖未得見其原本，間接所知，戊本實較丁本為優。蓋丁本訛舛之多，直可與丙本相埒也。

在斯坦因所藏未歸英國博物院之前，日本狩野教授已鈔得甲本；而乙本在日本亦有鈔本，鈔者為狩野教授抑別一日本學者則不可知。王國維氏據此二本及巴黎圖書館所藏戊本之鈔本，校寫全詩，以一九二四年刊於北大《國學季刊》（第一卷第四期），並有題跋，述及作者韋莊之生平。惟王氏既未得見原本，又似未知丙本；故其所校，不免錯誤，而有待於修正也。羅振玉氏《敦煌零拾》中所錄此詩，亦復爾爾。茲合觀五種寫本，重為校定。自信與初脫稿時之原詩相差不遠矣。寫定之文，悉有本子之根據，惟三數處極明顯之訛誤，始以意改易之耳。

2 據《新五代史》卷六十三，天復四年唐徙都洛陽，改元天祐而王建（蜀節度使）以距朝廷遙遠，不聞此事，仍用天復年號，直至建稱尊時（九〇七）始改。則無惑乎敦煌遠邊之有「天復五年」矣。沿用已改之年號，為敦煌寫本中極常見之事。——又可注意者，此本之鈔寫，恰當長安陷後二十五年，時韋莊尚存也。

3 可注意者，乙戊兩本同出一寺，而相隔十三年，金光明寺之名，屢見於斯坦因所得敦煌寫本中，據其第二七二九號，知八〇〇年間，寺中有僧十六人。其第三九〇五號，為佛籍之殘本，寫於九〇一年。其第二七一一號有寺中「寫經人」名錄。此卷或屬於十世紀初，然其中獨無安友盛及張龜之名。豈二人書法惡劣，不能以勝寫經之任，僅足以抄錄俗書而已歟？

# 二、黃巢亂事述略

在吾儕考論《秦婦吟》及其作者之前，於黃巢亂事，當頗聞其略。以下所述，大部分採自《通鑑》及《兩唐書》。

八七四年（僖宗乾符元年），王仙芝倡亂於直隸南部，明年，其故友黃巢附之。黃巢者，驍悍善騎射，少讀書，屢舉進士不第。棄之，販私鹽為業，聚眾至千餘人。遂投仙芝，擁眾入山東。山東人民，久苦苛稅，聞而蟻附焉。數月之間，巢眾增至三四萬。八七八年，仙芝敗死湖北，其貳尚讓率餘卒歸黃巢。於是黃巢自稱衝天大將軍。既定山東，長驅南進，連陷福州，廣州。在廣州遇疫，賊眾死亡枕藉，巢乃折而北上，窺京師，以八七八年六月薄襄陽，為山南東道節度使劉巨蓉及江西招討使曹全晸所破。賊勢大沮，巢返軍渡江東竄，其眾亡於斬虜者什七八。然巢息養招聚，不數月眾復盛，聲勢且壯於前。八八〇年八月杪，巢率眾西出，經安徽以入河南。其眾或云十五萬，或云三十萬。雖擁重兵，進行極速，是年十二月，遂破洛陽。

然潼關天險，猶不易飛渡。乃遣防潼關之軍，素乏訓練，輜重不完，又頹喪無鬥志；事遂不可為矣。初，張承範等將神策營弩手援潼關。神策軍士，皆長安富家子，賂宦官竄名軍籍[4]，厚得廩賜；但華衣怒馬，憑勢使氣，未嘗更戰陣。及聞出征，父子聚泣，多以金帛雇病坊貧人代行，往往不能操兵。承範請易以良率，不果；請設糧臺，亦不果。既至潼關，與守將齊克讓軍合守，然兩軍皆絕糧矣。八八一年一月六日，黃巢前鋒抵關下，克讓力戰，自午至酉始解。士卒飢甚，諠譟燒營而潰。克讓走入關，與承範悉力拒賊。關左有谷，平日禁人往來，以摧徵稅，謂之禁阬。賊至倉卒，官軍忘守之。比覺，賊已從此入。關遂不守。

於是京師震動。朝旨拜黃巢為天平節度使，冀以羈縻之，然無效。一月十日，賊入長安，宦者田令孜帥神策兵五百奉帝自金光門出奔，經鳳翔，興元，以至成都。出時從者惟皇子四人，及妃嬪數人，百宮皆莫知之。帝犇馳晝夜不息，從官多不能及。車駕既去，軍士及坊市民競入府庫盜金帛。

晡時，黃巢前鋒將入長安。金吾大將軍張直方率文武官數十人迎巢於霸上。巢乘金裝肩輿，其徒衣錦繡執兵以從。巢等經春明門，陞太極殿。宮嬪拜迎者二三千人，群呼「黃王」。巢大喜曰：「此天意也」。民眾夾道聚觀，尚讓歷諭之曰：「黃王起兵，本為百姓；非如李氏不愛汝曹。汝曹但安居無恐。」巢之欲以義師自解，於此等處可見。史稱其徒為盜久，不勝富，見貧者往往施與之。惟待豪貴則甚酷云。

4 原文謂富家子賂宦官免軍役，乃由誤解《通鑑》文，茲據原文，（卷二一一）改正。

黃巢居田令孜第，其初尚自制持。居數日，則故相畢露。據新唐書所紀，（卷二二五）「因大掠，縛箠居人，索財，號「淘物」。富家皆跣而驅。賊酋閱甲第以處。爭取人妻女亂之。捕得官吏，悉斬之，火廬舍不可貲，宗室侯王屠之無類矣。」據通鑑，此大屠戮乃一月十四日事，其明日黃巢遷居禁內。十六日踐祚含元殿，定國號曰大齊，改元金統。晝旱繪為袞衣，擊戰鼓數百以代金石之樂。其妻曹氏亦以類是之儀節冊封為后。巢乃登丹鳳樓，下赦書。唐官三品以上悉停任，四名以下位如故。

然是時唐室猶未絕望。官軍四合，謀會師長安。五月六日，巢退守長安東數里。未幾，唐弘夫率官軍自西門入。坊市民喜，爭讙呼出迎官軍，或以瓦礫擊賊。然官軍既入城，紀律廢弛。士卒自由出入民家，搜括財物，剽掠婦女。長安少年復冒官軍徽幟行劫，秩序大亂。黃巢聞訊，疾馳而返，分兵由數門齊入。官軍巷戰敗潰，長安再陷，時五月十一日也。黃巢啣長安市民之助官軍，以「洗城」報之。街衢之上，血流成渠[5]。自是賊勢益根深蔕固。直至八八三年，始與長安作最後之訣別。

以下亂史，不必細敘。黃巢自河南退竄，間有死戰；然已日暮途窮矣。蓋李克用戰輒敗之，其眾漸離散。八八四年，尚讓敗降於山東，九年前黃巢大業發軔之地也。據《新唐書黃巢傳》，

5 此事之時日，史有異辭。《新唐書本紀》，《通鑑》，及《綱目》皆謂在辛丑四月（八八一），惟《舊唐書》（〈本紀及巢傳〉）作壬寅二月（八八二）。《新唐書巢記》此事則從舊書，可見編者之疏忽也。

巢以八月十八日自刎於其表姪林言前。其對林言最後之語曰：「我欲討國姦臣，洗濯朝廷；事成不退，亦誤矣。若取吾首獻天子，可得富貴。毋為他人利！」又斯坦因所集燉煌寫卷中有一札書於八八四年十一月二十二日者，報告黃巢之死，謂巢首傳獻西蜀行在，又謂僖宗之重入京師在十月二十九日[6]。於是此中國歷史上最凶慘之變亂告終矣。

## 三、韋莊事蹟考

在此擾攘之時代中，韋莊究佔何地位耶？

正史無〈韋莊傳〉。然韋莊事蹟之可徵於其他載籍者頗多。最初記韋莊事蹟者為宋初孫光憲之《北夢瑣言》。（中有云：「蜀相韋莊應舉時，遇黃寇犯闕，著《秦婦吟》一篇，云「內庫燒為錦繡灰，天街踏盡公卿骨[7]。」爾後公卿頗多垂訝，莊乃諱之。時人號為「《秦婦吟》秀才」。他日撰〈家戒〉內，不許垂《秦婦吟》幛子。以此止謗，亦無及也。」）其次為一二一四年（宋寧宗嘉定十年）計有功所編之《唐詩紀事》。又其次為元辛文房之《唐才子傳》。茲參合上述諸書，並其他零碎資料，為韋莊傳如次。

---

6 原文云「賊黃巢被尚讓煞卻，於西川進頭。皇帝迴駕，取今年十月七日的入長安。」此與王史不符。據王史帝以八八五年二月十一日離成都，三月三十一日至長安。

7 此句《唐才子傳》作「天街路盡卻重回」。

韋莊字端已，長安郡東之杜陵縣人。其先韋見素為玄宗時顯宦。（本傳見《新舊唐書》）曾祖少微為宣宗朝（八四七～八六〇）中書舍人。莊少孤，家貧力學，以異才顯[8]，然疏曠不拘小節。莊生年於載籍無徵；然吾人知其八八〇年舉秀才時尚為一少年。試假定其時年二十當不大謬。爾後二三年間所為之《秦婦吟》，其格調之參差，及中間矗率未純之詞句，在在足徵其為少年時代之作品。然以其詩筆之雄健及取材之新穎動人，遂風行一世。逮莊舉進士求仕於朝，始知所受少作之累。當其自謂：「長年方悟少年非，人道新詩勝舊詩」（《浣花集》二）之時，其心中必有《秦婦吟》在無疑矣。

八八三至八九三凡十年間，韋莊浪跡四方。惟其行動可考者極鮮。《唐才子傳》僅謂：黃巢亂後，韋莊益窘，移家於越，周遊南方，其弟妹於南方各縣散居焉。吾人從韋莊詩中尚可考知數事：據《秦婦吟》之末句，知本詩乃以獻江西某帥者。依王國維氏所考，此即其時振海軍節度使同平章事鎮潤州之周寶也。又〈洛陽吟〉自序謂「昔大駕在蜀，巢寇未平，洛中寓居，作七言。」而江上逢史館李學士詩有「關河自此為征壘，城闕如今陷戰鼙」之句，自注謂「時巢寇未平。」使此而指長安之再陷，（其事在八八三年五月）則韋莊之去洛陽，不能後於是年四月。又據他詩，知韋莊曾過南京，又曾館「浙西府相」所[9]；此浙西府相或即周寶也。吾人更可追循韋莊之

8 《太平廣記》以莊屬於「幼敏」一流。

9 譯者按此當時據《浣花集》四陪金陵府相中堂夜宴，及觀浙西府相畋遊二詩。又按《浣花集》四有潤州顯閣

遊踪至於江西，湖南。莊流寓江南之久，觀其投寄舊知詩（《浣花集》八）中「萬里有家留百越，十年無路到三奏」之句而可見矣。方其浪遊也，體會自然之偉象，備歷人世之艱苦。以是其詩淒怨情深，《唐才子傳》（卷十）所謂「於流離漂泊，寓目緣情，……或離群軫慮，或反袂興悲，四愁九怨之文，一詠一觴之作，俱能感動人也。」

昭宗景福二年，（八九三）韋莊還京師，應試下第。次年，始舉進士[10]，為校書郎。李珣拜兩川宣諭和協使，辟莊為判官。然其時中部各州道擾攘不寧，韋莊私納交於西川節度使王建，建使掌記室。《唐詩紀事》所載如此。依王國維所考，韋莊入蜀凡二次。第一次在八九六（乾寧三年）年秋至八九八（光化元年）年之間[11]。此次使蜀，旋即還朝；故《唐書・隱逸傳・陸龜蒙傳》載「光化中，（《北夢瑣言》配此事在光化元年，八九八）韋莊表龜蒙及孟郊等十人皆贈右補[12]」之事[13]。

---

曉望詩，是莊曾至周寶所鎮地也。官莊詩自注云，「江南富民悉以犯酒沒家產，因以此詩諷之，浙帥遂改酒法不入財產。此浙帥當亦指周寶。

10 據徐松《登科記考》卷二十四，又《浣花集》放榜日作。

11 《浣花集》十〈過攀川舊居詩〉自注有「時在華州駕前使入蜀之語。而昭宗之幸華州在乾寧三年七月，至光化元年八月始還京師。

12 《全唐文卷》八八九作左補闕，左右二字形近易訛。

13 原文此下云：「復次韋莊之升為中諫（唐人左右補闕之稱），據其弟所記，乃在九〇〇（光化三）年」。譯者按此蓋由於誤解韋藹《浣花集》序「庚申夏，自中諫□□」之語。據此莊是時方為中諫，惟未必是時始升中諫也。

其第二次入蜀在九〇〇年（光化三年）。次年春，遂掌王建記室[14]。自是居蜀終身。朝廷曾徵為起居郎，王建奏留之而止。未幾建割據自主，以其義子王宗佶及莊為相。九〇七年，唐亡建稱尊建國，韋莊參預密勿。朝廷措施多採其策；開國制度多出其手。積功陞吏部尚書同平章事。

莊雖在官曹，不廢吟詠。九〇三年（昭宗天復三年）其弟藹刊行其詩集六卷，名《浣花集》。莊又選杜甫，王維等一百五十家之詩凡三百首，名《又玄集》，以續姚合之《極玄集》，其弟藹亦為校刊行世。莊生平最景仰杜甫。方其至成都也，訪得老杜浣花溪邊故居，時已頹圮，鞠為茂草，惟棟柱猶存。則刈除榛蔓，完葺而自居焉。但復舊觀，不加廣築，其弟藹所謂「欲思其人而成其處」者也。莊以大蜀建國之四年（九一〇）七月卒於成都花林坊，葬於白沙，謚文靖[15]。

大凡顯貴之人，鮮有能逃詆謗者。韋莊身後亦受一不知名之仇敵之賜矣。《朝野僉載》有韋莊軼事一則（《太平廣記》採錄之）如下：韋莊者，數米而炊，稱薪而爨之士也。庖人捧饌至，雖短肉一片，亦必知之。有一子八歲而夭，其妻殮以常服；莊剝去，易以敝薦。及葬，則並去敝薦攜歸家中。此段記載今無從證明或反證。惟吾人有當知者二端：（一）此故事之來歷不能令人無疑；《朝野僉載》及《太平廣記》皆為著名荒誕無稽之稗乘。（二）韋莊之家人戚友未嘗因韋莊

---

14 《唐詩紀事》，韋莊為記室時，蜀有某縣令藉故擾民。莊奏有云：「正當凋瘵之秋，好安凋瘵；勿使瘡痍之後，復作瘡痍。」此語傳誦一時。

15 《全唐文》韋莊《又玄集自序》，及《唐詩紀事》，皆云百五十家，惟《唐才子傳》云：五十二家，豈所見為另一節本歟？

有此劣蹟而對之失其敬愛。

## 四、秦婦吟校定本（附考異）

**《秦婦吟》一卷　右補闕韋莊撰**　附考異

中和癸卯春三月，洛陽城外花如雪；（丁本溶作落）
東西南北路人絕，綠楊悄悄香塵滅。
路傍忽見如花人，獨向綠楊陰下歇；
鳳側鸞欹鬢腳斜，紅攢黛斂眉心折。
「借問女郎何處來？」含嚬欲語聲先咽。（丁本問作聞）
迴頭斂袂謝行人：「喪亂漂淪何堪說！（丁本淪作輪）
三年陷賊留秦地，依俙記得秦中事。
君能為妾解金鞍，妾亦與君停玉趾。」（戊本趾作跡）
「前年庚子臘月五，正閉金籠教鸚鵡。（閉丁戊並作閇）
斜開鸞鏡懶梳頭，閑凭雕欄慵不語。（丙本自斜開句起）
忽看門外起紅塵，已見街中擂金鼓。（甲本自門字起）

居人走出半倉惶，朝士歸來尚疑誤。（倉丙作蒼，尚甲作上，丙作半。）
是時西面官軍入，擬向潼關為警急；（擬甲作凝，潼丁作同，警甲作驚。）
皆言博野自相持，盡道賊軍來未及。
須臾主父乘奔至，下馬入門癡似醉。
適逢紫蓋去蒙塵，已見白旗來迎地。
（甲逢作縫，蓋作氣，蒙作矇，迎作迊，丙白作向。）
「扶羸攜幼競相呼，上屋緣墻不知次。（丙緣作薝、墻作墙。）
南鄰走入北鄰藏，東鄰走向西鄰避；（丙入作向）
北鄰諸婦咸相湊，戶外崩騰如走獸。
轟轟崐崐乾坤動，萬馬雷聲從地涌。
（崐丙丁戊並作嵲，乙本從馬字起，湧甲作勇丙作湯，烘丙作洪。）
火迸金星上九天，十二官街[16]煙烘炯。
日輪西下寒光白，上帝無言空脉脉；（脉甲作眿）
陰雲暈氣若重圍，宦者流星如血色；

16 官街，王國維校本作天街，無本子的根據；而天街係長安禁城內街名，（看附圖）只有一條，不能有十二也。

（氣丙丁作起，若丙作號，宦甲作宧內丁伐作窅，流星丙作星流，丁作西流。）

紫氣潛隨帝座移，妖光暗射台星折。

家家流血如泉沸，處處寃聲聲動地。

舞伎歌姬盡暗損，嬰兒稚女皆生棄。

（潛甲作漸，隨丙作通，臺甲作厶，折甲作析；丙作折，第二處字甲缺，姬丙作伎，損丙作指，丁作圓，稚甲乙丙作雉，棄甲乙作弃，丙作弁。）

「東鄰有女眉新畫，傾國傾城不知價；

長戈擁得上戎軍，迴首香閨淚盈帊[17]。（戈戊作弋，帊甲丙作把。）

旋抽金線學縫旗，才上彫鞍教走馬。（丙線作綿纕作旗，才上句丁缺，才戊作扶；教甲作交。）

有時馬上見良人，不敢迴眸空淚下。（良人丙作郎良人，眸乙作眴丙作眻。）

「西鄰有女真仙子，一寸橫波剪秋水。

粧成只對鏡中春，年幼不知門外事。

一夫跳躍上金階，斜袒半肩欲相恥。（丙躍作蹲，階作堦。）

牽衣不肯出朱門，紅粉香脂刀下死！（粉丙作分。）

---

17 王校作把，似不如從乙本作帊為佳。帊手帕之類也。

「南鄰有女不記姓，昨日良媒新納聘：（聘乙作娉，丙缺。）
瑠璃階上不聞行，翡翠簾間空見影[18]。（丙瑠作琉，上作下。）
忽看庭際刀刃鳴，身首支離在俄頃。（刃乙作忍，支甲作分，丙作友。俄甲作我，頃甲乙丙戊作傾。）
仰天掩面哭一聲，女弟女兄同入井。
「北鄰少婦行相促，旋折[19]雲鬟拭眉綠。（促甲丙作提，乙作從，乙旋作旗，綠作緣。）
已聞擊托壞高門，不覺攀緣上重屋。（托丙作杔，攀乙戊作舉，緣甲丙作綠。）
須臾四面火光來，欲下迴[20]梯梯又摧；（摧丙作催。）
煙中大叫猶求救，梁上懸屍已作灰。（煙丙作烱，梁甲作樑。）
「妾身幸得全刀鋸，不敢踟躕久迴顧。（幸丙丁作行，全丙作金。）
旋梳蟬鬢逐軍行，強展蛾眉出門去。（旋丙作施，蟬乙作墠，蛾甲乙作娥丙作俄。）
舊里從茲不得歸，六親自此無尋處。

18 王國維謂原本瑠璃句第四字以下脫七字，據倫敦本補作「瑠璃簾外不聞聲，翡翠樓間空見影。」按此誤。倫敦各本，此處並無作「外」「樓」「聲」等字者。間羅校作前。

19 此字王校據甲本作拞，（握也，字極罕用，）不洽。又云他本作衍，殆看閱之誤。若將乙本此字與第四十八句（妖光暗射臺星拆）之第七字較，便知其同是一字。羅校作解，其意是，蓋此女子拆散鬢髮，拭去眉黛，冀減美觀而免注意也。

20 倫敦各本皆作迴，王校改危，不必。

一從陷賊經三載，終日驚憂心膽碎。（膽碎二字丙本倒置。）

夜臥千重劍戟圍，朝餐[21]一味人肝膾。（朝丙作軓，餐甲乙戊作喰，丙丁作飧，以意改，膾丁作膾。）

鴛幃縱入豈成歡？寶貨雖多非所愛。

蓬頭面垢狵眉赤，幾轉橫波看不得；（垢丙作圻，狵眉甲本倒置。）

衣裳顛倒言語[22]異，面上誇功彫作字。（倒甲缺，異丁作以，彫乙丙作雕。）

柏臺多[23]士盡狐精，蘭省[24]諸郎皆鼠魅。（士丙作是，精乙作積，蘭乙戊作闌，諸丁作知。）

還將短髮戴華簪，不脫朝衣纏繡被；（還將至不脫丙本缺，短丁作矩，戴乙作載，繡丙作纑，翻乙作飜，象丁作潒，佩丙作佷，奏乙作走，對丙件事。）

「一朝五鼓人驚起，叫嘯喧爭如竊議；（如丙作而。）

夜來探馬入皇城[25]，昨日官軍收赤水；（探乙作撲，皇甲作黃。）

赤水去城一百里，朝若來兮暮應至。（來甲缺，丁作見，王校作發較佳。）

兇徒馬上暗吞聲，女伴閨中潛失喜。

---

21 王校從飧，按飧為晚餐，不當云「朝飧」。

22 王校言語倒置，於讀不諧，疑手民之誤。

23 御史府之稱。

24 秘書省之稱。（原注以蘭省亦為御史府誤，編者改。）

25 看附圖。

皆言寃憤此時銷，必謂妖徒今日死？（時甲乙作是，徒乙丙作從。）

逡巡走馬傳聲急，又道軍前全陣入；（走丙缺，急乙缺，軍前丙作官軍，全丁作今，陣乙作陳。）

大彭小彭相顧憂，二郎四郎抱鞍泣。（泣丁作涪。）

汎汎數日無消息，必謂軍前已銜璧[26]；（汎甲作氿，餘四本作沇以意改，璧各本皆作壁以意改，丙悉作急，績作續。）

簸旗掉劍卻來歸，又道官軍悉敗績。

「四面從茲多厄束，一斗頭黃金一升粟。（斗丁作十戊作斗，丙從缺束作東。）

尚讓廚[27]中食木皮，黃巢机上刲人肉。（机丙作机，刲乙丙丁作封，丙本刲下注云「睽音割肉」。）

東南斷絕無糧道，溝壑漸平人漸少；

六軍門外[28]倚僵屍，七架營[29]中填餓殍。（架乙作策，營甲作榮，丙本自殍字至以下第三句斫字全缺，殍乙作殍，丁殍下有注云「音眇」，今乙丁戊作金。）

長安寂寂今何有？廢市荒街麥苗秀。

---

26 銜璧謂降也。《左傳》僖六年「許男面縛銜璧。各寫本作壁，誤無疑。」

27 王校作營，惟各寫本皆作廚。

28 唐代禁旅分龍武，神武，神策等營。每營復分左右，是為六軍。據《唐兩京城坊考》，左軍駐太和門外，右軍駐九仙門外。（看附圖）

29 七架營之地址不可考。惟《長安志》有七架亭，在禁苑中，去宮城十三里。未知即其地否。

採樵斫盡杏園花，修寨誅殘御溝柳；
華軒繡轂皆銷散，甲第朱門無一半；
含元殿[30]上狐兔行，花萼樓[31]前荊棘滿；
昔時繁盛皆埋沒，舉目淒涼無故物。
內庫[32]燒為錦繡灰，天街踏盡公卿骨。（街丁作衜，麥苗乙倒置，乙樵作燋杏作吝，修乙缺丁作脩，寨乙作塞丙寒？丁作砦，誅甲作珠乙戊作株丁作抺，華乙作業，轂甲作穀乙丁戊作轂，銷丙作消，第甲丙作弟，含丙丁戊作酓，元丙缺，盛丙作於盛，為丙作成，錦丁作綿，街丁作行，丙踏盡倒置。）
「來時曉出城東陌，城外風煙如塞色。
路傍時見遊奕軍，坡下絕無迎送客。（坡乙作波，丁作破，丙缺。）
霸陵東望人煙絕，樹鏁驪山金翠滅；（驪乙作驢，翠丁作鼠。）
大道俱成棘子林，行人夜宿墻匡[33]月。（大乙缺，成甲戊作城，俱丙作且，丁作但，棘丙作蕀，墻甲作

30 看附圖。
31 看附圖。
32 當即東西「左藏庫」，在承天門之兩旁。（看附圖）
33 王校據甲本作長匡，不知其有何意義。羅校（長安），更不洽。按甲本之長為墻之訛，可無疑。因其餘四本皆作壒，即墻之破體。《浣花集》十長安舊里詩有「滿目墻匡春草深」之句，《全唐詩》作「墻垣」。二者皆圍墻無上蓋者，故月光入照也。

長，乙丙作墟。）

明朝曉至三峯路[34]，百萬人家無一戶；（朝乙缺，至丙作望，一丙缺，蒿丁作嵩，摧乙作堆。）

「路傍試問金天神，金天無語愁於人。（丁試作誠，神下有注云「華嶽三郎」，神字至下句天字丙缺，於丙作依。）

廟前古柏有殘蘖，殿上金爐生暗塵。

「一從狂寇陷中國，天地晦冥風雨黑；

案前神水呪不成，壁上陰兵驅不得。

閑日徒歆奠饗恩，危時不助神通力。

我今愧恧拙為神，且向山中深避匿。

寰[35]中簫管不曾聞，筵上犧牲無處覓。

旋教魘鬼傍鄉村，誅剝生靈過朝夕。」

妾聞此語愁更愁，天遣時災非自由。

神在山中猶避難，何須責望東諸侯？（甲柏作陌，拼（蘖）作折，狂寇丁作往賊，國甲乙作圍，晦乙作暗，冥甲作實，案甲乙作按，呪丙作況，成戊作城，陰兵甲作陰丘，丙作音兵，徒乙作從，恩甲乙作思，助甲乙作

34 三峯路當為一城鎮，因華山附近之「三峯」而得名。羅校作三山路謬。

35 此處寰字當如正字通訓「宮周垣也」。

助，丙作肋以意改，愧恧丙作媿恧，丁作愧惡，戊作槐恧，拙乙作炪，丙作柮，避甲丙作壁，旋丙作族，甲本至魘字止，在丁作右，責丙作青。）

「前年又出楊震關[36]，舉頭雲際見荊山[37]。（丙出作山關作関，乙關作開。）

如從地府到人間，頓覺時清天地閑。（如丁作而，清乙作債。）

陝州主帥忠且貞，不動干戈唯守城。（陝丙作陳，帥乙丙丁戊作師，以意改，（此下第二句帥字同）忠丙作中，戈戊作弋。）

蒲津[38]主帥能戢兵，千里晏然無戈聲；（弋聲乙作犬聲，亦可通，丁作友聲；王校作鼓聲，弋鼓音近，用十世紀時古音讀之尤近。）

朝攜寶貨無人問，夜插金釵唯獨行。

明朝又過新安東，路上乞漿逢一翁；

蒼蒼面帶苔蘚色，隱隱身藏蓬荻[39]中。

問翁本是何鄉曲？底事寒天霜露宿？

---

36 楊震關於他書無可稽，或即潼關之別名。楊震華陰人；華陰密邇入潼關之西道，震墓即在道側。

37 此非陝西富平縣之荊山。《新唐書》卷三八「虢州湖城縣覆釜山一名荊山」是也。

38 蒲津各本皆同，王校作蒲州，謬唐代已改蒲州為河中府。據《新唐書》卷三九蒲津為蒲州，西之一關。或亦以稱全州。

39 荻各本皆作萩，惟第二一六句（夜宿霜中臥荻花）第六字他本作萩者萩本作荻。此處萩亦當為荻之訛。

老翁甃起欲陳辭，卻坐支頤向天哭。（携丁作榻，貨丁作呆，戊作旮，安丁作案，蘚乙作癬以意改，蓬乙作逢。乙問作間，何作河，戊曲作典，露乙作路，甃乙作塹，丙作甃，辭丁作思，坐丁作座，頤乙作頓丙作顧以意改，哭丙作坐。）

「鄉園本貫東畿縣，歲歲耕桑臨近甸。（園乙戊作圓，貫乙丙作管，畿丙戊作■，縣丙作懸。甸乙作旬，丙作佃，以意改。）

歲種良田二百壥，年輸戶稅三千[40]萬。

小姑慣織褐絁袍，中婦能炊紅黍飯。

千間倉兮萬斯箱，黃巢過後猶殘半。

自從洛下屯師旅，日夜巡兵入村塢；

匣中秋水拔赤蛇，旗上高風吹白虎；

入門下馬若旋風，罄室傾囊如捲土。

家財既盡骨肉離，今日垂年一身苦。

一身苦兮何足嗟？山中更有千萬家！

朝飢山上尋蓬子，夜宿霜中臥荻花！」

---

40 三千萬數過多，羅校易千為十似是。

妾聞此父傷心語，竟日闌干淚如雨。（種丙作種，良乙作桑，壚丁作前，慣丙作慣，織褐乙倒置，黍飯丙作泰飰，兮丙作號，斯乙丙丁戊作絲以意改，箱丙作廂，洛丁作落，旅丙作祇，丁作始戊缺，匣乙丙戊作迊，青丙作清，旋丙作族，風乙作凰，肉丙作內，苦丁戊缺，垂年各本皆同，王校改殘年，羅校改垂垂，似不必。一身苦乙缺，苦丁缺，戊作若，千丙作數，飢丙作飢，荻乙作萩，丙丁作萩，父丙作婦。）

出門唯見亂梟鳴，更欲東奔何處所？（亂梟二字丙缺。）

仍聞汴路舟車絕，又道彭門[41]自相殺[42]；（聞丙作間，汴路乙作你路，洛下丙作落下丁缺。）

野色徒銷戰士魂，河津半是冤人血。（色丙丁作宿，徒乙作從，銷丙作消丁缺，河乙作河，丙半缺，冤作⿰口冤。）

「適聞有客金陵至，見說江南風景異；

自從大寇陷中原，戎馬不曾生四鄙；

誅鋤竊盜若神功，惠愛生靈如赤子；

城壕固護教金湯，賦稅如雲送軍壘。（丙客缺金作全，風景丙作風境，丁缺，戊作凨影。異乙作以，原丙作國，四丁缺，乙丙作死，鄙乙作彼，鋤丙作除，丁缺，壕乙作槨，固丙作古，護丙作獲，教乙作學，丁缺，軍丙作單。）

---

41 四川彭縣有彭門山，詩中之彭門不知是指此否。

42 殺各本作煞，乃殺之俗寫。

奈何四海盡滔滔，湛然一鏡平如砥？
避難徒為闕下人，懷安卻羨江南鬼。
願君舉棹東復東，詠此長歌獻相公。」（滔乙作泊，丙作消，丁缺，湛乙戊作堪，丁缺。砥乙作土，丙作伍，丁缺。嚾作𪏆；王國維謂當作𣦸，即砥之別體，按砿亦砥之別體，與戊本此字為尤近。避下丙增甚字，闕丙作厥，羨乙作賤，下東字乙作冬，詠乙作永，長丙缺，公下丙增意字。）

（《通報》廿四卷四、五合期民國十五年）

# 明清之際西學輸入中國考略

西方學術之輸入我國，可分為二期：第一期，始於明萬曆中葉（一五七三～一六一九），盛於清康熙間（一六六二～一七二二），至乾隆中（一七三六～一七九五）而絕；第二期，始於清咸豐（一八五一～一八六一）同治（一八六二～一八七四）間之講求洋務，以迄今日。茲篇之職務，在整理第一期西學輸入之史蹟，而說明其與我國學術界之關係。

此期西學之輸入，為耶穌會（The Society of Jesus）士傳教之附帶事業。其所輸入以天文學為主，數學次之，物理學又次之，而其餘則附庸焉。其在我國建設最大者為天文學，與清代學術關係最深者，天文學與數學惟均。而天文學實最先與我國學術界發生影響，茲請先述之。

# 一、西方天文學之初輸入

我國之天文學，截至明代止，已有三千餘年之歷史[1]。其間亦嘗有外國天文學之輸入[2]。惟歐洲天文學之入中國，則自耶穌會教士始。

1.利瑪竇之介紹西方天文學——耶穌會教士之最先傳教中國內地者，為意大利人利瑪竇，（Ricci Matteo）氏於萬曆九年（一五八一）抵廣州。利氏少學於The Roman Coellege（In Rome），嘗專研天文學及數學[3]。既入中國，撰《乾坤體義》，其上卷言天象；述日月蝕由於日月與地球之相掩，及七曜與地體之比例[4]。又著《經天詞》，將其時西方所已

1 我國之有天文學，始於《堯典》之曆象授時。三代以前，其術不傳。自漢洛下閎至元郭守敬，曆法凡六一改，睹史天文曆志所載，其法彰彰可考。

2 外國曆法之輸入，在唐，有婆羅門之九執曆；《通志・藝文略》有《婆羅門算經》一卷。（第二六卷，第二四頁浙江書局刻本，光緒一三年版，（一八八七）在元有西域之《回回曆》。（《元史》第五二卷第五頁（下），殿刻本。乾隆四年版（一七三九）。

3 The Catholic Encyclopedia p. 34; New York, The Encyclopedia Press Inc. 1913。

4 《四庫總目提要》第一〇六卷，《天文算法類》，一，第九頁（上）上海點石齋重印本，刊年未詳。

測知諸恆星，造為歌訣，以便觀象者之記誦[5]。嘗製渾天儀，天球儀，地球儀諸器以示人[6]。徐光啟，李之藻，周子愚，輩從之遊，習其術。利氏嘗以簡平儀，授李之藻，之藻耳受手書，得其用法，因闡其術作《渾蓋通憲圖說》[7]。此實中國人介紹西洋天文學之第一部著作。

利瑪竇之入北京貢方物（萬曆二十九年即一六六一）也，其上疏自謂：於「天地圖及度數，深測其秘；製器觀象，及考驗日晷，並與中國古法脗合。」又請「披露於至尊之前[8]。」時明代曆法，猶踵，大統《回回》[9]之舊。自成化（一四六五）以後，違天益遠，紛紛議改；而臺官泥於舊聞，當事憚於改作[10]。利氏卒未能用其所學而沒[11]。

2. 明廷對於新法之需要——利氏既卒，繼之而來之教士，多以天文學稱於中國；從之習其術

5 參看原書，見《藝海珠塵革集》第三五冊。

6 《明史》，第二五卷第一七頁（上）；殿刻本，乾隆四年（一七三九）。

7 參看原書〈自序〉，見《守山閣叢書》第五八冊；上海鴻文書局重印，光緒一五年（一八八九）。

8 據柳詒徵《中國文化史》，第三編，第二五頁（下）所引；南京高師講義本，一九二三年。

9 《大統》乃明初所定曆法，本元授時曆而作；《回回曆》元代傳自西域，明欽天監兼設此科，以備參考。參看《明史紀事本末》，第七三卷第一（上）。—二（上）頁，《畿輔叢書本》，光緒七年（一八八一）。

10 參看《明史紀事本末》，第七三卷，第三頁（下）—一二頁（下）。

11 《明史》第三一卷，第一五頁（下）—一六頁（上）。

者頗眾。及萬曆三十八年（一六一〇）十一月日蝕，欽天監預推不驗，禮部遂奏請博求知曆者與監官晝夜推測。於是五官正周子愚乃上疏請令西洋人龐迪我（Pantoja, Diago de）熊三拔（Ursis, Sabatthinus de）等盡譯攜來西法之書。

禮部因疏請，以邪雲路主理曆事；而以徐光啟，李之藻，龐迪我，熊三拔，同譯西法，俾雲路參訂修改。蓋雲路主改曆甚力，頗負知曆之名。然雲路乃舊曆家，其天文學智識實甚膚淺[12]。時徐光啟適以疾南旋，乃召雲路，之藻入京董其事。雲路據其所學，之藻則以西法為宗[13]。

3. 西法之繼續輸入——萬曆四十一年，（一六一三）之藻奏上西洋天文學說十四事，言地圓，日月蝕，及行星運行之理。疏中力言西法所以專長之故，竭力摧廓當時守舊自大之風；並論我國天文學所以不振之原，亦洞見癥結。又請亟開官局，翻譯西法[14]。時禮科姚永濟亦

12 以上據《明史》第三一卷，第一六頁（上）又梅文鼎評雲路云「於舊法殊略所疏，授時法意亦未得其旨……但知有授時；而姑援經史以張其說。古曆之得失未能也，無論西法矣。」——《四庫總目提要》，第一〇六卷，第九三頁（下）。

13 徐光啟《同文指算序》見《海山仙館叢書》，第一〇四本，道光二七年（一八四七）又《明史》第三一卷，第一六頁（上）。

14 《明史紀事本末》第七三卷，第一三頁（上）——一五頁（下）。

以之藻之言為請，然朝廷以庶務因循，未遑開局也[15]。

然此時耶穌會士，仍繼續輸入西方天文學說。熊三拔於萬曆四十一年（一六一三）著《簡平儀》，詳細說明簡平儀之用法；次年又著《表度說》，述立表測日影以定時之簡捷法，並以天文學的原理說明之[16]。陽瑪諾（Diaz, Emmanuel）於萬曆四十三年（一六一五）著《天問略》。其書於「諸天重數，七政部位，太陽節氣，晝夜永短，交食本原，地形粗細，蒙氣映差，曚映留光——皆設為問答，反覆以明其義。末載蒙映刻分表，並詳解晦朔，弦望，交食淺深之故，皆據有圖說，指證詳明[17]。」

4. 輸入進行之停頓，及其復興——西學輸入之進行，不久乃停頓。所以者何？則耶穌士之遭政府斥逐也。初，王豐肅（Vagnoni, Alfonso）行教於南京，信者日眾；而士大夫之攻擊亦日烈。徐如珂首議驅斥，沈㴶，晏文輝，余懋孳等繼之，謂其左道惑眾。並有攻其私習天文為違反《大明律》者。至萬曆四十四年（一六一六）五月，政府乃下令嚴禁耶教，所有在華之耶穌會士，均命逐往澳門。而其附帶之介紹西學事業，亦因而被累矣[18]。

---

15 《明史》第三七卷第一六頁（下）。

16 《四庫總目提要》，第一〇六卷第九四頁（上）—（下）。

17 同上第一〇六卷第九四頁（下）。

18 參看陳鶴《明紀》第四卷，第一〇頁（下）一八八四年刻本。又日本稻葉君山《清朝全史》，上冊三，第一天啟（一六二一～一六二七）初，明廷以外患日亟，需用鎗礮，漸召用西洋人[19]。及崇禎二年（一六二九）五月，日食，《大統》《回回》推測皆謬誤。徐光啟依西法預推而驗。帝切責欽天監官；監官戈豐等言，欲循舊法，不能無差，乞開局修改。帝乃以徐光啟督修曆法。光啟上疏，言中法之所短，又謂宜取西法，參互考訂使與大統會同歸一，上從之[20]。

5.西洋曆局之設，及其成績。——已而光啟根據西法上修曆進行大綱十事：⑴議歲差每歲東行漸長漸短之數；⑵議歲實小餘漸次改易，及日景長短，歲歲不同之因；⑶每日測驗日行經度；⑷夜測月行經緯度；⑸密測列置緯行度；⑹密測五星經緯行度；⑺推變黃赤道廣狹度數，密測三道距度，及月五星各道，與黃道相距之度；⑻議日月去交遠近，及真會，視會之因；⑼測日行，考知二極出入地度數，因月食考知東西相距經度；⑽隨地測驗二極出入地度數，及經緯度[21]。

此後《崇禎曆書》乃依此計畫，累年測驗推算而得之結果也。

光啟既上《修曆大綱》，因舉李之藻，鄧玉函（Terenz, Jean）龍華民（Longobardi, Nicolas）

---

六一頁；上海中華書局譯本，一九一五年刊。

19 詳本文第四節。

20 《明史紀事本末》第七三卷，第一五頁（上）。

21 《明史紀事本末》，第七三卷，第一六頁（下）——一七頁（上）。

協同修曆。旋闢曆局於京師東長安街，作觀星臺。又選疇人子弟習西法，時崇禎二年（一六二九）九月也。

其年光啟請造天文儀器，計七改象限大儀六，列宿紀限大儀三，平懸渾儀三，交食儀一，列宿經緯天球儀一，萬國經緯天球儀一，平面日晷三，轉盤星晷三，候時鐘三，望遠鏡三。上報允[22]。

光啟進上《見界總星圖》，乃崇禎元年（一六二八）所測；上具黃赤二道經緯度，共測得一千三百五十六星，視《回回曆》所測約多五倍。用西法繪圖立表，並正舊圖之誤[23]。後又上《黃赤道》兩《總星圖》，凡測而入圖之星一千三百四十四；上具黃赤道經緯度，又列表二卷[24]。均為後此崇禎《曆書》之一部分。

崇禎三年（一六三〇）鄧玉函卒，旋徵湯若望（Schall Von Bell, Johann Adam）羅雅谷（Rho, Giacomo）供事曆局，譯書演算[25]。凡修曆諸西人，日給廩餼，月各賜銀兩[26]。

崇禎四年（一六三一）正月，光啟上所纂成諸書：《日躔曆指》一卷，《測天約說》二卷，《大

22 王鴻緒《明史稿》第六冊，《志》一，第一一頁（下）敬慎堂本。
23 《明史稿》，第六冊第三頁（上）。
24 《明史》，第二五卷，第四頁（上），及第六頁（上）。
25 《明史》第三一卷，第一八頁（下）。
26 《明書》第一六六卷，第二〇頁（上）。

測》二卷，《日躔表》二卷，《割圜八線表》六卷，《黃赤升度》七卷，《黃赤距度表》一卷，《通率表》一卷[27]。共八種，二十二卷，皆此後《崇禎曆書》之一部分，旋又上書二十一卷[28]。其年十月，光啟又上《測候四說》，言新舊推算日蝕法之異，並論西法之長，舊法之短[29]。時纂測新法，漸次就緒[30]。次年又進書三十卷[31]。明年，光啟以病去職，詔以李天經代之。是年光啟卒，所纂曆書將百卷[32]。

崇禎七年（一六三四）七月，天經進《曆元》二十七卷，星屏一具[33]。旋又進歷法三十二卷[34]。時「日晷」「星晷」「望遠鏡」，等儀器告成，天經奏上其用法，上命太監至局驗之[35]。先是羅雅谷，湯若望在曆局成儀器多種。除徐光啟所請造者外，又有象限懸儀，象限立運儀，象

27 此據《明史紀事本末》，第七三卷第一七頁（下）。〔《明史》第三一卷第九頁（下）及《明史稿》第九冊第一一頁（下）均作二四卷〕，未審孰誤。

28 《續文獻通考》第二〇〇卷第一〇頁（上）浙江書局，光緒一三年（一八八七）。

29 《明史紀事本末》第七三卷第一八頁（下）。

30 《明史》，第三一卷第一九頁（下）。

31 《續文獻通考》，第二〇〇卷第一一頁（下）。

32 《明史紀事本末》，第七三卷，第二〇頁（上）。

33 此據《明史紀事本末》（第三七卷第二〇頁）。〔《明史稿》第九冊第八頁（下）〕及《明史》〔第三一卷，第二四頁（下）並作進《曆法》二九卷〕，未審孰誤。

34 此據《明史》第三卷，第二五頁（下）。〔按《明史稿》第九冊，《志》八，第九頁（下）作《曆法》三〇卷〕，未審孰誤。

35 《明史紀事本末》，第七三卷，第二一頁（上）。

限座正儀，三直遊儀，渾蓋簡平儀，弩儀，弧矢儀，地平緯儀，黃赤全儀六，圭表二：一橫一直，——無慮數十種。而定日之高度與黃道各時之出沒，有地平晷，立晷，通光晷，柱晷，瓦晷，十字晷，未易悉數，天經等不能盡用[36]。

崇禎八年（一六三五）四月，天經上《乙亥》，《丙子》，《七政行度》；旋又上《參訂曆法條議》二十六則，舉新法之大凡，並詳論新舊法之異同得失。明年，天經與湯若望推南京北京恆星出沒，又測北京北極高度。至是，新法書器俱完，屢測交食凌犯俱密合[37]。

所成書；一百四十餘冊[38]。為一百卷，賜名《崇禎新法算書》。書分十一部：曰《法原》，曰《法數》，曰《法算》，曰《法器》，曰《會通》——謂之基本五目；曰《日躔》，曰《恒星》，曰《月離》，曰《日月交會》，曰《五緯星》，曰《五星交會》——謂之節次六目。其中有術，有圖，有考，有表，有論[39]。以西法鎔通中法，如置閏月之類，徐光啟所謂「鎔西洋之巧算，入《大統》之模型[40]」者也。是書採西洋法以第谷（Tycho, Brahe）[41]為

36 《明史稿》第六冊，《志》一，第一四頁上及《明史紀事本末》，第七二卷第二一頁（上）。

37 《明史》第三一卷，第二五頁（上），及第三一頁（下）。

38 張印光《澳門紀略》，卷下，第四八頁（下），乾隆四年原刻本。

39 《四庫總目提要》第一〇六卷，第九五頁。

40 據《疇人傳》《梅文鼎傳》所引，見《皇清經解》第一〇六一卷，第一一頁（上），道光九年，（一八二九）重印。

41 第谷Tycho, Brahe（1546~1601）生於歌白尼卒後三年，為當時著名之天文學家，改進觀象之儀器，發現天象之

主[42]；不採歌白尼（Copernicus Nicolaus）地動之說[43]，故書中《日躔曆》指一部，述求太陽行度之術，以為日動焉[44]。書成，命宣付史館，刊傳四方，與海內知曆者共之[45]。惟遲之又久，直至明亡尚未採用其法，頒行天下。所以者何？則舊派從中阻梗也。關於新舊之爭，次節詳述之。

## 二、新舊之爭，及清初泰西疇人在我國之建設

1. 崇禎修曆之爭辯——前述萬曆間邢雲路與李之藻同理曆事；其時已有爭論[46]。及崇禎西洋曆局開設後，舊派曆家乃紛起與之抗。崇禎三年，（一六三〇）四川巡按薦冷守中精曆學，

---

新觀測甚眾。其於天文學上在：(1)儀器及觀測之正確；(2)長期之繼續測驗。——共二一年。惟第谷於原理方面，極力反對歌白尼地動之說。——Sedgwick and Tyler: A Short History of Science，（科學小史）pp 203~209; N, Y. The Macmillan Co. 1921。

42 《圖書集成》，《曆象彙編》，《曆法典》，第七八卷，《新法曆引》第二頁（下）。

43 哥白尼Copernicus, Nicolaus（1473~1543）於一五四三年，著De Revolutionibus Orbium Celestium一書，證實地圖地動，及行星運行之理，距崇禎曆局之開，前八十六年。參看《科學小史》第一九六頁。

44 參看原書，見《圖書集成》，《曆象彙編》，《曆法典》，第五一卷第二頁（上）；雍正三年，（一七二五）殿本。

45 參看《曆法西傳》，見《圖書集成》，《曆象彙編》，《曆法典》，第七八卷，第一〇頁（上）。

46 徐光啟《題幾何原本再校本》，見《海山仙館叢書》第一〇四冊。

以所呈書，及預推次年四川月蝕送部。光啟力駁其謬。已而四川報守中所推不驗，新法密合，其說遂詘。而其時與新法爭辯最烈者，為滿城魏文魁。文魁著《曆元》，《曆測》二書，崇禎四年，（一六三一）命其子進《曆元》於朝，送局考驗。書中弧背求弦矢，乃用周三徑一之率，光啟摘其謬誤類此者七事。而文魁反覆爭辯，光啟更申前說，為《學曆小辨》一書。光啟雖力駁文魁；時朝廷以曆法未定，亦兼存文魁之說。光啟既卒，崇禎七年，（一六四三）文魁上言曆官所推交食節氣皆謬。乃命文魁入京測驗；別立東局，與西法大統回回並而為四。文魁又指摘李天經等。新法所推五星凌犯，會合，行度皆非是。既而天經等所推皆驗天象，文魁說詘[47]。

2. 新法頒行之阻梗——崇禎八年，（一八三五）新法書器既完，屢測交食凌犯俱密合，方欲頒行，而文魁多方阻撓，內官又左右之，帝不能決，乃命天經與監局虛心詳究，務期畫一。既而屢測天象，大統，回回，及魏文魁，皆不驗，新法獨密合，乃議廢《大統》，用西法。舊派郭正中力言中曆必不可盡廢，西法必不可專行（惟不言其故）。帝乃詔仍行《大統曆》，如交食，經緯，晦朔，弦望等因年遠有差者，以新法為參考。後天經疏陳《大統

47 《明史》，第三一卷，第二一頁（上）—二五頁（下）。

曆》所定崇禎十五年（一六四二）節氣之失，帝亦深知西法之密。及崇禎十六年（一六四三）正月，日蝕，西法預推又獨驗[48]。帝乃決計散遣魏文魁回籍，一意頒行新法，惜兵事倥傯，未即實行。無何而明社屋矣[49]。

3. 清初新舊之爭，及曆法大獄——清既定鼎，順治元年，（一六四四），湯若望進是年日蝕之預測於朝，已有果較《大統》《回回》為脗合。清廷遂採用西法，頒行天下，名《時憲曆》。若望又疏陳《大統》，《回回》之失。旋奉旨掌管欽天監印信，嗣後一切進曆占候選擇，悉聽舉行[50]。而《新法表異》一書，乃若望仕清代後所著，以四十二事，表西法之異，證中法之疏[51]。

是時習《大統》《回回》者，咸觝排新法，而若望製曆不用諸科校正，於是《大統》《回回》悉罷黜，仇新法益深。順治十四年，（一六五七）已革《回回曆》官吳明烜疏言若望所推天象之謬，並上是年《回回曆》推算天象之書，請立回回科以存絕學。後經實

48 《明史》，第三一卷，第二六頁（上）—三三頁（上）。
49 《曆法西傳》，見《圖書集成》，《曆象彙編》，《曆法典》第七八卷第一三頁（上）。
50 清《文獻通考》第二五六卷，第四頁（上）—第五頁（下），浙江書局本，光緒一三年（一八八七）。
51 《疇人傳》，《湯若望傳》，見《皇清經解》，第一〇六六卷第八頁（上）。

測，明烜所指皆妄，禮部議其罪，援赦獲免[52]。

自是耶穌會士，以曆法得政府之信任，傳教益無所阻。而反動亦日益大。徽州楊光先著《不得已辨》，攻擊耶教士甚烈。並攻其曆法。康熙四年，（一六六五）光先叩閽進所著《闢謬論》，摘湯若望新法十謬；又《選擇議》，論若望選擇榮親王安葬日期之誤。並言若望陽假修曆之名，陰行邪教。帝下議政王等確議。光先闢謬論所摘雖妄，而王等不通曆法，無從分辨。但謂：「若望進二百年曆；夫天祐皇上，曆祚無疆，而若望止進二百年，為大不合；又若望選擇榮親王安葬日期，不用正五行，反用洪範下五行，山向年月，俱犯重炁；——俱事犯重大。」議決：若望及監官等八人凌遲處死，子弟斬決者五人，干連族人皆治罪。帝命若望免死，赦族人罪，止斬五人，餘流徙。於是廢西洋新法，用《大統》舊曆[53]。

4. 舊派之末路——舊派既獲勝，楊光先遂為欽天監正，並援吳明烜為副。旋以《大統》不密，改用《回回》。既而為術俱窮，光先稱病辭職。康熙八年，（一六六九）帝乃命大臣傳

52　清《文獻通考》第二五六卷，第三頁（上），及第五頁（下）—第六頁（上）。

53　王先謙《東華錄》，康熙朝第五卷第五頁（上），及第六頁（下）：北京欽文書局重印本，光緒一三年（一八八七）；王之春《國朝柔遠記》，第五卷第五頁（上）及第六頁（下），廣雅書局刻本，光緒六年（一八八〇）；清《文獻通考》，第二五六卷第六頁（下）。

集西洋人，與監官質辨。南懷仁（Verbiest, Ferdinand）因言吳明烜所造康熙八年（一六六九）曆之誤。帝命大學士圖海等同赴觀象臺測驗。懷仁所言，逐款皆符，吳明烜所言，逐款皆錯。圖海等請將康熙九年（一六七〇）曆書，交南懷仁推算。欽天監正馬祐等又力辨前此楊光先所指摘西法之不當，帝乃詔復用西洋新法[54]。其後康熙十一年，（一六七二）有楊煒南者，造《真曆言》一書，議西法之失；後實測不驗，交刑部懲治[55]。自是舊派遂無復立足之餘她，新舊之爭乃告一結束；而西方疇人乃得專事新建設焉。

5. 湯若望之成績——清初西洋欽天監官之建設，以南懷仁、戴進賢（Kogler, Ignace）為最。而湯若望在未遭曆法之獄以前，亦嘗製器著書。初，明之亡，曆局儀器，悉燬於賊，若望效力清室，因奏請另製[56]。順治元年，（一六四四）成渾天星球儀，地平日晷儀，望遠鏡，輿地屏圖，各一[57]。若望在清代所著書，除上述《新法表異》外，尚有《曆法西傳》及《新法曆引》。二書皆《崇禎曆書》之提要[58]。而《曆法西傳》中，兼述西方天文學進

54 清《文獻通考》第二五六卷，第六頁（下）—第九頁（上）。
55 《東華錄》康熙朝，第一二卷第七頁（下）。
56 清《文獻通考》第二五六卷，第四頁（上）。
57 《東華錄》，順治朝，第三卷，第一頁（下）。
58 參看原書，見《圖書集成・曆象彙編・曆法典》，第七八及七九卷。

化之跡，自多祿某（Ptolemy, Clandius）[59]，歌白尼，第谷（Tycho, Brahe）及加利勒阿（Galileo Galilei）[60]皆略舉其學。惟其述歌白尼之學。不言其有地動之發明；反謂其有言天動以圓之書[61]。

6. 南懷仁之成績——西法既復用，詔南懷仁為欽天監副。懷仁於康熙八年，（一六六九）改造《觀象臺》儀器，成新儀六式：曰黃道經緯儀，曰赤道經緯儀，曰紀限儀，曰象限儀，曰天體儀，曰地平緯儀[62]。又將各儀之製法，用法，安置法，繪圖造說，並用其器測驗所得諸表，名曰《靈臺儀象志》。書成於康熙十三年（一六七四）。所載測得諸星：與古同者，共二千一百六十一座，一千二百十星；《步天歌》[63]所有，而新測所無者，二十二座，二百五十四星；外增新星五百十六，及近南極諸星，中國所不見者，一百三十五[64]。懷仁又

59 多錄某希臘人，生於140A.D.為歌白尼以前，西方唯一之大天文學家。參看《科學小史》第一二六頁。

60 加利勒阿（1564~1642）歌白尼後大天文學家。其望遠鏡發明加氏用以測天，發現新行星四，及月表面之現象；製有名之《天文圖》，而其最大成績，尤在將實測所得，與物理學的原理相聯合。參看《科學小史》第二一七—二二六頁。

61 參看原書，《圖書集成》第一四七冊。

62 清《通志》，第二三卷，第一頁（上）及第一二頁（下）；浙江書局本，光緒一三年（一八八七）。

63 《步天歌》乃隋丹元子所作，《通志天文略》全採之。

64 清《文獻通考》，第二五六卷第一九頁（下）。

繼湯若望之業，成《預推七政交食表》，三十二卷，名《康熙永年表》。康熙二十一年，懷仁隨駕盛京，測得其地北極高度，製盛京推算表[65]越六年，懷仁卒。

7. 清聖祖之重視西學——時聖祖深嗜西學，而天文算法尤素所留心，常命西士進講，雖巡幸不輟。康熙二十一年，（一六八二）帝如盛京，南懷仁奉命携內廷觀測儀器從；二十二年（一六八三）幸北塞，南懷仁又與庫利爾，馬爾其（原名未詳）從；三十年（一六九一）親征噶爾丹，白晉（Bouvet, Joachim）林安多（Silva, Antonio de）隨駕；三十八年（一六九九）南巡，又命蒲壁（原名未詳）等從[66]。時法王路易十四（Louis XIV）投帝所好，以地平緯儀見贈[67]。與此後修五十年（一七八七）英吉利國之進小象限義，先後相輝映焉[68]。

康熙一代，「御定」之天文學書有二：一曰《御定四餘七政萬年書》，成於康熙五十七年（一七一八），將順治元年（一六四四）至康熙六十年（一七二一）之節氣日時，及日月五星交宮入宿分度，按年排列，自後可準式繼續，故名《萬年書》。其預編纂此書之人，無可考矣。一曰《曆象考成》，成於康熙六十一年（一七二二）御定《律曆淵源》之第一部

65 同上第二五六卷第二十頁（下）。

66 《清朝全史》，上册三，第一六八頁。

67 今此器猶存中央觀象臺，參看《史地學報》第二卷第四期，插圖及識語，南京高師史地學會一九二三出版。

68 據常福元，《天文儀器志略》，第四頁（下）京華書局印本。

也[69]。書內所列編纂者，雖無一西洋人，然其書大略沿《崇禎曆書》所採第谷儈法之舊，惟黃赤道大距減少二分耳[70]。

8. 戴進賢等之成績——南懷仁既卒，繼之備曆政顧問者有徐日昇（Preyra ,Thomas）、蘇霖（原名未詳）、林安多、白晉、張誠（Gerbilon, Jean Francois）等[71]。康熙四十三年，（一七〇三）嘗增衍蒙古諸處《推算表》[72]。康熙五十三年（一七一三），監臣有紀利安者，（原名未詳）製地平經緯儀，合象限儀及地平緯儀為一，其用尤便[73]。

自康熙《曆象考成》告成後，欽天監推算曆書，悉遵其法。然《曆象考成》既仍第谷法之舊；自第谷至康熙末已百餘年，數既不能無差，而第谷後歐洲天文學之新發明又輩出。雍正（一七二三～一七三四）間，欽天監官西人戴進賢，徐懋德（原名未詳）習其術，雍正八年（一七三〇）以之推測日食，果較第谷舊法為密[74]。乃請纂修《日躔》，《月離》二表，

69 清《文獻通考》第二五六卷，第一三頁（下）。
70 同上第二五六卷，第一七頁（上）。
71 《清朝全史》，上冊三，第一六頁。
72 清《文獻通考》第二五六卷，第一〇頁（下）。
73 清《通志》第二三卷第一二頁（下）。
74 清《文獻通考》第二五六卷，第一七頁（上）。

以推日月交食，並交宮過度，晝夜永短以及凌犯。表成，凡三十九頁。續於《曆象考成》之末。然有《表》無說，其時能用之者，惟戴徐二氏，及中國人明安圖而已。乾隆二年（一七三七），吏部尚書顧琮請將二表增補圖說，務期可垂永久；又請如《曆象考成》，內有當修改之處，亦為改正。並薦戴進賢為纂修總裁，徐懋德副之。後改任梅穀成、何國宗為正副總裁，亦顧琮所請也。乾隆七年（一七四二）六月，書成，凡十卷，賜名《曆象考成後編》[75]。是書對於《崇禎曆書》及《曆象考成》之最大修正：

(A)「日月五星之本天（即軌道）舊說以為平圓，今以為橢圓[76]。」考第谷後，歐洲有大天文家刻白爾（Kepler, Johannes）發現著名之刻氏三定律。其第一律，云「行星之軌道為橢圓，日在一焦點內[77]。」非謂日軌道亦為橢圓也。今其書以日與月，五星並列，而同謂其「本天」為橢圓，是以為日動矣。蓋此時歌白尼地動之原理，猶未入中國也。

---

75 陳松天《文算學纂要》，卷首第七頁（下）—第一〇頁（上）；一八九〇年原刻本。

76 清《文獻通考》第二五六卷第一七頁（上）。

77 刻白爾Kepler, Johannes（1571~1630）與第谷同時而稍後，發明著名之刻氏三定律：(1)行星之軌道為橢圓，日在一焦點內：(The planet describes an ellipse. the sun being in one focus)；(2)行星與日相聯之直線，於相等之時間內，其所經過之面積相等：(The straight line joining the planet to the sun sweeps equal areas in equal intervals of time)；(3)任何兩行星，（地球亦然）其繞日運行所經時間之平方，與其去日之平均距離之立方成正比例。(The squares of times of revolution of any two planets (including the earth) are proportional to the cubics of their mean distances from the sun)。

(B)「蒙氣差舊定地平上為三十四分，高四十五度，則止有五秒；今測地平上止三十二分，高四十五度尚有五十九秒[78]。」

(C)「太陽地半徑差舊定為三分，今測止有十秒[79]。

(D) 地球與日月距離之計算，採奈端（Newton, Isaac）之術[80]。而惜乎於奈端萬有引力之大發明尚未輸入隻字也。

進賢又據西洋新測星度，累經測驗，知南懷仁所造《靈臺儀象志》尚多未合，因奏請釐訂。西洋監官劉松齡、鮑友管（原名均未詳）詳加細測，著之於圖。總計星名與古同者二百七十七座，一千三百十九星，比《儀象志》多一百零九星，與《步天歌》為近。其改正《儀象志》之次第顛倒淩亂者，一百零五座四百四十五星。又新增星一千六百零四。合舊載南極星，共有恆星三百座，三千零八十三星。編為《總記》一卷，《黃赤道度經緯度表》各十二卷，《月五星相距恒星經緯度表》一卷，《天漢黃赤經緯度表》四卷，——共三十卷，名《儀象考成》。書成時乾隆十七年（一七五二）[81]。

乾隆十九年（一七五四），進賢又創製璣衡撫辰儀，「體制仿乎渾天之舊，而時度尤

---

78 清《文獻通考》第二五六卷第一七頁（上）。
79 同上。
80 《疇人傳》《奈端傳》見《皇清經解》第一〇六七卷第一頁（上）。
81 清《文獻通考》第二五六卷第一七頁（上）。

為整齊；運量同於赤道新儀，而重環更能合應。至於借表窺測，則上下左右，無不宜焉[82]。」更自撰《璣衡撫辰記》二卷以說明之，冠於《儀象考成》之首[83]。

同時官欽天監者，尚有葡人傅作霖[84]，無甚建設；此後官欽天監之西洋人，無可考矣。

9.蔣友仁之來華——乾隆二、三十年間（一七五五～一七六五），法人蔣友仁（Benoist, Michel）[85]來華，進《增補坤輿全圖》及新製渾天儀，奉命翻譯圖說，使何國宗錢大昕為之詳加潤色。其《坤輿全圖說》中，述歌白尼地動之原理，並列舉例證，甚為詳晰。是為地動說入中國之始[86]。然其時我國學者，即號稱精通天文學如阮元者，猶惑於湯若望言歌白尼有天動以圓之說，而謂其言為誣[87]。其他更勿論矣。蔣友仁而後，直至咸同以前，不

82 清《通志》，第二三卷，第一五頁（上）；常福元，《天文儀器志略》第三二—三三頁。

83 《四庫總目提要》，第一〇六卷，第九七頁。

84 清《文獻通考》第二九八卷第一九頁（上）。

85 據Cordier, Henri: Bibliotheca Sinica, vol. 2, column 1055; Paris, Librairie Orientale Americaine, 1906。

86 《疇人傳》《蔣友仁傳》，見《皇清經解》第一〇六七卷第五頁（上）及第七頁（下）。

87 阮元云：蔣友仁言：歌白尼論諸曜，謂太陽靜，地球動，恆星天常靜不動；四士精求天文者皆主其說，與湯若望《曆法西傳》所稱迥異。據若望言，歌白尼有《天動以圓解》，又求太陽最近點與太陽躔度。夫既曰「天動以圓，而太陽又有遠近有躔度，則天與太陽皆靜而不動矣。同一西人，何其說之互相違背如此耶？」又曰「其為說（地動說）……離經畔道不可為訓。」《疇人傳》，見《皇清經解》第一〇六七卷，第五頁（下），及第一四頁（下）。

復聞有西說之輸入，而此時期乃於此告終矣。其所以中絕之故，詳於次節。

10. 清欽天監用西人之沿革—清欽天監之規定用西洋人，始於康熙八年（一六六九），止監正一員。尋增置西洋監副一員。乾隆十八年（一七五五），又增置西洋監副一員，為左右監副[88]。其時澳門三巴寺教士，世習天文，待其學成，禮部牒取香山縣護之如省，由督撫咨送入欽天監[89]。及嘉慶初（一七九六～一八二〇）所纂《大清會典》，監正已不規定用西洋人，惟附註云兼用西洋人；監副則仍乾隆之舊。至光緒初（一八七五～一九〇八）所纂《會典》，欽天監職員已完全無用西人之規定矣。

## 三、數學物理學及其他學術之輸入

據王徵《遠西奇器圖說序》所載[90]，天啟（一六二一～一六二七）初來華之西士，携有圖籍七千餘部。惜其譯成華文之書，關於學術者獨寥寥無幾，綜觀此時期所輸入學術，除天文學而外，可

88　清《通典》第二九卷第一〇頁（上）；浙江書局本，光緒一三年（一八八七）。

89　《澳門紀略》卷下第五〇頁（上）。

90　原書，見《守山閣叢書》第六六冊。

得而考者有如下述：

1. 數學——利瑪竇著《乾坤體義》其下卷言數「以邊線，面積，平圜，橢圓互相容較[91]」，是為西方數學入中國之始。及利氏入北京，與徐、李輩譯西籍，其最先著手者，為數學書，以數學為各科學之本也。而數學書之最先譯成者，則《幾何原本》六卷。書成於萬曆三十五年（一六〇七）。《原本》為利氏之師丁氏[92]所編，共十五卷；前六卷為歐幾里得（Euclid）本文，以後為丁氏之注釋緒論。利氏口授，徐光啟譯；光啟請盡譯之，利氏授至前六卷僅及平面之部而止。光啟之譯是書也，反覆輾轉，求合本書之意，重複訂正，凡三易稿。其審慎可知。利氏於書之引中，又詳述幾何學與各科學之關係[93]。歐幾里得幾何學，在此時已稱完備，直至今日尚無若何重大之改變；此學實是期所輸入西學中之比較完全者也。是書《四庫提要》稱為「西學之弁冕[94]」。其得清代學者之重視可知。然其初出世時，除徐、李之徒而外，注意之者蓋寡。故其後利瑪竇以此書稿本寄徐光啟，令南方好

91 《四庫總目提要》第一〇六卷第九四頁（上）。
92 此據原書徐李二序，丁氏為何人，無可考。
93 以上據原書利瑪竇《引言》，見《海山仙館叢書》第一〇四冊。
94 《四庫總目提要》第一〇七卷第一〇六頁。

事者刊之，累年竟無有過問者[95]。

此外《天學初函》[96]中，關於幾何學之書，尚有：（一）《圜容較義》，乃李之藻從利瑪竇所譯，專論圜之內接，外接形，引伸幾何原本之義，為定理十八，中有一則論橢圜。（二）《測量法義》，乃徐光啟從利瑪竇繼《幾何原本》而譯，內述應用幾何原理，以測量之法，為術十五，每術悉詳加證明[97]。又羅雅谷（Rho, Giacomo）有《測量全義》，摘譯亞奇默德（Archimedes）《圜書》（The Measure of The Circle）《中圜周率之計算》；及其《圜柱圜球書》（The Sphere and The Cylinder.）中之要題；其計算圜周率，至二十一位[98]。其輸入西洋算術者，有《同文指算》一書，乃李之藻從利瑪竇所譯，成於萬曆四十一年（一六一三）。書凡十卷，所述比例，級數，皆前此中土所未聞[99]。

西方近世平三角，弧三角之術，在此時早已成立[100]。其術為測天所資，故亦隨《崇禎

95 徐光啟《幾何原本后序》《海山仙館叢書》第一〇四冊。
96 天學初函乃李之藻彙刻當時所譯著關於西學之書。
97 參看原書見《海山仙館叢書》一一三冊。
98 據《清朝全史》上冊三，第一七四頁，又李儼《中國數學源流考略》；《北大月刊》一卷五號第六九頁，1919。
99 參看原書見《海山仙館叢書》第一〇八—一一二冊。
100 自一四六四年Muller, Johann（1436~1476）氏之De Triangulis Planiset Sphericis Libri v. 一書出世，近世平三角弧三角之學已成立—《科學小史》第一九三頁。

曆書》而輸入。崇禎四年（一六三一），徐光啟上《割圜八線表》及《大測》二書，前者言平面三角，後者言弧三角——皆出自崇禎曆局諸西人之手[101]。此後，《曆象考成》中，於此術益加闡明[102]。

對數術，西方自一六二〇年，已臻完備[103]。順治（一六四四～一六六一）中，穆尼閣（Motel）居金陵，始以其術授薛鳳祚。《四庫提要》稱薛從穆氏所譯《天步真原》以加減代乘除，折半代開方，即此術也[104]。

康熙（一六六二～一七二二）末，西士進講內廷，始輸入代數之術，即當時所稱為「借根方程」或「阿爾熱八達」（Algebra之譯音）者，是也。聖祖命諸臣所纂《律曆淵源》中有《數理精蘊》一書，至雍正元年（一七二三）始成，集當時所輸入西方數學之大成。在此時期內，代數學之輸入，尚無專書，僅《數理精蘊》中《借方根比例》一部，分述其一，二耳。考其時西方符號的代數（symbolic algebra.）已成立，四次方程式之解法久已發明[105]。

101 詳本文第二節。

102 參看〈中國數學源流考略〉，《北大月刊》一卷五期第七一頁。

103 自一六一四年訥白爾Napier, Johann之Mirifici Logarihmorum Canois Descripto一書出世，對數始發明；一六二〇年Bilrgi氏之對數表繼之，益臻完備，參看《科學小史》，第二四二—二四五頁。

104 《四庫總目提要》第一〇六卷，《天部真原》條第九九頁（上）。

105 代數學得Fontana, Nicolo（or Taragia, Nicholas）（1500~1551）及Cardan Girolamo（1500~1550）二氏之探索，四次方程式之解法始明。自Viet, Franciscus（1540~1603）Harriot, Thomas（1560-?）先後致力，符號的代

而《數理精蘊》所述，僅及二次方程式之計算，及其應用而止[106]。此外為《數理精蘊》所未及者，則有杜美德（Rerre, Jortoux）所輸入之割圓九術[107]。

2. 物理學——天啟六年（一六二六），湯若望撰《遠鏡說》一書，是為西方光學入中國之始。全書僅十六頁，首言遠鏡之用法，末言其製法，中則言其原理；凡光在水中之屈折，光經過望鏡之屈折，凹鏡散光，凸鏡聚光，以及凹凸鏡相合以放大物像諸現象，及其解釋，皆詳言之。惟詞旨甚艱晦，以西人為中國文，無怪其然也[108]。

最初輸入西方力學者，為艾儒略（Aleni, Jules）授王徵所譯之《遠西奇器圖說》。書成於天啟末，在《遠鏡說》後。書中第一卷言重心，比重之理凡六十一款；第二卷述槓桿滑車，輪軸斜面之理，凡九十二款；每款悉有例證。第三卷言應用上述各原理，以起重引重，轉重，取水及用水力代人力諸器械。各器及其用法均有詳細之圖說。又考書中凡例，述諸「奇器」之能力，有云：「能使小者大，大者小；遠者近，近者遠；」蓋指

數（symbolic algebra）始與——參看W. W. Ball: A Short History of Mathematics pp217~288; Macmillan and Co. London, 1912。

106 參看原書《下編末部》，《借根方比例》；江寧藩署刻本，光緒八年（一八八二）。

107 參看〈中國數學源流考略〉，《北大月刊》一卷五期第七〇頁。

108 參看原書，見《海山仙館叢書本集》，第四二冊。

凹凸鏡也。而今書中無此器。又書中目錄有四卷，今書只三卷。苟非原書尚未卒譯，則今所傳本，必有亡缺矣。初，王徵欲從事譯此書，鄧玉函謂必先通數學而後可，因先授之以數學，其不苟可知。而譯筆亦甚暢達[109]。前乎此者，李之藻於萬曆四十年嘗從熊三拔（Ursis, Sabatthinus de）譯《泰西水法》一書，述取水蓄水等力學械機；顧其書偏言應用，而原理不詳也[110]。

此外有《自鳴鐘說》一書，（著者及成書年無考）王氏《遠西奇器圖說》凡例中嘗稱之，其書或與物理學有關，惜今已佚。清康熙間，南懷仁供奉內廷，嘗作進呈《窮理學》一書[111]，而不傳於世，今無可考焉。

此時期所輸入之物理學於我國學術界，影響極少。二百年來，惟方以智著《物理小識》，一書，頗有受西說影響之處[112]；戴震「因西人龍尾車法，作《贏旋車記》，因西人引重法，作《自轉車記》[113]」；此外知有此學者蓋寡也。

109 參看原書，見《守山閣叢書》第六六—六七冊。

110 《四庫總目提要》第一〇二卷農家類第五六頁（上）。

111 《清朝全史》上冊，三，第一七七頁。

112 參看錢嘉淦《明末理學闡微新中國》一卷一號第一〇七頁；民國八年（一九一九）。

113 凌廷堪《戴東原事狀》據陳展雲〈戴東原的天算學〉第一〇頁引；見《戴東原》，北京晨報社，民國一三年。

4.輿地學——利瑪竇初入中國居肇慶[114]。每以《西方輿地全圖》示人；後又將之譯成中文，粵疆吏刊之，以印本分送各省朋好，中國人始聞地圓及五大洲之說[115]。及利氏入京，新貢方物有《萬國輿圖》一[116]。後龐迪我奉命翻譯《西刻地圖》，據所聞見，著為《圖說》；書未上而遭驅逐。天啟初，艾儒略得其遺稿，更採所携手輯方域梗概為之增補，成《職方外紀》一書，述當時西方各國情狀頗詳[117]。中國人見其所述西方文物，遠邁中華，力斥其謊誕；而於其五大洲之說亦等諸鄒衍瀛海之談。直至乾隆中葉所纂之清《通考》，猶謂「……即彼所稱五大洲之說，語涉誕誑，諸如此類，亦疑為勦說讆言[118]。」則我國人之錮於舊聞，憚聽新說，於此可見耳。此外清初西人所撰關於外國地理書，有利類思（Buglio, Louis）與安文思（Magalhaes, Gabriel de）與南懷仁合著之《西方要紀》；及南懷仁之《坤輿全圖》與《坤輿圖誌》[119]。其後蔣友仁來華進《增補坤輿全圖》，又譯《圖說》，是為此期輸入地理學之最後著作[120]。

114 肇慶在廣東西部，明代以此為廣東省會。
115 The Catholic Encyclopedia vol. Ⅷ p. 35。
116 《明史》，第三二六卷第一七頁（下）。
117 參看原書，《守山閣叢書》第三九冊。
118 《清史通考》，第二八九卷，第一四冊（下）。
119 清《文獻通考》，第二二四卷第二五頁（上）。
120 詳本文第三節。

清之初葉，有一事焉，為我國文化史上所值得特筆大書者，即全國輿地圖之測繪是也。茲事全出西洋人手，經始於康熙四十七年（一七〇八）。是年命費隱，雷孝思（原名均未詳）杜美德（Rerre, Jortoux）測繪蒙古，直隸。四十九年（一七一〇）費隱測繪黑龍江。五十年（一七一一）雷孝恩與加爾特（原名未詳）測繪山東；杜美德，費隱，潘如望，湯尚賢（原名均未詳）測繪山西，陝西，甘肅。五十一年（一七一二）馮秉正（Mailla, Joseph Marie Anne de Moyria de）德瑪諾（Hinderer, Ro Main）雷孝思測繪河南，江南，福建。五十二年（一七一三）湯尚賢，費隱，麥大成（原名未詳）測繪江西兩廣；費隱又與潘如望測繪四川。五十四年（一七一五）雷孝思，費隱測繪雲南，貴州，兩湖。至五十八年（一七一九）乃完全告成。白晉彙成總圖一張，又為各省分圖[121]。帝命之為《皇輿全覽圖》，並諭內閣學士蔣廷錫曰：「此朕費三十餘年（？）之力，始得告成，山脈水道，俱與《禹貢》合。爾將此圖與九卿細看，儻有不合之處，有知者即指出。」尋九卿奏稱「從來輿圖地記，往往前後相沿；雖有成書，終難考信。……此圖誠開闢方圓之至寶，混一區夏之鉅觀[122]。」蓋非過諛也。一七三七年（乾隆二年）法國學者但布爾（Dunvillo）刊行之《中國新地圖》（Nanvel Atlas

121 據柳翼謀《中國文化史》，第三編，第三一頁（上）所引〈正教奉褒〉，又《清朝全史》上冊，三，第一六九頁。

122 《東華錄》康熙朝，第一〇三卷第一頁（下）。

de la Chine）乃依費隱所寄回其本國之副本也[123]。現在我國之地圖，無一不以《皇輿全覽圖》為根據，則此圖在我國地理學界之貢獻可知也。

4. 礮術——初，葡萄牙人入中國以大礮攻新會，既去，遺其器，中國人始知有西方槍礮[124]。後東來之耶穌會士，多精礮術，漸傳其法於中國；當時有《海外火攻奇器圖說》一書，未審傳自何人；其書甚秘，不行於世[125]。徐光啟從利瑪竇遊，習火器之術，力請多鑄大礮，以資城守[126]。天啟元年（一六二一），外患日亟，兵部議招用寓居澳門精明火礮之西洋人，上從之。崇禎三年（一六三〇），龍華民，畢方濟（Sambiaso, Francesco）奉旨招勸殷商，集資捐助火礮。教士陸若漢及西紳公沙的西勞（原名均未詳）率領本國人士，携帶銃礮，効力中朝，屢經戰陣，多所傷亡[127]。崇禎十五年兵部尚書陳新甲至東閣述上傳言西洋礮乃中國長技，有無間大將軍之稱，命湯若望商確鑄造，工部辦料。旋上命若望將用法傳授兵仗局內監。若望共鑄造無間大小礮二十餘位，大者重一千二百斤，次者三百斤，小者不下數

123 《清朝全史》上冊，三，第一六九頁。
124 《明史》第三二五卷，《外國傳》第二〇頁（下）。
125 見焦勗《火攻奇器圖說序》，《海山仙館叢書》第三七冊。
126 《明史》第二五一卷《徐光啟傳》，第一五頁（上）。
127 據柳翼謀《中國文化史》，第三編，第三二頁（下），所引〈正教奉褒〉。

百斤。帝派大臣驗放；嘉其堅利，詔再鑄五百位。又命若望教放銃法，條纂火藥城守等書進呈。明年正月，命若望與吳惟英講究火器於都城，以資演練。四月周延儒出督師，請諸火器，命若望隨征。若望為空心礮臺式，懷宗覽大悅，褒嘉之。旋上命若望赴薊督師前傳習火器等項[128]。後若望以礮術從李建泰勦賊，因隨之降清焉[129]。若望嘗授焦勗譯《火攻揭要》一書，成於崇禎十六年（一六四三），於諸式火器之鑄造法，運用法，安置法，以及子彈火藥火箭地雷之製造，莫不詳述[130]。

清吳三桂亂起，南懷仁又奉命鑄造銃礮，自康熙十三，至十五年（一六七四～一六七六），前後造成大小一百二十具，分配各省。及二十年（一六八一）更鑄較便歐式神武礮三百二十具，在蘆溝橋試放，帝蒞閱，嘉其命中，大加賞賚。南懷仁又編《神武圖說》，中分理論三十六篇，圖解四十四篇，於銃礮之術，說明其細節[131]。然自是而後，朝野比較承平，火器無所用，其書鮮習之者。

5.採礦術——崇禎元年（一六二八）畢方濟（Sambiaso, Francesco）上疏有云：「臣蒿目時艱，

128 《明書》第一六六卷第二〇頁（下），又柳翼謀《中國文化史》第三編第三二頁（下）引〈正教奉褒〉。

129 《國朝柔遠記》第一卷第二頁（上）。

130 參看原書，《海山仙館叢書》第三七冊。

131 上冊，三，第一六八頁。

思所以恢復封疆，而裨益國家者……二曰：辨礦脈以裕軍需。蓋造化之利，發現於礦；第不知礦苗所在，則妄鑿一日，即虛一日之費。西國……論五金礦服徵兆多端，宜往澳門招聘精於礦學之儒[132]。……」其後崇禎十六年（一六四三）湯若望奉命赴薊督軍前，除教授火器水利外，並及採礦之法。明年晉王審烇亦疏請命若望往營開採事[133]。惜不旋踵而明亡，成績無可見。此後則絕無聞焉。

6. 西方語言——金尼閣（Triglault Nicolas）以歐洲語言文字，授王徵，萬曆六年（一六二六）成《西儒耳目資》一書。「中分三譜」「以西洋之音通中國之音[134]。」後此方以智之新字母參用《金尼閣譜》[135]即此書也。清初劉獻廷之新音母，參以泰西蠟頂（即拉丁Latin）話[136]。則其時拉丁語亦已輸入中國矣。魯德照（Semedo, Alvaro de），《字考》，或亦關於西方語言之書，今無可考矣[137]。

132 《清朝全史》上冊，三，第一六二頁。
133 《明書外國傳》，第一六六卷第二〇頁（下）。
134 王徵《遠西奇說序》，見《守山閣叢書》第六六冊；又《四庫總目提要》卷四四，《小學類存目》二第六三頁（上）。
135 據梁任公《近三百年中國學術史》第一二講，九九頁（上）清華學校講義本，一九二三年。
136 據全祖望〈劉繼莊傳〉，見《鮚埼亭集》第二八卷第一二頁（上）；商務印書館《四部叢刊本》一九二〇年。
137 《清朝全史》，上冊，三，第一七六頁。

7.藝術——利瑪竇居肇慶，常以西方樂器及油畫等物示其地士夫[138]；及入京所貢方物，有西琴一張；又著《西琴曲意》一卷[139]。畢方濟有《畫答》及《睡畫二答》[140]，蓋言畫術。清聖祖時有西洋畫家焦秉貞供奉內廷；而中國畫家亦有習西洋畫者[141]。康熙五十二年（一七二二），御修《律呂正義》，其《續編》一卷，出西人徐日昇德里格手，述西方「絃音清濁，二均遞轉合聲之法[142]。」

8.哲學——《明書》述當時所輸入西方哲學分類及其研究對象云：「落日加」（Logica，論理學）譯言辨是非之法，「費西加」（Physica，物理學）譯言察性理之道，「默達費西加」（metaphysica，形而上學或玄學）譯言察性理以上之學，——總名「斐錄所費亞」（philosophia，哲學）；「瑪得瑪第加」（mathematica數學）亦屬「斐錄所費亞」科內，究物之形與數度，……

138 The Catholic Encyclopedia, Vol Ⅷ, p. 35。

139 《明書》第一六六卷，第一九頁（上）。

140 《清朝全史》上冊，第一七五頁。

141 《近三百年中國學術史》第二講第五頁（上）。舊《小說月報》有某筆記紀清初一畫家，習西洋畫，今此書不在手，待他日重檢。

142 參看原書《續編》，《協均度曲》，殿刻本。

二者或脫物而空論之。」此未審傳自何人。明末西士所譯有《辨學》一書，為西方論理學輸入之鼻祖[143]畢方濟撰《靈言勺蠡》詳述西方古代「亞尼瑪」（譯名從原書，按即Anima[144]）之說，書成於天啟四年（一六二四）；約在同時，高一志撰《空際格致》，暢闡火，氣，水，土，為宇宙四大原素之說；氏又有「斐錄」《彙答》蓋言哲學，今佚[145]。此學在清代無過問者。

9. 其他——此外鄧玉函撰《人身說概》，為西方人體學入中國之始；而清聖祖時，西士供奉內廷，亦講全體學[146]。艾儒略於天啟三年（一六二三）撰《西學凡》，述歐洲建學育才之法；氏又撰《西方答問》，或亦此類之書；今佚[147]。

10. 西學輸入之中絕——明清之交，耶穌會士，得自由入居內地，多與中國人士交遊，從事傳授西說；翻譯西籍；而其後又得清聖祖之提倡，故西學輸入極一時之盛。自康熙四十三

143 《近三百年中國學術史》第一講第六頁（下）。

144 Anima乃西方古代宇宙之一種解釋，以為一切現象之變化，皆宰於一宇宙之靈魂（The soul of the world）。

145 《四庫摘要》第一二五卷第四五頁；《清朝全史》，上三，第一七七頁。

146 （原文缺）

147 《四庫提要》第一二五卷第四五頁（上）上三，《清朝全史》，上三，第一七〇頁。

年（一七〇七），耶穌會奉教皇教令改變傳教方針，違反我國習慣，朝野憤怒；聖祖命將教皇所派，賫教令來華之代表次魯囊（Turmon）監禁澳門，各地教堂概行禁止；凡未經特許之宣教師，悉逐往澳門[148]。傳教既生頓挫，而其附帶之西學輸入亦因而衰落。及雍正元年（一七二三），朝廷從閩，浙，總督滿寶奏請，下令所有在華之西洋人，除供職欽天監者外，其餘一律驅往澳門，不准擱入內地[149]。此事傳聞由於耶穌會黨允礽失敗，信否姑不具論[150]；然自是以後，除在欽天監外，西學已完全無輸入之機會矣。而欽天監所需僅在天文，又在術而不在學，且職在官府，國內學者，罕能與之接觸，已不復能在學術界發生影響。而自《曆象考成後編》（乾隆七年，一七四二）及《儀象考成》，（乾隆十七一七五二）告成後，欽天監所需測天之術，已達完滿之限度。故蔣友仁來華（約在一七六二）而後，直至咸同以前，西學之輸入已完全停止矣。

148 明末耶穌會在中國之傳教權，全操於葡萄牙人之手，彼輩為傳教便利起見，務不違反中國習慣，如祭祀祖先，雖不合其教旨，亦所不禁。其後法蘭西人傳教事業，漸及中國，對於葡人之傳教方法，大不滿意，因言於羅馬教皇，教皇於康熙三九年（一七〇四）遣次魯囊（Turmon）賫教令來華；其教令內容最重要之條，即為禁止中國教徒崇祀祖先。康熙四三年，次魯囊摘要公佈之於南京，即所謂（Le Mgdement de Nanking）者是。——參看《清朝全史》上冊，四，第一～七頁。

149 《東華錄》，雍正朝，第三卷第三一頁（上）。

150 《近三百年中國學術史》，第二講第六頁（上）。

# 四、西學輸入與我國學術之關係

總觀明清之際，西學之輸入，其影響於我國學術界者，有下列各方面：

1. 西學與理學——於明末純任主觀，最缺乏科學精神之我國思想界，而驟然有絕對客觀的，全恃歸納研究的天文學，復挾演繹的，為一切正確觀念之模範的數學而侵入；而其學又為政府所重視，而不可一日缺；則其影響於當時思想界者為何如耶？

梁任公先生謂：「清代學術，為厭倦主觀的冥想傾向客觀的考察，」而以為明末西學之輸入，亦為此種反動之機兆之一[151]。吾嘗深考之，益覺其言之信而有徵焉。明末習西學者，對於性理之學，已明起反叛之旗。徐光啟等論我國數學之不振，而痛咎理學家，其言曰：「算數之學，特廢於近世數百年間爾！廢之緣，一為名理之儒士苴天下實事。……昔聖人所以制世利用之法，曾不得之士大夫間，而術業政事遜於古初遠矣。余友振之，（李之藻字）生平相與慨歎此事[152]。」此實晚明治西學者流對於理學家之宣戰書也。

151 《近三百年中國學術史》，第一講一七頁（下）。
152 徐光啟《同文指算序》，見《海山仙館叢書》第一〇八冊。

2.學術界內容之增加——西學輸入之初，大引起我國學者之研究。明末治西學者除上述徐光啟、李之藻、周子愚、李天經、王徵、焦勗、方以智外，現在可考者，尚有瞿式穀、虞淳熙、樊良樞、汪應熊、楊廷筠、鄭洪猷、馮應京、汪汝淳、周炳謨、王家植、瞿汝夔、曹于汴、鄭以焯、熊明遇、陳亮采、洪士祚、許胥臣[153]、王英[154]等。其後天文與數學研究日盛，其他漸無聞焉。清初最能深入西方天文數學之堂奧而融貫中法，力謀我國天文算數之獨立者，有王錫闡、梅定九。此外以斯二學名家者，有薛鳳祚、杜知耕、方中通、方中履、陳訏、陳世仁、莊亨陽、胡亶、游藝、屠文漪、王百家、秦文淵、揭暄、邵昂霄、余熙、李子金、孔興泰、毛效乾、梅文鼐，其著述皆傳於世[155]。而前述之明安圖、何國宗，精通西術，尤後起之秀。此後乾嘉漢學者，什九兼通天文數學，《疇人傳三書》所載，尤指不勝屈。

3.古學之整理——初，西洋天文數學之初輸入，習之者於我國古術絕對鄙夷[156]。而以西說附

153 《近三百年中國學術史》，第一講第七頁（上）。
154 《四庫總目提要》第一〇六卷，《歷體略》條第九六頁。
155 參看《四庫總目提要》第一〇六～一〇七卷，及《近三百年中國學術史》第一講第七頁。
156 徐光啟言西方數學「與舊數同者，舊所弗及也。……舊術……與西術合者，靡不與理合也；與西術謬者，靡

會古學，以自尊中學之風亦盛[157]。王錫闡、梅定九始精究西法及古曆之本原。自乾嘉以來漢學掩襲一世，為天文數學而治天文數學之學者漸稀。而一方面，天文，數學與經學有關，故漢學家多兼習其學。彼輩既得此考古學上之新工具，於是整理古天文數學書之風乃大盛。而《立天元一術》之復明[158]，及《算經十書》之校輯[159]，尤其最大成績。此外則明以前之天文數學書，悉校勘注釋，且有一書而數註者[160]。斯業之盛，可謂遠邁前古，然其所採唯一之工具則「洋貨」也。

4. 西學與漢學家——天文學與數學，為歸納之絕好模範，而漢學家之代表人物，自方以智、毛奇齡、閻若璩、惠棟、江永、戴震、焦循、錢大昕、孔廣森、阮元、陳澧輩，莫不精究之；其他不甚著名之漢學者，尤指不勝屈。則漢學之所以饒有科學精神，謂其不受西方天

---

不與理謬也。」《同文算指序》，《海山仙館叢書》第一〇八冊。

157 《明史曆志》言西法不能出《周髀》範圍。清初御定之《數理精蘊》其開宗明義第一章，即抬出《河圖洛書》及《周髀》所載周公商高問答之語，謂為西法所從出。

158 立天元一術，發明於宋，盛於元，至明其書雖傳，其術已無人能解；故明代號稱通算，如顧應詳唐順之者，猶不解立天元一為何語，清初梅瑴成習西方代數，始悟其與古立天元之術相通。此後李銳焦循許桂林輩，相繼著書，闡發此義，益無餘蘊。參看李儼〈中國數學源流考略〉；《北大月刊》一卷五期第七一頁及第六期第六七及七一頁。

159 參看陳展雲〈戴東原的天算學〉見《戴東原》，晨報社，一九二四出版。

160 參看李儼〈中國數學源流考略〉，《北大月刊》第一卷第六期第六五～七四頁。

文數學之影響焉，不可得也。吾讀戴東原之書，而覺漢學受西學之影響，似有跡可尋焉。

昔利瑪竇於《譯幾何原本引》[161]，中述西方科學要素，其言曰：「虛理隱理之論，雖據有真指，而釋疑不盡者，尚可以他理駁焉，能引人以是之而不能使人無或非之也。獨定理者，剖散心疑，能強人不得不是不復有理以疵之。」又曰[162]：「吾西國庠序所業格物窮理之法，視諸列邦為備。……彼士立論宗旨，惟尚理之所據，弗取人之所意。蓋曰理之審乃令我知，人之意又令我意耳。」此種科學精神，凡客觀的科學，皆其所寄；而天文數學其尤著者也。

戴氏述其治學之途徑曰：「尋求所獲有十分之見，有未至十分之見。所謂十分之見，必徵諸古而靡不條貫合諸道而不遺餘議；鉅細畢究，本末兼察。若夫依之傳聞，以擬其是；擇於眾說，以裁其優；出於空言，以定其定；據於孤證，以信其通；雖溯源可以知流，循根可以達杪，不手披枝葉之所歧，皆未至十分之見也[163]。」其言「十分之見」，及「未至十分之見」與利氏所述「定理」及「虛理隱理之論」若合符契。惟戴氏專從考古上立言，故詳略不同耳。

161 見《海山仙館叢書》第一〇四冊。
162 同上。
163 〈與姚姬傳書〉，《東原文集》第九卷第九頁（上）；經韻堂刻本，一七九二年。

又戴氏攻擊陳儒義理之說其根本立腳點曰：

> 孟子云：「心之所同然者謂理也義也。」心之所同然者謂之理，謂之義；則未至於同然，存乎其人之意見者非理也非義也[164]。

其言「義」「理」與「意見」之別，與利氏所述「理之所據」與「人之所意」又不約而同。夫東原精究西方天文數學，則其於寄於天文數學中之科學要素，如利氏所述者，自當受有影響。且東原生利氏書《幾何原本》書成後百餘年。其時此書又風行一世為「西法弁冕[165]；」戴氏既究心西方數學，似有曾讀其書之可能；則東原之言，或當直接得自利氏也。

5.清代科學不盛之原因——吾儕論西學與清代學術之關係，最容易發生一問題：此時期既當西方科學輸入，而其時學術界又傾向客觀的考察，饒有科學精神，顧何以科學思想，終不能發達？茲試求其答案如次：

---

164 《孟子字義疏證》，上卷第三頁（上）；微波榭刻本。

165 詳本文第三節。

(A)吾儕試將此期所輸入之西學，與其時西方學術界情形一比對，而知當時西方所已發明之學術；實未能盡量入我國。其最著者，天文學自歌白尼出，已與占星學分家。而耶穌會士初於歌白尼之大發明未道隻字，反謂歐氏有言天動之書；又改定刻白爾定律，以實日動之說。而在他一方面，其所輸入之天文學，仍不能脫占星學之窠臼。湯若望在欽天監任占候，擇日，為榮親王擇安葬日期，用《洪範下五行》，此或由於不欲違反我國習慣[166]，而穆尼閣撰《人命》一書[167]，以西方天文學之計算，詮釋星命之說；則其時輸入之天文學尚混雜於占星學之明證也。且也，耶穌會士之輸入西學，於原理每多未詳。《四部書目提要》云：「作《新法算書》時，歐羅巴人自秘其學，立說復多深隱不可解[168]。」故王錫闡遂謂西人不能深知法意[169]，豈當時耶穌會士學識膚淺，實未足以知此耶？抑知而故秘之耶？茲姑不具論。然坐是之故，當時第一流學者，若王錫闡、梅定九之徒，不知費幾許「寃枉」精力，以探求西方所已發明之「法意」；而從事新發明之力已為所分；若膚淺者流，更不得其門而入矣。西方學術未能盡量輸入，實此期科學不盛

166 湯若望事詳本文第二節。

167 《守山閣叢書》（第六四冊），有穆尼閣《天步真原》一書，按：原書標題作《人命部》又薛鳳祚所作序題作「《人命序》」則原書本名「《人命部》」今據改。

168 見原書第一〇六卷，《曆象考成條》，第九六頁（下）。

169 《疇人傳》，《王錫闡傳》，見《皇清經解》第一〇五九卷第一頁（上）。

之主要原因也。

(B)其次則由於「輸學者」與「求學者」（中國政府，人民似尚在附屬地位）之宗旨，根本不在學；蓋教士以傳教為目的，而輸入學術，不過其接近社會之一種方法；中國政府以改良曆書為目的，而學習西算及他種科學，不過偶然附及之餘事。故在此時期內，其歡迎西學者，——上自政府，下至在野人士，——僅知西方有天文學，及其附帶之數學，而他非所聞。咸同以來，我國朝野僅以「船堅礮利」視西方科學，其結果西學雖輸入，而我國科學終不發達，與此如出一轍。以船堅礮利視西學觀念，至今日始漸打破，而明清以來，以天文學數學視西方之觀念，則始終未嘗拔除。此亦其時科學不發達之一原因也[170]。

此外由於被傳教事業之所累者，有由於當時學術界之環境者，有由於我國思想界之遺傳者，梁任公先生言之已詳[171]，茲不贅。

170 此段採本校教員鄭芝蕃先生說。

171 參看《清代學術概論》第一七三頁；商務印書館版（一九二〇），及《近三百年中國學術史》第三講第五頁（下）。

## 五、結論

明清之際西學之輸入，既如上述，始於萬曆九年（一五八一）利瑪竇之傳教；訖於乾隆二、三十年間（一七五五～一七六五）蔣友仁之來華，歷時凡百四十八載。參加此役之西士現在可考者都四十四人。其中主要者四十人已見上述，其餘悉見本文《附錄》。茲根據此表，統計其國籍之分配。以人數論，明末來華者，以意大利人為最多，清初來華者，以法蘭西人為最多。此四十一人中，其卒地可考而在中國者十九人（卒於澳門者不在內），內有十三人，卒於北京。可見此期西學之輸入，以北京為中心。蓋北京為國都，且修曆所在也。

**輸入西學之西士國籍統計表**

| 國籍 | 明末來華者 | 清初來華者 | 共計 |
| --- | --- | --- | --- |
| 葡萄牙 | 六 | 四 | 一〇 |
| 意大利 | 八 | 一 | 九 |
| 法蘭西 | 一 | 七 | 八 |
| 日爾曼 | 二 | 二 | 四 |

| 國籍 | 明末來華者 | 清初來華者 | 共計 |
| --- | --- | --- | --- |
| 西班牙 | 一 | 一 | 二 |
| 比利時 | 無 | 一 | 一 |
| 未詳者 | 一 | 九 | 一〇 |
| 共計 | 一九 | 二五 | 四四 |

其所撰譯關於輸入西方學術之圖籍，現在可考者，都九十種。茲根據本文《附錄》一，統計其種類及年代之分配如下表。以著作之多寡論，其在清初，遠不如明末之盛矣。

**輸入西學圖籍統計表（西人所撰譯者）**

| 種類 | 數量 | | | 附註 |
| --- | --- | --- | --- | --- |
| | 明末 | 清初 | 共計 | |
| 天文學 | 三〇 | 一三 | 四三 | 屬於明末者有二一種為《崇禎曆書》之一部分 |
| 數學 | 八 | 無 | 八 | 內有四種為《崇禎曆書》之一部分 |
| 物理學 | 四 | 一 | 五 | |
| 輿地學 | 二 | 六 | 八 | |
| 礮術 | 一 | 一 | 二 | |
| 藝術 | 三 | 一 | 四 | |

| 種類 | 數量 | | | 附註 |
|---|---|---|---|---|
| | 明末 | 清初 | 共計 | |
| 語言 | 三 | 無 | 三 | |
| 其他 | 一〇 | 無 | 一〇 | |
| 存疑 | 一 | 六 | 七 | |
| 共計 | 六二 | 二八 | 九〇 | |

（《清華學報》一卷一期民國十二年六月）

# 龔自珍漢朝儒生行本事考

定庵文久以怪誕著。余初讀即疑其有所隱託，然命意所在莫能盡詳也。即如〈漢朝儒生行〉一詩，稍知定庵生平者，一覽即知其中有三數語為極明顯之自狀，惟餘則迷離惝恍，莫明所指。歲壬申，為定庵誕生第百四十周年，予方居美洲，或以《定庵集》見寄，屬為紀念之文，因取此詩反覆咀嚼。及「關西藉甚良家子，卅年久綰軍符矣」二句，忽念此詎非指岳鍾琪事？以此假設為導引，檢《清史》〈岳傳〉，岳原籍甘肅蘭州，果為關西人；其父昇隆為康熙間名將，渠果是良家子；自其初征西藏至再起定金川凡二十八年，而前乎從征西藏，渠已歷官遊擊及副將，謂其「卅年久綰軍符」正合。因以此事為中心，觸類旁通，果能使全詩渙然冰釋，而定庵生平對清朝之一段腹誹惡詛，流露於本詩及他處，已瞞過一世紀之人者，至是亦得白於世，不可謂非一大快事也。因草此篇，以貽世之愛讀《定庵集》者。

漢朝儒生不青紫，二十高名動都市；
易通田何書歐陽，三十方補掌故史。

漢朝儒生，定庵自謂也。定庵年二十以副貢居京師，年二十九以舉人補內閣中書言三十，舉約數也。此詩作於道光壬午，時定庵適三十一歲。

全詩以漢家影清室，漢事影清事。定庵固深於漢史者；嘗為《漢書補註》未成，成讀《漢書隨筆四百事》（已佚）。此詩運用漢事甚為圓熟周詳，故能造成詠古之幻覺。

門寒地遠性儻蕩，出門無階媚天子。
會當大河決酸棗，願入薪楗三萬矢。
路逢絳灌拜馬首，拜則槃辟人不喜。
歸來仰屋百喟生，著書時時說神鬼。

大河決酸棗，漢武帝時事，此影嘉慶間畿輔水患，集中嘗數及之，如〈乙丙之際塾議第一〉云：「歲辛酉，直隸大水，越七年戊辰又水，癸亥迄乙丑再決南河」。又〈己亥雜詩〉第二十一首自注云：「曩陳北直種桑之策於畿輔大吏」。所謂「願入薪楗三萬矢」，「路逢絳灌拜馬首……」者似指此。

生不逢高皇罵儒冠，亦不遇灞陵少年。
愛讀武皇傳，不遇武皇祠神仙。
神仙解詞賦，大人一奏凌雲天。
枕中萬金豈無藥，更生誤讀淮王篇！

「灞陵輕少年」，文帝之於賈山事。文帝雖輕賈山，而未嘗不之用。「不遇」云云，諷清室之不容才士也。「神仙解詞賦」，諷清帝之不解詞賦，而康、雍、乾三朝之右文，為牢絡士心，附庸風雅也。實不重儒學，而又不敢學高皇之罵儒冠，此其所以為偽也。

自言漢家故事網羅盡，胸中語秘世莫傳。
略傳將軍之客數言耳，不惜箝我歌當筵。
一歌使公愳，再歌使公悟。我歌無罪公無怒！

「將軍」，指岳鍾琪也。云從岳氏舊客得聞（不知直接或間接）一段故事，將於此詩中述之。

漢朝西海如郡縣，葡萄天馬年年見。

匈奴左臂烏孫王，七譯來同藁街宴。
武昭以還國威壯，狗監鷹媒盡邊將。
出門攘臂攫牛羊，三載踐更翻沮喪。

此節形容康、雍、乾三朝武功之盛，「出門……」以下二句言軍官一方殘暴，一方已衰惰。

三十六城一城反，都護上言請勤遠。
期門或怒或陰喜。喜者何心怒則憤！

指乾隆十二年金川（在四川）之叛，事具《東華錄》，《聖武記》，及《清史稿》有關涉諸人傳，不必詳引。「期門或怒或陰喜」，可見朝中攜心之人多也。

關西籍甚良家子，卅年久綰軍符矣。
不結椎埋兒不長，嗚珂里聲名自震。
大荒西歙馬，崑崙盪海水。
不共郅支生，願逐樓蘭死。

「關西良家子」，即上所謂「將軍」也。岳鍾琪以康熙五十七年征藏有功，擢四川提督。其後雍正朝青海之役，回彊之役，準噶爾之役，鍾琪皆當重任，効殊力。累遷至三等公，太子少傅，川陝總督。功高望重，讒謗隨生。以鍾琪本岳飛二十一世孫，或言其將修宋金之怨，顛覆滿朝。世宗初未為惑，窮治謗首，謠言稍息。其後曾靜竟上書勸鍾琪反，雖鍾琪立捕以聞，詔褒忠赤，然滿人對鍾琪之猜嫉轉甚。雍正十年終以小故為滿官糾訐，至落職交兵部拘禁，論罪瀕死。乾隆二年放歸鄉里。十三年以金川之亂再起，蓋自征藏至是已二十八年矣。言「卅年久綰軍符」舉約數也。

上書初到公卿驚，共言將軍宜典兵，
麟生鳳降豈有種！況乃一家中國猶弟兄！
旌旗五道從天落，小印如斗大如斛，
盡隸將軍一臂呼，萬人側目千人諾。
山西少年感生泣，羽林群兒各努力。
共知漢主拔孤根，坐見孤根壯劉室。

此敘岳鍾琪之起用也。「山西少年」云云，可知岳所領軍多其鄉人（此「山西」非今山西省）。

不知何姓小侯瞋，不知何客惎將軍。
將軍內顧忽疑懼，功成定被他人分。
不如自親求自附，飛書請隸嫖姚部。
上言乞禁兵，下言避賢路。
笑比高皇十八侯，自居蟲達曾無羞。
此身願爵關內老，黃金百斤聯可保。

前所謂「略傳將軍之客數言」者，此也。詩辭甚明，高皇十八侯仍用漢事。金川之役，鍾琪內懼，請增兵下位，此事不見別記，可補史闕。

嗚呼！漢家舊事無人知，南軍北軍頗有私。
北軍似姑南似嫂，嫂疏姑戚群僮窺。
可憐舊事無人信，門戶千秋幾時定。
門戶原非主上心，誅蕩吾知漢皇聖。

「南軍、北軍」用漢典，南軍指漢將士，北軍指滿將士；而「門戶」則朝中滿漢之門戶也。

是時書到甘泉夜，答詔斐徊未輕下。
密問三公是與非，沮者不堅語中罷。
庾詞本冀公卿諒，末議微聞道途罵！
拙哉某將軍！非火胡自焚？
非蠶胡自縛？非薑胡自螫？
有舌胡自撟？有臂胡自掣？

「甘泉」，以漢宮影清室。「沮」者，謂沮清帝從鍾琪請者也。「道途罵」云云，言世人竊怪鍾琪之不反也。

軍至矣，刺史迎，肥牛之腱萬鑊烹。
軍過矣，掠童女，馬踏燕支賤如土！

「軍」，謂所請禁軍也。「掠童女，踏燕支」，其暴可想。

嬴家長城如一環，漢家長城衣帶間。
嬴家正為漢家用，坐見入關仍出關。
入關馬行疾，出關馬無力。
丞華廄裡芝草稀，水衡金賤苦乏絕。
卜式羊蹄尚無用，相如黃金定何益！
珠崖可棄例棄之，夜過茂陵聞太息。

「漢家長城」，謂滿臣也；「嬴家長城」，謂漢臣也。〈己亥雜詩〉第十五首中云，「讀到嬴劉傷骨事，誤渠畢竟是錐刀」。嬴劉傷骨，謂滿人之誅殘漢人也，下語言其終自誤也。此可與本詩互證。「衣帶間」，言其親也。「如一環」，言其疏遠而不見重也。「嬴家正為漢家用」以下四句，言此時漢人雖為滿用，他日終當驅逐滿人出關，而爾時滿人將無抵抗之能力也。「出關馬無力」語意何等明露，此直是對滿朝之惡詛矣。

定庵生長豪門，浮沉郎署，自無「秀才作反」之想；然盱古衡今之際，見乎滿漢之軒輊，未嘗不深慨憤。觀其〈咏史詩〉云：「金粉東南十五州，萬重恩怨屬名流。牢盆狎客操全算，團扇才人踞上游。避席畏聞文字獄，著書都為稻粱謀。田橫五百人安在？難道歸來盡列侯？」是直以娼妓比東南文士，以狎客比清帝，而太息於復仇雪恥之無人矣。「避席……」二句寫盡康、雍、乾、嘉四朝士夫觳觫之態。又例如〈夜讀《番禺集》書其尾〉二詩隱為明遺民屈大均（翁山）張目。（《番禺集》非真書名，屈為番禺人故云爾。詩中有「靈均出高陽，萬古兩苗裔」之語，明借屈原點出屈字）。

明乎定庵對清室之真態度，則知其集中任何頌聖之辭（頗不少見），決非由衷而出，或為反語，或為掩飾，或為循例，三者必居其一。此則讀《定庵集》及作清代文學史者所不可不加意也。

「丞華」以下四語用漢典，以影示將來清室財政上之匱竭，為其衰敗主要之一。「珠崖」二語則諷其毋勤遠略。「茂陵」（司馬相如），定庵自謂也。

漢家廟食果何人？未必衛霍無儕倫。
酬金失侯亦有命，人生那用多苦辛？
噫嚱，人生那用長苦辛！
勿向人間老，老閱風霜亦枯槁。
千尺寒潭白日沉，將軍之心如此深！
後世讀書者，毋向蘭臺尋。
蘭臺能書漢朝事，不能盡書漢朝千百心。

儒林丈人識此吟！

「衛霍」，指佟國舅之流也。此段大旨以岳鍾琪為鑒，勸漢人毋枉自辛苦，為滿効力。

（《燕京學報》第十二期民國二十二年六月）

# 輯三　評論名家

# 評胡適《白話文學史》上卷

去年北京文化學社曾刊行胡適君《白話文學史》講義稿。該稿近經胡君根本改編，遂為此書，僅成上卷，凡四百七十八頁，每冊代價一元七角，上海新月書店印行。內容起漢，迄中唐，為十六章，都二十餘萬言。其中詩文選錄約占內容三分之一以上。胡君自言「這書雖名為白話文學史，其實是中國文學史。」蓋以白話文學為主體，而傳統文學為背景云。此書之主要貢獻，蓋有三焉。

（一）方法上，於我國文學史之著作中，開一新谿徑。舊有文學通史，大抵縱的方面按朝代而平鋪，橫的方面為人名辭典及作品辭典之糅合。若夫趨勢之變遷，貫絡之線索，時代之精神，作家之特性，所未遑多及，而胡君特於此諸方面加意。

（二）新方面之增拓。如〈佛教的翻譯文學〉兩章，其材料皆前此文學史上作家所未曾注意，而胡君始取之而加以整理組織，以便於一般讀者之領會也。

（三）新考證，新見解。如〈自序〉十四及十五頁所舉王梵志與寒山之考證、白話文學之來源及天寶亂後文學之特別色彩等，有極堅確不易者。至其白話文之簡潔流暢，猶餘事也。

然吾人讀胡君之書，認為有可商榷者數端。

【一】本書名《白話文學史》，吾人一顧其名，便不禁追問白話之定義，胡君曰：

> 我把「白話文學」的範圍放得很大，故包括舊文學中那些明白清楚近於說話的作品。我從前曾說過，「白話」有三個意思：（一）是戲臺上說白的白，就是說得出聽得懂的話；（二）是清白的白，就是不加粉飾的話；（三）是明白的話，就是明白曉暢的話。依這三個標準，我認定《史記》、《漢書》裡有許多白話，古樂府歌辭大部分是白話的，佛書譯本的文字也是當時的白話或近於白話，唐人的詩歌——尤其是樂府絕句——也有很多的白話作品。這樣寬大的範圍之下，還有不及格而被排斥的，那真是僵死的文學了（〈自序〉一三頁）。

吾人觀此定義，其最大缺點，即將語言學上之標準與一派文學評價之標準混亂為一。夫樸素之與華飾，淺顯之與蘊深，其間是否可有軒輊之分，茲且不論，用文言之文法及Vocabulary[1]為主而淺白樸素之文字，吾人可包括之於白話，然用語體亦可為

1 詞彙。

蘊深或有粉飾之文筆[2]。吾人將不認其為白話文乎？胡君之所謂白話，非與文言之對待，而為Wordsworthian之與Non-Wordsworthian之對待。審如是，則直名其書為中國之Wordsworthian文學史可耳。何必用白話之名以淆觀聽哉？吾人以為白話之定義當如下：

> 以語體之文法及「詞笥」（Vocabulary）為主之文字（當然可採用文言之文法及詞笥）為白話文。

反之，以古書中之文法及詞笥為主之文字，為文言文。文言文亦可吸用語體之文法及詞笥，故一時代有一時代之文言，非固定僵死。然與白話卻不能混而為一。準此以觀，則《史記》、《漢書》古樂府歌辭之大部分，佛書譯本及唐人詩歌皆非白話，而宋詞亦非白話也。且如胡君之標準，何以翻譯佛書可入白話文學，而《世說新語》卻不及格，而當為「僵死文學」。

又如

---

2 按一九三四年錢鍾書致張曉峰曰：「白話至高甚美之作，亦斷非可家喻戶曉，為道聽途說之資。往往鉤深索隱，難有倍於文言者。」

> 歸來宴平樂，美酒斗十千，膾鯉臇胎蝦，炮鱉炙熊蹯。
> 鳴儔嘯匹侶，列坐竟長筵。連翩擊鞠壤，巧捷惟萬端。
> （曹植〈名都篇〉，見六五頁所引）

可為白話文學，而同一作者之

> 其形也，翩若驚鴻，婉若游龍，榮曜秋菊，華茂春松，彷彿兮若輕雲之蔽月，飄飄兮若流風之回雪，遠而望之，皎若太陽升朝霞；迫而察之，灼若芙蓉之出綠波。（〈洛神賦〉）

其曉暢及可解之程度未遜於前，何以卻不及格，而當為「僵死文學」？以上不過略舉一二例，亦可以見胡君去取之多由主觀也。

【二】由上節之說，則文言文（別於語體之文，或稱古文）隨時吸收新材料、新生力，而未嘗僵死（注意文言文與語體文之優劣不在此處討論範圍），然胡君嘲其在漢武帝時已作古矣，則請聞其說。胡君曰：

漢武帝時，公孫弘做丞相，奏曰：「臣謹案詔書律令下者，明天人分際，通古今之誼，文章爾雅，訓辭深厚，恩施甚美。小吏淺聞，弗能究宣，無以明布諭下。」這可見當時不但小百姓看不懂那「文章爾雅」的詔書律令，就是那班小官也不懂得。這可見古文在那個時候已成了一種死文字了。（四頁）

然胡君在隔三章後，卻又曰：

試舉漢代的應用散文做例。漢初的詔令都是很樸實的，例如那最有名的漢文帝遺詔……這是很近於白話的。直到昭宣之間，詔令還是這樣的。如昭帝始元二年詔……又如元鳳二年詔……這竟是說話了。（四六至四七頁）

夫前言漢武帝時之詔令已文筆艱深，以證明古文之已死。後卻言直至昭宣之間，詔令尚是近於白話的。夫上文所引昭宣諸詔，猶是古文也。胡君之說，豈□□□□[3]矛盾哉。實則公孫弘之所謂爾雅艱深，似指內容而□□□[4]式。故直至昭宣之時，雖有「文學掌故」而詔令仍明白如□□。察胡君致誤之由，蓋以凡小吏百姓「看不懂」者皆為「死文字」。凡古文（文言）皆是小吏百姓「看不懂」者。不知《盤庚》、《周頌》固為古文，《論語》、《左》、《國》、《史》、《漢》亦為古文（別於當時語體）。古文為之而簡潔，固可使明白□話，如上所舉三詔是。此固一派文言文作者之所追求。而虛浮之辭藻、矯揉之雕琢，固亦彼等之所極力攻擊也。

【三】論及我國故事詩之興起，胡君謂「建安、泰始之間，有蔡琰的長篇自紀詩（〈悲憤〉詩），有左延年與傅玄記秦女休故事的詩。此外定還有不少的故事詩流傳於民間。……故事詩的趨勢已傳染到少數文人了。故事詩的時期已到了，故事詩的傑作要出來了。」而此傑作即為〈孔雀東南飛〉云。

按蔡琰〈悲憤〉詩實後人依託之作。蘇軾《仇池筆記》及閻若璩《古文尚書疏證》中已先後疑之矣。考《後漢書・列女傳》，獻帝「興平中，天下喪亂，文姬為虜

3 按景本《大公報》此處文字沒有印上。

4 疑為「非指形」三字。

所獲。」興平元年距董卓之誅已二年，是蔡琰之被虜乃在董卓誅後。然〈悲憤〉詩乃云「漢季失權柄，董卓亂天常。……卓眾來東下，金甲耀日光。平土人脆弱，來兵皆胡羌。獵野圍城邑，所向悉破亡。……馬邊懸男頭，馬後載婦女。長驅入西關。……豈復惜性命，不堪其詈罵。……彼蒼者何辜，乃遭此厄禍。」是謂琰乃當董卓強迫遷都時，為其手下胡兵所虜。顧與事實不符。

吾人固或當疑《後漢書》所記有誤，然吾人知董卓一生極推崇蔡邕，辟之高位，豈有其愛女反為董卓手下兵所虜之理？即或誤被虜，亦何難立贖之返，而任其羈留？可知琰之被虜必在父死之後，而蔡邕之見殺於王允乃在董卓伏誅之後，故知蔡必不致當遷都時為董卓兵所虜，而〈悲憤〉詩為偽作也。

大抵文姬以名父之女，陷沒胡虜，曹操以蓋世之雄，揮金營贖，其事頗轟動一時。流傳既久，真跡略晦，好事文人，競託其辭為詩歌，故有五言〈悲憤〉詩、七言〈悲憤〉詩及〈胡笳十八拍〉諸作。此外或尚有之，而前二種出現於劉宋之前，故范曄《後漢書》得採之入傳。

魏晉之際，敘事詩最長者，如左延年及傅玄之〈秦女休行〉，不過三四十句、二三百字。更長者如〈悲憤〉詩，一百零八句，五百四十字，已非其時之產物。就長篇之敘事而論，〈悲憤〉詩差可與〈孔雀東南飛〉比。而〈秦女休行〉兩篇則非其倫也。故〈秦女休行〉而後有〈悲憤〉詩（大約晉宋之交），〈悲憤〉詩之後有〈孔雀東南飛〉（大約宋齊之交）。詩體進化之漸則然也。胡君誤認〈悲憤〉詩作於建安，遂斷定建安、泰始間長篇敘事詩出現之時機已到，又信〈孔雀東南飛〉為此時之產物，以為恰與前說諧調，然〈孔雀東南飛〉之為晉宋以後、梁陳以前之作，今殆可斷定。

胡君書中載〈孔雀東南飛〉時代之考證，曾提前在《現代評論》第六卷第一、第四、第九期發表，在今書出版之前，張為麒君曾為〈孔雀東南飛獻疑〉一文（見去年十一月《國學月報》二卷十一期）反駁之。張君(1)以詩中「交廣」[5]之分，證明其不能作於吳孫休永安七年以前；(2)以「下官」[6]之稱，證明其作於劉宋以前；(3)以「青廬」[7]之名，證明其作屬北胡侵入以後。吾人認為皆極確當。唯張君舉詩中「儀」[8]作「支」韻，又云魏文帝詩已如此，此點與胡君主張〈孔雀東南飛〉作於三世紀中（去曹丕之死不遠）之說並非不相立，故此證可不用。此外如「初七」「下九」[9]、「六合」[10]、

5 「交廣市鮭珍」。或說「交」為交州，「廣」為廣州。
6 「下官奉使命」。
7 「新婦入青廬」。
8 「進退無顏儀」、「十六知禮儀」。
9 「初七及下九」。
10 「六合正相應」。

「四[11]角龍子幡」、「纖步」[12]、「絲履」[13]之注意，及詩中「大家子」[14]、「郎君」[15]、「府君」[16]之用法，雖不見於現存漢人記載，然不能斷定三世紀中葉不能有之，因此處未具適用「默證」（Argument from silence）之條件。不能應用默證，史法所應爾，非「過於審慎」也。

又張君斷定詩中「華山」二字絕非地名，而用宋少帝時〈華山畿〉之典故，唯未舉出理由。吾人竊以為本詩中有同類之例，可為佐證。其敘焦母語仲卿云「東家有賢女，自名秦羅敷」，此處用漢樂府「日出東南隅」中之典故，而作為此時實有之事，與「兩家求合葬，合葬華山傍」之用〈華山畿〉典故，正為同類。然胡君尚設法躲避考證上之攻擊，故曰：

> 但我深信這篇故事詩流傳在民間，經過三百多年之久（二三〇—五五〇），方才收

11 原文作「五」，誤，當作「四」。詩中又有「四角垂香囊」句。
12 「纖纖作細步」。
13 「足下躡絲履」、「攬裙脫絲履」。
14 「汝是大家子」。
15 「豈合令郎君」、「有此令郎君」、「後嫁得郎君」。
16 「還部白府君」、「府君得聞之」、「適得府君書」。

在《玉臺新詠》裡，方才有最後的寫定。其間自然經過了無數民眾的減增修削，添上了不少的「本地風光」……（一〇〇至一〇一頁）。

往者黃節君答陸侃如，亦曾為與此略同之說（原函見《國學月報》），然但就此假說本身而論，實極含糊，而使其「〈孔雀東南飛〉的創作大概去那個故事本身的年代不遠」一語之意義亦因之飄搖不定。胡君所謂「增減修削添」，其程度上果何如耶？或原作不過二三十句，如〈秦女休行〉之類，至齊梁而增成現今之形式，此亦胡君之假說所容許也。審如是，則毋寧謂其作於齊梁間乎？且就詩體之進化而論，此假說實不如謂其作於齊梁間之說□也。

胡君又反問曰：

若這故事產生於三世紀之初，而此詩作於五六世紀，那麼，當那個沒有刻板印書的時代，當那個長期紛亂割據的時代，這個故事怎樣流傳到二三百年後的詩人手裡呢？（一〇二頁）

此實極無理之反問，吾人請同樣反問曰：「當那個沒有刻板印書的時代，當那個長期紛亂割據的時代」，曹子建之詩，又「怎樣流傳到二三百年後的詩人手裡呢？」夫彼故事，若著於瑣記，吾人不解其何以不能傳至二三百年後。不然，播為民間傳說（不取詩歌形式），吾人亦不解何以不能傳至二三百年以後。胡君受主觀影響之深，有如此也。

【四】胡君以詩人與人間生活相距之遠近，而定「李杜優劣」，此標準未免偏於寫實的與實用的，然見仁見智，隨觀點而殊，吾人不必多論。唯胡君論李白之人格，則未窺其真。胡君謂：

> 李白雖作樂府歌調，他似乎不曾用此作求功名的門路。（二八三頁）。他似乎不屑單靠文詞進身，故他的態度很放肆，很倨傲。天子還呼喚不動他，高力士自然只配替他脫靴了。（二八四頁）。
>
> 他始終保持他的高傲狂放的意氣……他這種藐視天子而奴使高力士的氣魄，在那一群抱著樂府新詩奔走公主中貴之門的詩人之中，真是黃庭堅所謂「太白豪放，人中鳳凰麒麟」了。（二八五頁）。

是未免將李白理想化矣。其實李白未嘗不「彈鋏作歌奏苦聲，曳裾王門不稱情。」雖「不稱情」，亦既為之矣。「王門」之與公主中貴之門果何異耶。其〈上貴官安州李長史書〉：「敢以近所為〈春遊救苦寺〉詩一首十韻、〈石岩寺〉詩一首八韻、〈上楊都尉〉詩一首三十韻……幸乞詳覽。」（本集卷二十六）其〈上韓荊州自薦〉，亦言「至於製作，積成卷軸，則欲塵穢視聽……若賜觀芻蕘……退歸閑軒，繕寫呈上。」其以詩詞為「求功名之門路」明矣。然猶未著其〈上安州裴長史書〉之自卑也。白於裴氏「承顏接辭，八九度矣。常欲一雪心跡，崎嶇未便。何圖謗詈忽生，眾口攢毀，將欲投杼下客。」因上此書，歷言己學如何博、才如何高、品格如何優、聲名如何大。末言「願君侯惠以大遇，洞開心顏，終乎前恩，再辱英眄。……若赫然作威，加以大怒，不許門下，逐之長途，白即膝行於前，再拜而去。」吾人亦認為此種詞語帶有幾分Conventinality，然豈亦豪放之「人中鳳凰麒麟」所肯出耶？

然則遂以李白為無恥猥人耶？曰又不然。蓋以詩文為進階、趨權貴以求用，乃當時普遍之風習，李白亦無例外[17]。亦猶其醉後「天子呼來不上船」命「高力士脫靴」，為盛唐「解放之時代」（參看胡書二六四至二六五頁）所不為駭怪。等是不能用以判

17 按胡適原書固謂「這個時代的君主提倡文學，文學遂成了利祿的捷徑」，「詩人奔走於中貴人貴公主之門，用樂府新詩作進身的禮物，並不以為可恥之事。」唯胡適有暗示李白為「例外」之意。

斷其人格之全體。李白之所以比較高上者，在其「曳裾王門」而「不稱情」耳。此種內心之衝突，乃天才者（包括道德的天才）之所以異乎流俗人，而亦其痛苦之源也（注：吾非謂有此種衝突則其行為之高下可不論）。

且李白內心之衝突，實不止高傲之與卑抑。出世之與入世亦其一端也。胡君謂：

李白究竟是一個山林隱士。他是個出世之士，賀知章所謂「天上謫仙人」。（二九二頁）

並引「我本楚狂人」一詩為證，並謂「這才是真正的李白」。誠然，彼有時實持此種態度，然有時卻與此相反。當彼謂「苟無濟代（世）心，獨善亦何益？」或謂「余亦草間人，頗懷拯物情」時，其中心之誠懇，正如其謂「我本楚狂人……」時。胡君以其為應酬贈答詩中之套語，蓋未為知李白也。試觀李白假其友人之口自述曰：

近者逸人李白自峨眉而來，爾其天為容，道為貌，不屈己，不干人，巢、由以來，一人而已。乃虯蟠龜息，遁乎此山。仆嘗弄之以綠綺，臥之以碧雲，嗽之以瓊液，餌之以金砂。既而童顏益春，真氣愈茂。將欲倚劍天外，持弓扶桑。

> 浮四海，橫八荒。出宇宙之寥廓，登雲天之渺茫。俄而李公仰天長吁，謂其友人曰：吾未可去也。吾與爾，達則兼濟天下，窮則獨善一身。安能餐君紫霞，蔭君青松，乘君鸞鶴，駕君虯龍，一朝飛騰，為方丈、蓬萊之人耳，此方未可也。乃相與捲其丹書，匣其瑤瑟，申管、晏之談，謀帝王之術。奮其智能，願為輔弼，使寰區大定，海號清一。（〈代壽山答孟少府移文書〉，本集卷二十六）

其與杜甫「致君堯舜上，再使風俗淳」之志，何嘗多讓？不然，彼何為汲汲然獻詩大吏、曳裾王門，何為而附助永王璘，毋亦不奈一點入世之情耳。蓋李白一生實為無窮之衝突，欲遁世而心不甘，欲入世而時不遇，彷徨飄搖，莫適所可。杜甫贈李白詩所謂：「痛飲狂歌空度日，飛揚跋扈為誰雄。」此十四字，寫盡李白之心境矣。沖靜閒逸之隱士生活，李白蓋無福消受也。質之胡君，以為何如？

（《大公報・文學副刊》第四十八期，一九二八年十二月三日）

# 評馮友蘭《中國哲學史》上卷

《哲學史》顧名而知其負有兩種任務：一是哲學的，要用現代的語言把過去各家的學說，系統地，扼要地闡明；一是歷史的，要考查各家學說起源，成立的時代，作者的生平，他的思想的發展，他的學說與別家學說的相互影響，他的學說與學術以外的環境的相互影響……等等。這兩種工作，有同等重要。這部書的特長是在對於諸子及大部分之經傳，確曾各下過一番搜繹貫穿的苦功；而不為成見所囿。他的重述比以前同類的著作精密得多，大體上是不易搖撼的。惟關於歷史方面，則未能同樣令人滿意。所以我的評論，也大抵從此方面著筆。

除了我下面提出討論的細節外，覺得此書有兩個普通的缺點：第一，是直用原料的地方太多，其中有好些應當移到附注或附錄裡去，（例如書中講尹文，宋鈃，講彭蒙，田駢，慎到，皆首先把所有的材料儘量羅列起來，然後解說，這似乎是不很好的體例。）有好些若非用自己的話來替代或夾輔，則普通讀者不容易得到要領的。（例如第七章講五行之直用《洪範》；第八章講老莊別異之直用《莊子．天下篇》中極飄忽之語而僅加以「此《老》學也」「此《莊》學也」便了；又如第十二章講荀子心理學所引〈解蔽篇〉文，其下半自「虛壹而靜」以下至今無人能解得透，而馮先生把它鈔上便算了事。這類的例還不止此，恕不盡舉了。）直用原料而沒有消化的例，有一最壞的如下：第三章第二節開首說「宇宙間事物既皆有神統治之，故人亦立術數之法，以探鬼神之意，察禍福之機。」以下便直用《漢書・藝文志》文來說明六種術數。依馮先生的話似乎此六種術數，都與鬼神之觀念有關，都是用來「探鬼神之意」的。而所引《漢志》文有云「形法（六種術數之一）者，大舉九州之勢，以立城郭室舍。形人及六畜骨法之度數，器物之形容，以求其聲氣貴賤吉凶。猶律有長短，而各徵其聲，非有鬼神，數自然也。」這豈不是與馮先生的話相矛盾嗎？其實古代許多迷信，與人格化的鬼神觀念無關。它們的根本假設，也與現代科學一樣，為自然之有規則性；不過它們根據不完全的歸納，以偶然的遇合，為經常的因果關係罷了。第二，書中既沒有分時期的提綱挈領，而最可異者書中涉及諸人除孔子外，沒有一個著明其生卒年代或約略年代（無論用西曆，或中國紀年）。故此書的年曆輪廓是很模糊的。試拿此書與胡適的《中國哲學史大綱》和梁啟超的《先秦政治思想史》或任一種西洋哲學史一比，便知道作者的「歷史意識」之弱了。

以下便說到我要提出討論的細節：

（一）馮先生以為晚周哲學特別發達的主因是社會組織的根本變遷，這是我們可以承認的；他推測周代的封建制度：在上者是世襲統治者而兼地主的貴族，在下的庶人只是附田的農奴，這也是我們可以承認的。但關於農奴制一點，他沒有舉出充分的證據。我們應當分別地主與農奴的關係。佃者對於地主，對於所賃耕的田有選擇遷改的自由，農奴卻沒有，他是生在哪裡，便被禁錮在哪裡，老死在哪裡。因為這緣故，地主對於佃者的威權是有條件的，而地主對農奴的威權是絕對的。貴族可以同時為統治者而兼地主，而在他底下的「庶民」不一定就是農奴。馮先生所確的證據只能證明貴族是地主，而不能證明庶民是農奴。農奴制在中國的存在，古籍上有證據嗎？我以為有，就在《左傳》昭公二十六年。晏嬰與齊景公言陳氏將為後患，齊景公問他有什麼法子可以防範。他答道：「惟禮可以已之。在禮家施不及國，民不遷，農不移，工賈不變，士不濫，官不滔，大夫不收公利。」後面他又說：「（禮），先王所稟於天地以為其民也。」由此可見，在春秋時士大夫的記憶中的傳統的制度，是農民沒有移徙的自由的。上引的話固然不必在昭公二十六年出於晏子之口，然周初之曾有此制，則當可信。孟子所主張開井田制度中的人民「死徙，無出鄉，鄉田同井」，老子所懸想的「鄰國相望雞犬之聲相聞，而民老死不相往來」，都是古代農奴制度的反映。以上是一點小小的補充，並不是什麼糾正。但這一點與下節所討論卻很有關係。

（二）春秋時的舊制度，馮先生所承認的，即如上述。那麼，在當時守舊的人，真正「從周」的人必須是上述制度的擁護者，這是馮先生的主張的不可免的結論。馮先生說：「在一舊制度日即崩壞的過程中，自然有傾向於守舊之人，目睹世風不古，人心日下遂而為舊制度之擁護者；孔子即此等人也。」（第二章第二節）這是他關於孔子的中心見解。於此，我們不禁要問：孔子是擁護貴族世官制度和農奴制度的嗎？如其是的，則馮先生的見解不差。如若不然，則我們不能不說馮先生的見解是錯誤的了。我們討論這個問題要注意的有兩點：第一，我們不能因為一人的社會理想與傳統制度有多少相同的地方便斷定他是傳統制度的擁護者，因為從沒有一個人能夠憑空製造出一種與傳統制度完全相異的理想。是否守舊者的標準，只在乎他所擁護的是否舊制度的主要部分。春秋時傳統制度的主要部分，自然如馮先生所指出的，是貴族政治和農奴經濟了。第二，我們不能因為一個人自稱是遵守某某，繼承某某，便斷定他真正如此。這不必因為他會有意或無意的「托古改制」，因為一個人對於自己歷史地位的判斷，不必正確；他所遵守繼承的也許是比較的小節而他所要變革的也許是大體。因此我們對於「吾從周」「吾其為東周」一類孔子的話，是不能用它們的「票面價值」的。馮先生說得好，「中國人立言多喜托之古人……論者不察，見孔子講堯舜；董仲舒，朱熹，王陽明講孔子，……遂覺古人有一切，今人一切無有。但實際上，董仲舒只是董仲舒，王陽明只是王陽明……。」（第一章第八節）但我很奇怪，為什麼馮先生不在「論者不察」之下改作「孔子講周公」，並在「但實際上」之下加上「孔子只是孔子！」以上都是枝節的話，我們現在的問題是：孔子是擁護傳統制度的主要部分——貴族世襲的政治制度，和農奴的經濟制度的嗎？

孔子的政治主張有兩點，在現在看來是平平無奇，而在當時傳統的政治經濟背景下卻有重大的意義的。這兩點是：「來遠」和「尊賢」。這兩點《論語》內屢屢講及，《中庸》裡更定為「口號」。我們且撇開《中庸》不談，單引《論語》為證。

（甲）關於「來遠」者，《論語》裡有下列的話：

葉公問政，子曰：「近者悅，遠者來。」

「上好禮則民莫敢不敬，上好義則民莫敢不服，上好信則民莫敢不用情。——夫如是，則四方之民襁負其子而至矣。……」

「遠人不服，則修文德以來之。」

來遠的主張的大前提，對便對農奴制度的否認。因為在「民不遷農不移」的古禮之下，庶民一生被錮在特定的田舍裡，一國或一方的統治者無論怎樣「修文德」誰能「襁負其子而至」呢？以我的推想，《春秋》時農奴制度已大大崩壞，耕者私有土地的事實這時已經存在否，我一時找不到很明確的證據。（《詩經》上有「人有土田，汝反有之」之語，但我們不知是否指農民私有的土田。）但大多數有食邑的貴族其與農民的關係，乃地主與佃戶的關係而非地主與農奴的關係，這是我們可斷言的，視晏嬰之感覺有復古的需要而可證。孔子是承認這種新情形為合理而不主張復古的：他並想利用這種情勢來鼓勵統治者去修明政治。蓋春秋時黃河流域可耕的土地還沒有盡闢，幾乎任何地方的統治者都感覺有增加人口的需要，因為增加人口即是增加租稅。「鄰國之民不減少，寡人之民不加多，」一直至戰國時依然是統治者的通患。儒家對當時的統治者說：「你們這種需求是合理的；不過想達你們的目的，非行仁政不可。」孔子是這樣說，孟子也是這樣說。

（乙）關於「尊賢」，《論語》上有下列一段重要的話：

> 樊遲問知，子曰：「知人。」樊遲未達，子曰：「舉直錯諸枉，能使枉者直。」樊遲退，見子夏曰：「鄉也吾見於夫子而問知，子曰舉直錯諸枉能使枉者直，何謂也？」子夏曰：「富哉！言乎！舜有天下選於眾舉 陶，不仁者遠矣；湯有天下選於眾舉伊尹，不仁者遠矣。」

此外還有「舉善而教不能則勸」、「舉賢才」一類的話不少。這些話現在看來，簡直是不值稱說的老生常談。但拿來放在貴族世官的政治背景裡，便知其「革命性」了。若承認貴族世官的制度，則何人當任何職位，早已如命運一般的註定，還用得著「選」、「舉」嗎？「尊賢」主張的極端的結論，也許孔子還沒有看到（後來孟子卻明明看到了），但這個和貴族世官制的精神根本不相容的原則，是他所極力倡導的。從上面所說看來，馮先生以孔子為周朝傳統制度擁護者的見解，似乎是一偏的。

（三）馮先生謂「自孔子以前，尚無私人著述之事」，（第二章第一節）此說似不能成立。固然，《漢書・藝文志》所著錄，名為孔子前人所著的書，無論存佚，吾人都不能信其非出依託。但《左傳》記春秋時士大夫屢引及所謂「史佚之志」（僖十五年，文十五年，宣十二年，成十一年，襄十四年），此似可為孔子以前有私人著書之證。此所謂志，不一定是史書。《左傳》中屢引「軍志」，從所引考之，乃兵法書也。又觀《左傳》所引史佚之文皆為「格言」性質，與《論語》內容極相類。《論語》蓋非語錄體之創始。我知道靈敏的讀者一定會質問我：先生何從知道《左傳》所引是出諸春秋時士大夫之口，即爾，又何從知道所謂「史佚之志」果出史佚之手呢？這裡便涉及史法上一個重要問題。老實說吧，我們研究先秦史所根據的資料，十分之九是間接的孤證，若以直接見證之不謀的符合為衡，則先秦史根本不能下筆。就哲學史言，例如孔子一章便成問題，因為《論語》一書至早是孔子的再傳弟子所編，而且到了漢代才有定本，其中有偽託和誤羼的部分，崔東壁已經證明。我們又何從知道偽託和誤羼的僅是崔氏所指出的部分呢？即其中原始的部分，我們又何以證實其為孔子的話呢？凡治先秦史的人大都遇著這個困難：於一大堆作者人格、時地很模糊的間接孤證，吾人既不能完全不信，又不能完全相信，到底拿什麼做去取的標準呢？我以為只有用以下的標准：

（甲）訴諸歷史的綿續性。我們遇到一宗在問題中的敘述，可把它放在已知那時代的背景下，看其襯配得起否？把它與前後相類的事比較，看其「接榫」否？如其配得起，接得上，則可取。（乙）訴諸作偽的動機。在尋常情形之下，一個人不會無緣無故而說謊的。我們對於一宗在問題中的敘述，宜審察在這敘述背後有沒有可能的作偽動機——（例如理想化古代以表現個人學說之類？）若沒有則比較可取。試拿這兩個標準去繩《左傳》所記春秋時人引「史佚之志」。作偽的動機，這裡似乎沒有。這一點並沒有積極的證據力量，最重要的還是以下的問題：孔子以前史佚私人著書事，在歷史上的或然性如何？我們從《左傳》《國語》及諸子書裡可考見史官在春秋時的「知識階級」的主要分子，是君主所尊崇的顧問。這種情形決不是春秋時乃突然開始有的，我們從《尚書》及周金文（例如散氏盤銘）裡都可以證明他們是掌司典策的階級。因為這緣故，自然他們有特殊的聞見為君主所要諮詢的了。這些對國家大事常常發言的人，其有意見及教訓遺留於後，或有人記錄其意見及教訓，那是很自然的事。反之，若當這「郁郁乎文」的時代，操智識的秘鑰的階級，在四五百年之內（由周初至孔子），卻沒有一人「立言」傳世，那才是很可怪異的事哩！以我的推測，孔子以前，私人的著書恐不止「史佚之志」一種。《論語・季氏篇》引及周任的話，《左傳》裡也有引他的話。似乎他也有著作，如「史佚之志」之類。

（四）老子的年代問題，自從梁啟超在〈評胡適之中國哲學史大綱〉一文中提出以後，在國內曾引起了不少的辯論，現在應當是結算的時候了。馮先生是主張老子書（以下稱《道德經》）應在孟子書之後的。但依馮先生說，著《道德經》的李耳到底與孟子同時呢，抑或在孟子後呢？如在孟子後到底後若干時呢？這些問題馮先生都沒有注意到。他在孟子一章內引《史記》云：「孟軻……游事齊宣王，宣王不能用，適梁，梁惠王不果所言。」後來他在莊子一章內又引《史記》云：「莊子……與梁惠王齊宣王同時。」是他承認莊子與孟子同時了。但著《道德經》的李耳到底在莊周之前抑在莊周之後，抑與莊周同時呢？馮先生也沒有明白告訴我們。他書中把老子放在莊子之前，在莊子一章中又沒有否認莊學受老學的影響。那麼他似乎承認李耳在莊周之前。而莊周與孟子同時，則李耳當亦在孟子之前，這豈不與上引《道德經》應在孟子書後之說相矛盾嗎？

依我看來，孟子書當是孟子晚年所作的（如若是孟子所作的話），《道德經》如出孟子書後，而又隔了一個著作體裁變遷所需的時間，則其作者必不能與孟子同時。換言之，即不能與莊子同時。而莊子書所稱述老聃的學說及精神卻與《道德經》相合，其所稱引老聃之言幾乎盡見於《道德經》。這事實又如何解釋呢？依馮先生的立足點，只能有兩種說法：（一）在莊子，孟子之前，已有一派「以本為精以末為粗，以有積為不足，澹然獨與神明居……以濡弱謙下為表，以空虛不毀萬物為實」的學說，其創始者據說為老聃；其後李耳承其學而著《道德經》。（二）李耳是作者而非述者。莊子書或至少其中稱及老聃學說諸篇皆不出與孟子同時的莊周手，而為李耳以後人所依託。但我們從學說演變的程次觀之，莊學似當產生於老學之後。如果老學出孟子後，則《史記》所載與孟子同時的莊周，即非烏有先生，亦必非莊學的創始人。這兩種說法，不知馮先生到底取哪一種？如若取第（一）種的話，則有以下之問題：李耳以前，「老學」的創始者到底屬何時代，傳說中的老聃是否即是其人？《道德經》中，李耳述的與作的部分如何分別？

我對於老學的歷史觀卻與馮先生不同，我以為：

（一）現存的《道德經》其寫定的時代，不惟在孟子之後，要在淮南子之後。此說並不自我發，二十多年前英人翟理斯（H. A. Giles）已主之。他考證的方法是把淮南子以前引老子的話搜集起來，與現存的《道德經》比對。發現有本來貫串之言，而《道德經》把他們割裂者；有本來不相屬之文，而《道德經》把它們混合者；有《道德經》採他人引用之言而誤將引者之釋語羼入者。他舉出《道德經》由湊集而成的證據很多，具見於其所著Adversaris Sinica（1914 Shanghai）第一冊中，我這裡恕不重述了。

（二）因此我們決不能據這部書的體裁，來推考其中所表現的學說的產生時代。

（三）我們沒有理由可以推翻《史記》所說莊周與莊學的關係，和所記莊周的時代；我們也沒有理由可以把老學放在莊學之後；故此我們應當承認老學的產生乃在莊子之前，亦即孟子之前。

（四）老學的創始者和其正確時代已不可知。但漢以前人稱引此學者多歸於老子或老聃。其言及老子或老聃之時代者，皆以為他是孔子的同時人。《禮記・曾子問》所記的老聃，孔子適周從之問禮者，或確有其人，或即《論語》裡的「老彭」亦未可知（馬敘倫說）。但這人是拘謹守禮，「信而好古」的，不像是《道德經》所表現的學說的倡始者。但大約他是富有「濡弱謙下」的精神，提倡像《論語》所舉「以德報怨」一類的教訓，這一點卻與後來老學有一些近似，故此老學遂依託於他。對於老學的真正創始人，我們除了知道他的時代在莊子之前，他的書在莊子時已傳於世外，其餘一無所知。他大約是托老聃之名著書而把自己的真姓名隱了的。所以秦以前人引他的話時，但稱老子或老聃，而沒有用別的姓名。他的書經秦火以後，蓋已亡逸或殘闕。現存的《老子》，乃漢人湊集前人所引並加上不相干的材料補綴而成。

以老學的創始者為李耳，始見於《史記》，那是老學顯後二百多年的孤證；秦以前人所不知者。至史遷始知之；那已足令人疑惑了。史遷與「李耳」的八代孫相去不遠，所以《史記》載李耳後一長列的世系，若非出妄造或根據誤傳，當是直接或間接得諸其家。如若彼家知道李耳與老聃非一人，則《史記》不當有此誤；如若彼家不知李耳與老聃非一人，則其「家譜」根本不可靠。以吾觀之，「老學」的創始者其真姓名殆已早佚，戰國人疏於考核，即以所依託之老聃當之。當初有一家姓李的人，把老聃攀作祖宗，加上姓名，著於家譜，史遷信以為真，採入《史記》。那就無怪乎梁啟超把《史記》所載老子後裔世系和孔子後裔的世系一對比，便發現大大的衝突了。那姓李的人家何以要攀老聃作祖宗呢？我們看《史記》的話便明白。《史記》載「李耳」的七代孫「假，仕於漢孝文帝，而假之子解為膠西王卬太傅」。那個時代，黃老之學得漢文帝和竇太后的推崇於上，盛極一世。無怪乎有人要攀老聃作祖宗了。說不定他們因為攀了老聃作祖宗而得做大官也未可知。以上關於老子時代的話，自然大部分是假說。但我相信這假說比較可以滿意地解釋一切關於「老子」的記載。

（五）舊日講老莊者多著眼於其所同而忽略其所異。馮先生側重其相異之處，是也。然於老莊之重要相同處卻不免忽略。蓋矯枉每流於過正也。上面已指出《老子》是一部雜湊成的書。以我觀之，其中實包含有兩系思想。其⑴系根據「物極必反」的原則，而建設出「去甚，去奢，去泰」的人生哲學。本書老子章中所詳述者是也。就此系而論，其與莊子相同之處極少。然⑵老子書所包含的人生哲學另外尚有一系，大前提是人道與天道是合一的。人的行為若能仿效天道則所得結果為幸福，為好。〔故曰：「人法地，地法天，天法道。」又曰：「侯王若能守之，（道），萬物將自化。」」其結論是：我們應當復歸於嬰兒。老子所謂「天道」的特質是什麼？總言之是「自然」（道法自然）；用現在的話譯出來，便是，任一切事物循其自己的途徑，不加干涉（Let things take their own course without interference）。分析言之，老子所謂天道，至少包括下列三項：

(1)無欲。（「大道氾兮其可左右。……常無欲，可名於小。」）——並無什麼欲求，待於滿足。

(2)無為。（「道常無為而無不為」等等）——不預存一計劃去營謀造作，不立一標準去整齊劃一。

(3)無私。（「大道氾兮其可左右，萬物恃之而生不辭，功成不名有，衣養萬物而不為主。」「道生之，德畜之，物形之，勢成之……生而不有，為而不恃，長而不宰。」「天地所以能長且久者，以其不自生，故能長生；是以聖人後其身而身先，外其身而身存。」）沒有人己物我的計較。

以上三者，同時就是行為的準則，人生的理想。因為法天道的無欲，所以聖人「常使民無知無欲」，「鎮之以無名之樸；無名之樸，夫亦將無欲。」因為法天道的無為，所以聖人「處無為之事，行不言之教」，「致虛極，守靜篤。」因為法天道的無私，所以聖人「生而不有，為而不恃，長而不宰」，所以聖人「後其身……外其身」，「貴以身為天下若可寄天下，愛以身為天下若可托天下。」總之，人道與天道合一的結果，便是無物我的界線，絕智識與欲望，任環境之變化，而不加絲毫干涉。

便是「泊兮其未兆，如嬰兒之未孩」，「沌沌兮，俗人昭昭，我獨昏昏；俗人察察，我獨悶悶；澹兮其若海，飂兮若無止；眾人皆有以，而我獨頑似鄙」的境界。就這一點而論，老子與莊子是極相近的。這種境界蓋即是莊子的「心齋」，所謂「坐忘」，所謂「玄德」之所從出。（玄德一辭亦見《道德經》第十章）。

馮先生沒有看出《道德經》中兩系不同的思想，故混之為一，也有不能貫通的地方。例如他說《道德經》三章及三十七章皆言無欲，然無欲實即寡欲。」（第八章第八節）夫無欲明明不是寡欲，強而一之，豈非「指鹿為馬」嗎？

（六）書中對於學說之解釋，成問題最多的要算《莊子・天下篇》惠施十事及辯者學說二十一事的解釋。我以為解釋這些文句時，有一條原則應當遵守：凡一種解釋，若將原文主要字眼改換而仍能適用者，則此等解釋應當捨棄，若不能依此標準解釋毋寧闕疑。講到這些學說時但取可解者述之，其不可解者附入小注可耳。馮先生之解釋違反上述原則者有下列各條。

(1)「連環可解也。」馮先生解云：「『其分也成也；其成也，毀也。』……連環方成方毀；現為連環，忽焉已非連環矣。故曰連環可解也。」照這樣說來則萬物皆可為其反面，何必連環？愚意此條毋寧闕疑。（第九章第三節）

(2)同章十一節所舉辯者學說「合同異」組「卵有毛」等六條，馮先生統釋之曰：「此皆就物之同以立論。因其所同而同之，則萬物莫不同；故此物可謂為彼，彼物可謂為此也。」若理由是這樣簡單，則「萬物畢同」何必特舉這六種呢？

(3)同節「飛鳥之影，未嘗動也」及「鏃矢之疾，而有不行不止之時，」馮先生採用司馬彪的合解「形分止，勢分行。形分明者行遲，勢分明者行疾」云云。老實說，我覺得這些話比原文還難解。我只好怪自己愚笨，但我很希望馮先生能把它們譯成現代的話，使愚笨的人受益受益。後面馮先生說：「亦可謂動而有行有止者，事實上之個體的飛矢及飛鳥之影耳。若飛矢及飛鳥之影之共相，則不動而無止，與一切共相同。」這些話我卻明白。但如果馮先生解得對，則這兩條中有一條是無謂的重複，因為這種重複可演至無窮的。而且照馮先生的解法，「飛鳥未嘗動」便可，影字竟成了贅疣，既說共相「不動無行止」，又說有「飛矢及飛鳥之影之共相」，一句之內便自相矛盾。試問不動不行的共相怎樣飛法呢？我覺得飛鳥一條，原文本來是很容易解的，飛鳥每剎那易一位置即每剎那投一新影。我們看來好像有同一的影自甲地移至乙地，實則無數的影繼續生滅於甲乙之間而已。《墨經》中有「景不徙，說在改為」一條，意即如此。解釋「鏃矢」一條，我們應當著眼在「不行不止」四字。原文說「有不行之時」，可見意思是在疾飛的鏃矢，有一個時候既不是行，又不是止。這怎麼解呢？比如我們說鏃矢當t1時在A處，及t2時則在B處。那麼鏃矢在什麼時候開始移動了呢？說在t1時嗎？不，那時它正止在A。說在t2時嗎？不，那時它已止在B。如果動是事實，它必定在剎那開始動。這個剎那必在t1 t2之間，讓我們說是tx。在這個剎那說矢是動嗎？它卻占一定的位置，說它是靜止嗎？那麼它便沒有開始移動的時候。因此這鏃矢必得有一個時候，既不能說是動，又不能說是止。

此外馮先生的解釋，我認為可以補充的有三事：

(1)惠施第五事「大同而與小同異，此之謂小同異；萬物華同畢異，此之謂大同異。」馮先生解云：「天下之物若謂其同則皆有相同之處，謂萬物華同可也。若謂其異則皆有相異之處，謂萬物畢異可也。」（第九章第三節）我以為此只解得原文下半。更正確地詳細地應當說：「所謂同異有兩種意義：從一觀點言，若甲與丙大同，乙與丙小同，則甲與乙相異。這種同異，謂之小同異。從另一觀點言，則萬物皆相同（如同是東西，同時占時空），皆相異（如不能占同一位置）。這種同異，謂之大同異。」

(2)施惠第九事「我知天下之中央，燕之北，越之南是也。」馮先生釋云：「……執中國為世界之中，以燕之南，越之北為中國之中央，復以中國之中央為天下之中央，此真〈秋水篇〉所謂井蛙之見也。」按惠施此則，似不在否認燕之北及越之南皆可為天下之中央，而在證明二處皆為天下之中央，以成其Paradoxo因為當時人的想像中，相距最遠的莫如燕之北與越之南，——簡直是世界的兩端，斷不能同時為天下的中央的了。但就惠施看來，宇宙是無窮大的。在無窮的空間裡，任便一處其上下四方皆是無窮，故任何處皆可為宇宙之中央也。

(3)惠施第六事「南方無窮而有窮」。關於這一條馮先生的解釋，並沒有什麼可批評的地方。但我要在此提出一個有趣的問題：惠施何不舉東方，西方，或北方，而偏舉南方呢？而且不獨惠施為然，似乎先秦人說及世界無窮時大抵僅舉南方為言。例如《墨經》下：「無窮不害兼，說在盈否。」《說》曰：「無，南者有窮則可盡，無窮則不可盡，有窮無窮未可知，則可盡不可盡未可知。」……此所引經說是重述對於兼愛說之詰駁，意思是說：若南方有窮則人可盡愛，若南方無窮則人不可盡愛。南方之有窮或無窮不可知，則人之可盡愛與否不可知。若事實上人不可盡愛，則兼愛（盡愛一切人）之主張不能成立。照理此處應作「天下有窮」云云，何以也如惠施一樣，但舉南方呢？我們更仔細一想，便將古代一個久已淹沒的世界觀鈎掘起來。原來在惠施及《墨經》的時代，中國學者公認這世界在東西北三方是有窮的。惟對於南方之有窮與否，則尚懷疑，有些人卻相信南方是無窮的。為什麼不懷疑東，西，北，三方是無窮，而只懷疑南方是無窮呢？這很容易明白，在當時所知的世界，東面有海為限，西，北兩面有大山為限，人們的想像，從沒有超越過這界限，以為這界限就是世界的盡頭了。惟在南方既沒有碰到洋海或大山脈，但見無涯的林莽藪澤，為蠻夷所盤據不能深入以探其究竟，故於南方之有窮與否只能存疑。

以上把作者讀馮先生的書時，偶然想到的拉雜寫出，算不得系統的批評。而且行篋乏書，無從稽勘，有好些地方只得從略。此外馮先生書有許多好處，未及詳細指出，也是作者所覺得抱歉的。

（《大公報・文學副刊》第一七六期、第一七七期，一九三一年五月二十五日、六月一日）

# 評馮友蘭《中國哲學史》下卷

馮先生的《中國哲學史》上冊初出版的時候，我曾對它發表過一些意見。（見二十年五月廿五日及六月一日的《大公報文學副刊》）最近此書全部出世，學報編者以書評見屬，不免對下冊補說幾句話，雖然可說的話並不多。下冊出版之前我曾有預讀的榮幸，當時讀後的感想，曾和馮先生說過的，現在不想再說，因此可說的更少。

馮先生的書分為兩篇並不是偶然的，這根據於他對於中國哲學史的一種看法。他以為中國哲學史天然地可分為兩個時代：子學時代和經學時代；換句話說，即大體上不以傳統的權威為依傍的時代，和根本上依傳統的權威為依傍的時代。他以為子學時代相當於西洋哲學中的上古期，經學時代相當於其中的中古期。「中國實只有上古與中古哲學，而尚無近古哲學也。」但這「非謂中國近古時代無哲學也」；只是說，在近古時代中國哲學上沒有重大變化，沒有新的東西出現，其「精神面目」無可與西洋近古哲學比論的。「直至最近中國無論在何方面皆尚在中古時代，中國在許多方面不如西洋，蓋即中國歷史缺一近古時代。哲學方面，特其一端而已。遠所謂東西文化之不同，在許多點上，實即中古文化與近古文化之差異。」這些見解雖平易而實深澈，雖若人人皆知而實創說。

在搜集材料的方法上，馮先生從表面依傍成說的注疏中，榨出注疏者的新見，這種精細的工作，是以前講中國哲學史的人沒有作過的。這種工作最顯著的成績乃在第六章講向秀與郭象的一長段。最有趣的，他從注文的勘核竟發現了一個覆沉千古的冤獄，郭象盜竊向秀《莊子注》的冤獄，而得到平反的證據。此外在這下冊裡，我國所謂象數之學和希臘畢達哥拉斯學派的類似第一次被指出，董仲舒的學說第一次得到新觀點的詳細分析，揚雄、韓愈、李翱在我國思想史上的地位第一次得到正確的新估定，宋學中的理氣說及其演變第一次得到正確的瞭解，朱陸的異同，第一次得到較深澈的認識，這些都是讀者所不容忽略的。佛學在本書中占了三章又一半（第七、八、九及十章之半），可惜我對中外的佛學及其歷史完全是門外漢，除了下面一小點外，竟不能贊一辭。本書頁八一二說：「及乎北宋，釋氏之徒亦講《中庸》，如智圓自號為中庸子，作《中庸子傳》，契嵩作《中庸解》。蓋此類之書已為儒佛二家所共同講誦者矣。」釋氏之徒講《中庸》，似乎不自智圓始，也不自北宋始。那捨身同泰寺，並且屢次升法座為「四部眾」說經的梁武帝就著過一部《中庸講疏》（見〈梁武帝本紀〉及《隋書・經籍志》）。更可注意的前乎梁武帝，晉、宋間曾「述莊周大旨作《逍遙論》的有名玄學家戴顒，亦注《禮記・中庸篇》」（《宋書》本傳），似乎《中庸》可以說是中國民族的思想，釋道之徒均莫能自外的。這一小節的補充無關宏旨，我願意拉雜提出和馮先生討論的乃在以下各點：

(1)馮先生講《太極圖說》（以下省稱《圖說》）的時候，拿《通書》的話去互釋，這個步驟的合當，很成問題。「《太極圖說》與《通書》不類，疑非周子所為，不然則或是其學未成時作；不然則或是傳他人之文，後人不辨也。」去濂溪不久的陸象山已有此說（〈與朱元晦書〉），這應當使得想替《圖說》和《通書》作合解的人預存戒心。假如我們能將二者互釋得通，象山的話，固可以不管。但馮先生的互釋，果無困難嗎？我覺得在《圖說》中濂溪並沒有，而且也不能把太極看做是「理」。馮先生在《太極圖說》與《通書》一節中引《通書》「二氣五行，化生萬物，五殊二實，二本則一，是萬為一，一實萬分」的話，以為「《通書》此節題理性命章，則所謂一者，即理也，亦即太極也。太極為理，陰陽五行為氣。」（頁八二五）這裡所謂太極，至少應當包括《圖說》裡的太極。但《圖說》裡所謂太極若是理，則「太極動而生陽，動極而靜，靜而生陰，靜極復動」等話又怎講呢？形而上的，超時空的，永久不變的理自身怎會動起來，又怎會生起東西來，生起形而下的「氣」來？這個生究竟怎樣生法？馮先生也知道這些問題是不能答的，所以後來他在九〇七頁的小注裡說：「周濂溪謂：『太極動而生陽，動極而靜，靜而生陰』，此言在朱子系統中為不通之論。……濂溪之太極，依朱子之系統言，蓋亦形而下者。」（我疑惑這小注是 After-thought。當馮先生寫此時，已忘卻「《太極圖說》與《通書》」一節裡的話了。）但如馮先生的解釋，把《圖說》中的太極認為是「理」，那幾句話在《圖說》中就非「不通之論」了麼？濂溪之太極，依其《圖說》中之系統言，難道就不是形而下的而是形而上的嗎？我看不然。最奇的，朱子把《圖說》中的太極解釋作總天地萬物之理，卻不悟照這樣解法，上引周濂溪的話，是不可通的。朱子在《語類》中也說：「太極之有動靜是天命之流行也」；又說：「靜即太極之體也，動即太極之用也。」馮先生以為《圖說》中的太極與《通書》中的「一」或「理」相通，恐怕是不自覺地受了朱子的話的暗示。

更使我們糊塗的，馮先生釋《圖說》中言動靜一段時，又引《通書》「動而無靜，靜而無動，物也；動而無動，靜而無靜，神也」的話，跟著馮先生說明道：「凡特殊的事物於動時則只有動而無靜，於靜時則只有靜而無動。……若太極則動而無動，即於動中有靜也；靜而無靜，即於靜中有動也。」下面一段，即說明「太極為理」與特殊事物相對的理能夠動，而且是動同時又非動，是靜同時又非靜。這在下愚觀之，簡直匪夷所思。除留待請教張天師外，再無別法。而且上引《通書》文中與「物」（馮先生解作特殊事物）相對的是「神」。我們須知這個「神」的歷史背景是《易傳》裡「陰陽不測之謂神」的神。（觀《通書》下文「神妙萬物」的話可證，此語本《易傳》「神也者妙萬物而為言也」。）這樣的神，是無論如何不能被認為與「太極為理」的太極相同或相等的。這個神，添上周濂溪所附加「動而無動，靜而無靜」的屬性，簡直是不受邏輯統御的魔鬼。我們相信邏輯（誰能不？）的人，除了指出它是胡說的結果以外，更不能替它作什麼解說。

(2)關於朱陸的異同，馮先生的認識，自然比過去任何講宋學的人為深刻，但似乎還有未盡之處。我的問題如下：在修養方法上，朱子注重「道問學」，象山卻不注重此，而側重內心的自知，這是一般人所知道朱陸表面的差別。馮先生指出來朱陸哲學上的重要差異在：朱子言性即理，象山言心即理。但從這個差異如何推演出他們修養方法上的差異。這一點似乎在馮先生看來沒有什麼問題，其實頗有問題。象山以為心即理，這句話的含義之一，是「心皆具有是理」，這個理至少包括「行理」，人之所應然的理。晦庵以為性即理，但這個性就是心中之理（依馮先生說），雖得於天卻具於心的，這個理也包括「人之所應然」的理。那麼朱陸同以為「人之所應然的道理」是具於各人心中。那麼，他們應當同以為：欲知道怎樣做一個理想的人，欲明「心之全體大用」，反求諸其心就夠了。何以朱子於此更注重「道問學」呢？更注重對外物「用力之久」呢？而且朱子還有理由比象山更不重「道問學」。朱子以為一切理之全體具於各人之心中「人人有一太極」（象山似不如此主張，他以為「道……在天曰陰陽，在地曰剛柔，在人曰仁義。故仁義者，人之本心也。」似乎他以為人心中之理只包括仁義），那麼，即使窮理為正心修身的必要條件，欲窮理，反求諸其心也就夠了，何必對外物「用力之久」呢？若說心中之理原為氣稟所蔽，欲去此「蔽」，有待於「格物」（指朱子之所謂格物）；（馮先生似如此說，看頁九一七至九二〇）到底「格物」與去蔽有沒有必然的關係？欲明心中本有之理，是否非窮究外物之理不可？我們知道，象山也承認，人心之理（或人之本心）通常是被蔽的：「愚不肖者不及焉，則蔽於物欲而失其本心；賢者智者過之，則蔽於競見而失其本心。」但他卻甚且不承認「格物」是去欲的有效方法。我們不能說象山的主張是自相矛盾，也就不能說「格物」是「復性」的必要手段，也就不能說注重「道問學」的修養方法，是朱子哲學上主張的必要結論，也就不能說朱陸在修養方法上之差異，是基於他們哲學上之差異。這是我要請益於馮先生的。

(3)理氣說之闡發，自然是宋儒在哲學上的一大貢獻。關於理氣說的起源，我近來在一部大家不甚注意的書裡發現一段頗出人意外，卻來歷至今未明的記載，願意附帶提出來，供給我國治哲學史的人考察。明末李日華（一個博學的畫家）的《紫桃軒雜綴》卷三（頁一一四下一一五上，有正書局影印本）裡說：

> 太極之理，人知本於《易》，而發明於周元公，以為元公之說與伏羲畫卦同功。然考東漢張遐則已先之矣。遐字子遠，餘干人。常（嘗？）侍其師徐稚過陳蕃，時郭泰，吳炳在坐：稚曰，此張遐也，知《易》義。蕃問遐。遐對曰：《易》無定體，強名曰「太極」。太者至大之謂，極者至要之謂。蓋言其理，至大至要，在混沌之中，一動而生陰陽。陰陽者氣也，所謂強生氣，而氣寓夫理者是也。蕃顧炳曰：若何？炳良久曰：遐得之矣。觀遐之言甚精切，不曰動生陽，靜生陰，而曰一動而生

陰陽，更自有理會處。宋人好抹殺前古而伸其所宗。若此類者，不能不為拈出。

這一段的記載若可靠，的確是中國哲學史上很重要的新材料。可惜原不記出處。但我們有理由去相信這似非作者的杜撰。明人編的《尚友錄》（卷八）裡有這樣的一條〈張遐小傳〉（《圖書集成》及《人名大辭典》中的〈張遐傳〉皆本此）也不記出處：「張遐，漢，餘干人，幼聰明，日記萬言，舉孝廉，補功曹，不就。十九從楊震，震語人曰：張遐當為天下後世儒宗。建寧間，召為五經博士，爵以疾還教授。諸葛瞻、陸遜等皆其門人。卒贈族亭侯。所著有《五經通義》，《易傳》，《筮原》，《龜原》，《吳越春秋》等書。」《後漢書》無張遐傳。遍檢上記與張遐有關諸人在《後漢書》及《三國志》中的本傳，也沒有提及張遐的地方。再檢汪文臺所輯的七家《後漢書》和惠棟所輯的《漢事會最人物志》（集兩《漢書》以外，關於兩漢人物的記載），也不見張遐的影子（也許我有疏忽，值得複撿的）。因上面引文所記張遐著作的提示，我查《經義考》內果有張遐《五經通義》一條，引據的是《江西饒州府誌》。文曰：「張遐，字子遠，餘干人，侍徐稚過陳蕃，稚指之曰：此張遐也，通《易》理。所著有《太極說》，《五經通義》。」又檢現有三種《補後漢書・藝文志》，其提到張遐的地方，除轉引《經義考》外，又引有《江西餘干縣誌》。《餘干縣誌》關於張遐的記載除了說他撰有《吳越春秋外記》與《尚友錄》所記不同外，沒有什麼特別的地方。以上探索的結果，是不能令我們滿足的。我們至少要得到宋以前關於張遐尤其是他的理氣和《太極說》的記載。因為我目前沒有許多工夫花在這問題上，只好借這機會把這問題提出來，希望有人代為解決。

（原載《清華學報》第十卷第三期，一九三五年七月）

# 梁漱溟先生的鄉治論

一面知其確有必要，一面又深知其難，則必得想個好方法。我若無好方法，我斷不敢下手去作。

梁漱溟先生是現今國內很少有的一個肯思想、敢思想而且能思想的人。近來他的思想集中於一個問題：中國民族如何自救？結果的一部分，便是我現在所需要論及的一部書：《中國民族自救運動之最後覺悟》。在這部書裡，他對於我國政治上的一個根本問題及其答案，想得透徹，看得清楚，說得有力。因此，凡對於我國政治，不拘有理論的或實行的興趣的人，都應當細讀這部書，而且讀了一定會深省。

這部書的內容可析為兩部分。（甲）一個改革運動的方案，和（乙）一種歷史的解釋，用來作這方案的根據。梁先生把（乙）項放在前頭，（甲）項放在後頭。我現在卻要顛倒其次序來討論。因為，依我看來，這兩者之間並沒有密切的關係。他的改革方案的價值，絕不視乎他的歷史解釋的真確程度而定。幾乎沒有例外的，自來偉大的社會改革理論家總喜歡提出一種歷史解釋來把他的政治方案「合理化」（rationalize），而亦同樣沒有例外的，他們的政治方案雖然適合於一時一地的需要，而他們的歷史解釋卻是錯誤的。「國家的契約起源說」之於民治主義，黑格爾的歷史哲學之於國家主義，唯物史觀之與共產主義，都是很好的例子（關於黑格爾的歷史哲學及唯物史觀，予別有說，參看《國風》第三卷第一號拙作關於歷史哲學之文），所以我們不必把一個改革方案的「歷史理由」看得很重。

梁先生在近三十年來我國的政治運動裡，看出一件很可悲（之）事實。我國本來是一個漫散的村落社會，而過（去）的改革家卻置村落於不顧。他們的工作，大抵是要把種種西洋都市文明的產物，無益而有害於村鄉生活的組織，加諸這村落社會之上，結果他們的組織固然失敗，而這□□多萬的村落，為中國的軀幹的，已被蹂躪到體無完膚：

> 歐洲近代文明，一都市文明也。景仰都市文明，豈所以振拔鄉村痛苦者？自教育、實業、警察、陸軍之興，法律、政治種種之改良，而鄉村痛苦乃十倍於前！……自國民革命興，而軍閥益以強，捐稅徵發益以重。自共產革命興，而土匪日以張，鄉村墟裡日以毀。縱將巍巍的中央政府成立起來，其如早已離開民眾而至背叛民眾何？（頁一八九）
>
> 乍見其（歐洲人）強在武力，則摹取之；乍見其強在學校，則摹取之；乍見其強在政治制度，則摹取之。乃在餘事，凡見為歐洲人之以致富強者罔不摹取之。舉資本主義的經

> 濟組織之產物，以置辦於此村落社會，而欲範之為近代國家；近代國家未之能似，而村落社會之毀其幾矣。凡今日軍閥、官僚、政客，一切寄生掠奪之眾，百倍於曩昔。苛徵暴取千百其途，而彼此相爭殺，更番為聚散，以肆殘虐創夷於村落者，何莫非三四十年來練新軍、辦學校、變法改制之所滋生所釀造乎？（頁二九〇）
>
> 現在中國社會，其顯然有厚薄之分、舒慘之異者，唯都市與鄉村耳。此厚薄之分，在舊日固已有然。自西洋式的經濟、西洋式的政治傳入中國，更加取之此而益於彼。近年軍閥與土匪並盛，一切壓迫掠奪所不敢施什一於都市者並集於鄉村；現飽則揚於都市。固然中國無所謂逃於封建領主的自由市民，然身體、生命、財產的自由，在都市居民還有點，鄉村居民已絕對無可言者。鄉村居民的痛苦，表現中國問題的焦點。（頁一八八）

這些話說得何等沉痛而切當！總觀這四十年來列強的侵略，和本國政治上一切改革設施的結果，無非直接地或間接地、消極地或積極地誘迫人民離開鄉村，拋棄農業，而這些離開了鄉村拋棄了農業的人，大部分並不得到其他生產的工作。這便是國家貧困和擾亂的立源。

歐洲近二百年來的社會趨勢，也是「都市化」和「反鄉村化」（dissimilation）同時並進。但是，在那裡促進「反鄉村化」的原因，乃在工業和國外貿易的發達。故此，離開了鄉村的人有工廠可入。他們雖然是被榨取者；又因為國際貿易的伸縮性，他們誠然有時會失業，但到底還有人肯去榨取他們，他們到底還有業可失。若在我國，則工業和國外貿易只有退而無進。日漸增加的離開了鄉村的人除了自殺以外，只有四條路可走：當土匪、當流氓、當兵和做官，而土匪、流氓、兵和官終成為四位一體，國家安得不亂！

因鄉村崩壞而無業的人增加，因無業的人增加而鄉村愈崩壞。同時，守著鄉村、無路可走的人，大多數離「餓死線」不遠。簡單地說，這便是中國的現狀，這便是中國的問題。

在這種情形之下，談改革的人（除了追隨歐洲的覆轍以外）理論上有三條路可供選擇：

（甲）用國家資本主義的方法，促進工商業的發達，使無業的人有業可歸，把不能樂居於鄉村裡的人吸收到都市裡。

（乙）改善鄉村生活，一方面使現居鄉村的人得以遂其生，樂其生，以防止更進一步的「反鄉村化」，而同時使在鄉村外無業的人可以回到鄉村裡來，以促進鄉村的繁榮。

（丙）以上兩條路（至少在理論上）並不是互相衝突的，因此可有一種折中的辦法將二者相容並取。以我所知，南京《旁觀》的編者何浩若君便是主張這種辦法的，而現今俄國所走的，大致上亦正是這條路：一方面發展國家的實業，一方面鼓勵並扶助私農合作。

梁先生是主張第二條路的。他的著眼點完全在鄉村。就這方面而論，我認為梁先生是完全對的。我並不是說，要造成一個獨立自足的國家，可以忽略了工業。但發展工業的方法，不外個人私營和（地方政府或中央政府）公營。現在若提倡私人資本主義，無論其（如何）不能實現，即能實現，直不啻為將來造惡因，而於目前大多數人的福利也無補。現在若提倡國家企業，還遠非其時。看哪，一個招商局和幾條國有鐵路，已經鬧成個什麼樣子！在廉潔政治上未有保障以前而講國家的企業，只是為貪官污吏製造發橫財的機會而已！在目前，我們如若對於國民生活的改善，不願意做些基本的工作則已，如若願之，最有效的路，確是如梁先生所暗示的，到鄉村去！

但是，到鄉村去做什麼？

讓我們先問（一）要做成功些什麼？次問（二）怎樣做法？

對於第（一）個問題，梁先生的答案如下：

> 然則吾民族自救之道將如何？天下事固未之思耳，思則得之。夫我不為一散漫的村落社會乎？一言以蔽之曰，求其進於組織的社會而已。組織有二：一曰經濟的組織，一曰政治的組織。欲使社會於其經濟方面益進於組織的，是在其生產及分配的社會化……使舊日主於（各村落？）自給自足的經濟而進為社會，則散漫的村落將化為一整組織的大社會；是曰社會主義的經濟組織之社會。……欲使社會於其政治方面益進於組織，是在政治的民治化。政治的民治化愈徹底，則社會於其政治方面益進於組織的。所謂政治的民治化者，含有個人自由權之等量與公民權的普遍二義。（頁二九一）

對於第（二）個問題，梁先生的答案如下：

> 竊嘗計之，使吾人能一面萃力於農業改良試驗，以新式農業介紹於農民，一面訓練人才提倡合作，一面設為農民銀行吸收都市資金而轉輸於農村，則三者連環為用：新式農業非合作而貸款莫舉；合作非新式農業之明效與銀行貸款之利莫由促進；而銀行之出貸也，非其新式農業之介紹莫能必其用於生產之途，非其合作組織。苟所介紹於農民者其效不虛，則新式農業必由是促進，合作組織必由是而促進，銀行之吸收而轉輸必暢遂成功；一轉移間全域皆活，而農業社會化於焉可望。……迨農業興，工業必伴之而起；或由合作社以經營之，或由地方自治體以經營之，及不慮其走入資本主義。……農村產業合作組織既立，自治組織乃緣之以立，是則我所謂村治也。蓋政治意識之養成，及其習慣能力之訓練，必有假於此；自治人才與經費等問題之解決，亦必有待於此。……鄉村自治體既立，乃層累而上，循序以進，中國政治問題於焉解決。（頁二九〇至二九一）

而實行這方法之先決條件，為知識份子回到鄉間去。梁先生設想中國問題解決的步驟如下（頁一九〇）：

一、必須有相當聯絡組織。

二、即從回鄉的知識份子間之擴大聯絡，逐漸有於散漫無統記的中國社會，形成一中心勢力之望。

三、……在鄉間人一面（受了知識份子的影響），則漸得開化，不再盲動於反對的方向去，不為土豪劣紳所採弄，樂遇知識份子而不疑。雙方各受變於對方，相接近而構生一種新動力，於是彷彿下層動力得了頭腦耳目，又係上層動力得了基礎根幹。

此廣大聯合而植基鄉村的勢力一形成，則形勢頓即轉移過來，彼破壞鄉村的勢力乃不得軟化威脅克服於我。

以上所引都是很渾括、很抽象的。更具體的辦法，我們似乎不能在書裡找到。但梁先生對他人所採用的具體辦法的批評卻很值得注意。梁先生根本不贊成「慈善式」的鄉村事業。看他對於職業教育社在崑山徐公橋所辦的鄉村事業的批評：

諸位先生這般用精神用氣力來作，效果安得無有？……但以全國之大數十萬農村之多（職業教育社出版之《農村教育叢輯》，有每縣三四十村、全國七八萬農村的演算法，殊為笑話，大約加三倍算，差不多了），以這般人才、錢財倒貼進去的作法，其人其錢將來求之於哪裡？若說作完一處，再作一處，並希望別人聞風興起，卻怕中國民族的命運等不得那許久呢！這都且在其次，最要緊的是照此作法不是解決問題而是避開問題了。因為我們要作農村改進運動時，所最感困難的問題：一就是村中無人，一就是村中無錢。要有點知識能力的人回到鄉村工作，村中亦無錢養活他。即能養他了，亦無錢去辦種種的事，（照此徐公橋的作法：人是外面聘請來的，他的生活費是外面貼給的，辦公所是外面貼錢修建的，道路是外面貼錢修築的，教育事業亦是外面貼錢舉辦的。）國難雖沒有了，問題卻並未解決——避開問題了（頁二六〇）。

梁先生對於農村改革運動的難題，看得甚為清楚而周到，這可算是本書的最重要的貢獻。我在篇首特別摘引那幾句話（見本書頁二八二）就是為此。關於這類困難，梁先生在批評山西村政時，列舉了七項，說得尤為透徹（頁二七九至二八八），可惜我在這裡不能引入，只能提醒讀者的注意。對於這些難題的解決，從梁先生在本書裡實在不曾給予我們什麼「好方法」。我很懷疑他到現在已經想出了什麼「好方法」。而且，若堅持著他的期望和標準，我實在不能看出有什麼「好方法」。

讓我們把他的難題放在更廣大的背景。梁先生不是希望靠農村改革運動，在短時期內把中國起死回生、至少替中國大多數的民眾消災救難嗎？（「恐怕中國民族的命運等不得那許久呢！」）要做到這步，至少得把改革運動的開端普及於全國的鄉村。照梁先生的估計，全國有三十多萬村落（這數目並不算誇大），想在一村做出有效的改革，恐怕至少要三個有知識、有熱心而且能辦事的人做領導，其中至少有一個要懂得農業。這一來我們就需要九十萬領袖的人才，更不算上其聯絡、組織和指導的人才。而其中每人更要適合下列兩條件之一：

（甲）能夠維持自己及家庭的生活，而不靠改革運動去賺錢——至少在運動開始後一長時期內如此。試想一個人還未替村裡做出有效可睹的好事，而先求村人維持他的生活，除了用武力，他說的話有人聽嗎？還有，如若他是主腦的人（每村至少要有一個），須把全副精神用在改革運動，而不從事於其他職業。這樣的人至少要有三十萬。

（乙）在本村裡找到可以維持自己和家庭的生活的可靠的職業，而同時有相當的餘力做改革的運動。

這是人的問題。講到錢的問題，梁先生希望「吸收都市資金而轉輸於農村」，就每村而論，這只能是改革事業有了基礎，有了成效以後的話。梁先生不是說，都市的資金「唯在軍閥、官僚、商人、買辦之手」而「屯之都市租界銀行」嗎？除了用革命沒收的手段（但現在「革命」也革不到外國銀行），我們有什麼法子使他們把這些資金，從租界銀行裡提出，交到鄉村裡去呢？道德的訓說嗎？主義的宣傳嗎？「跪哭團」嗎？以我所能想像，唯一的方法，只是用事實證明給他們看：農村的投資較有利可圖，而這只能是新農業的建置有了成效的話。但在每一村要達到新農業的成效，就首先非錢不可，這些錢從什麼地方來呢？假如從梁先生和我這樣無拳無勇、無勢無位的人，對一位多財的軍閥、官僚、商人或買辦說：「我們要在某村舉辦一些改革事業，非錢不行，請你仁慈地借給我們一些，將來定必本利清算。」甚至說：「並且要替你在農村裡起牌坊，要請國府主席贈你『急公好義』的匾額。」他們不會嗤之以鼻嗎？

試以最低限度每村五千元的發動費計算，我們得有十五萬萬元的資金。請問這錢從什麼地方來？

而且人才和錢財還不是主要的難題。現在已經舉行的農村改革運動的試驗，都是在大都市附近而且是秩序較好的鄉村，而且主持的人若不是本村開明的巨室，便是與本村開明的巨室有了聯絡；的。所以梁先生看見的只是人才和錢財等等難題，但是全國大多數的村落都是在大都市附近、而且有安全的秩序的嗎？都是有開明的巨室的嗎？事實恐怕恰恰相反。

在大多數離大都市遙遠的村落，一個縣長、一個區長（現在大約都改寫「公安分局長」了）、一個土豪、一個劣紳，就是皇帝，就是“Divine Sifht[1]”榨取者，而土匪比軍隊來得多，而且有力，甚且土匪和軍隊有時就分不清。試想幾個有暖衣足食的能力的青年（自己不能暖衣足食，哪裡有資格談改革？）要回到那裡，在路上恐怕就有被虜的危險。就算幸而回到那裡，並且糾集了些資財來做改革的運動，這正是土匪、惡吏和豪紳們最好的榨取對象。即使惡吏和豪紳們先不積極地來榨取，而他們遲早是要和這些人的利益起衝突的。試想幾個無拳無勇的青年，在互相勾結的惡吏包括軍隊和豪紳積威所劫的地方，要說反抗，豈非空話。

1 原文如此，疑有誤。

而且，熱誠去做改革事業的人，從來是貪官污吏的公敵。在僻遠的地方，他們把你加上「赤化」或「反動」的美名，殺了，囚了，或暗殺了，有誰來問？我們睜眼睛看事實吧！不要以為全中國都是像徐家橋或翟城村這樣的樂土，須知這是很少數的例外啊！

我有一個很熱心替國家做事的朋友，在廣東一個稍僻的縣份（高明）當縣長，最近接他的信，竟說無如「豪劣」何！因為豪劣天然是軍隊勾結的。試想豪劣與惡吏，有時雖官府亦為之束手，何況幾個從事農村運動的書生？我想梁先生也許說，若從事農村運動的人聯絡起來，情形就另是一樣，所以組織是必要的。殊不知當交通未開闢以前，在偌大的中國裡，聯絡和組織也是空話。設想如今梁先生領導了一個農村改革運動，總機關設在北平，或河南，或山東，或山西，他有幾個弟子回到四川或廣東一處僻地工作，因而被土劣或惡吏們「刷」了，他要得到消息恐怕還在一個多月以後，得到了消息又怎麼辦？至多不過打幾封石沉大海的電報。

照這樣看來，難道農村改革這條路竟又是走不通的嗎？

我說，這條路是可以走的，但是不要期望，或要求太大。

第一，不要認為農村改革運動是救國的單方，或唯一重要的藥品（我相信梁先生也不作如是觀）。

第二，不要希望在短期內把這運動普遍全國。我們非由小擴大不可，非忍耐等待不可。如若這是中國民族自救的唯一路，如若「中國民族的命運等不得那許久」，那麼，我敢說，中國的命運是已經注定的了，但事實上是如此嗎？

關於農村改革運動的切實辦法，我願意側重下面幾點：

第一，目前初步的工作，自然是訓練這方面的人才，但這種訓練，要即寓於實行之中。絕不是在都市裡辦幾所專事搖鈴、上堂、聽課、背書的學校所能收效的。如若辦這類的學校，最低限度要於一些正在改革歷程中的鄉村裡，而且所有學員要同時就是在鄉村裡做事的人，自然他們的工作在質的方面可以由不重要的而漸升為：重要的，在量的方面可以由少而漸升於多。升到無可再升的人便是學成的人，其中一大部分可移到別處去用。

第二，在一個農村的改革發動的時候，不要避免「慈善事業式」的嫌疑。要用「慈善事業式的」領導做手段，以達到「非慈善事業式」的自治為目的。如若本村裡的人肯自動地出錢，那是再好沒有；如若不然，不妨商用公產；若更連公產也沒有，不妨向外面找錢來開辦。「愚民不可與慮始，而可與樂成」。等實效擺給他們看的時候，他們自然會願意出錢來擴大。如若本村裡有相當的人才，用本村的人才最好沒有；如若沒有，只好靠外處的人來創始，而訓練本村中有希望的人，期其自立。這是唯一的正路。若不如此，只有束手唱高調！

第三，因此，從事農村改革運動的人，不妨與小資產階級甚至資產階級中開明的人聯絡（這種人雖然很少，卻未嘗絕無），利用他們的捐助或投借。

第四，農村改革發動的中心，要在都市附近，比較安靜的鄉村，取其交通便而阻力小。由此漸及其周圍的鄉村，而漸擴張其交通的便利，如是則聯絡易，而組織密。這並不是要避難就易，為的是，若不如此，則無從發動。不信試試看。曾國藩說得好，「大處著眼，小處下手」。我們可以套他的話說，「難處著眼，易處下手」。

至於在每一鄉村裡應做的事，梁先生主張⑴農業改良，⑵農民銀行，和⑶合作會社，三者連環為用；然後緣合作的事業以立自治的組織，我們認為這是不易的綱目和程式。就這方面而論，梁先生所見的深刻確是值得我們稱頌的。

在農村改革運動的進程中，梁先生理論上和實行上似乎都贊成和地方政府中可與合作的人合作。但他對於現在的政府，無論為好或醜，似乎都看得很輕。他理想中的政府，是要由鄉村自治而上，一層層的由人民自動建築起來，但在這樣的政府成立以前，對於現在的政府存在什麼希望，作什麼樣要求呢？抑或不存在任何希望，不作任何要求，而置之不聞不問，靜聽全國鄉治完成後的自然變化呢？似乎後一說為近。梁先生是不贊成少數人以暴力奪取政權，不贊成「替人民革命」的。這種方法，我們也和梁先生同樣的不能贊成。我們不能贊成的（道）理是很簡單的。第一，在外憂煎迫之下，再經不起內變；第二，現在的政府若真正本著它所號稱本著的主義做去，並不是會有很大的流弊的；第三，在更有希望的新政治勢力出現以前，換湯不換藥，是有損無益的，而每新政治勢力的形成，乃是社會一般情勢的結果，絕不是幾個人所呼喚得來的。

即便是一個最弱的財（政）府，為善不足，為惡卻有餘，但就其對於鄉村改革的阻力和助力而論，其關係已不少。何況在現狀之下，如有一個像樣的政府，國家無以自存？我們既不主張推翻，便當設法改善。

怎樣把現政府改善？這也是中國有知識的人目前一個急切的問題。所以我說鄉村改革運動不能認作救國的單方。

我們不能像梁先生那樣，把現政府漠置。我們對它不能不作一些迫切的要求。我們對它初步的要求，不能過著，但最低限度要它做到下列二事：去貪污；守法律。

這兩點的重要是人人承認、人人知道的。不絕貪污，政府多辦一事，便多耗國家一分元氣，即不辦一事，也坐耗國家的元氣。法律無效，大部分人民還不知安全和自由為何物，遑言樂生遂生？遑言急公愛國？

去貪污和守法律只是一件事的兩方面。法律絕不會容許貪污，貪污的人必定玩法。在上的把法律看作兒戲，在下的必定貪污。在上的貪污，在下的必定把法律看作兒戲。這也是人人知道、人人承認的。但光知道、光承認，有什麼用處？我們至少要集中一些力量對這些惡勢力作不懈的、鮮明的、有組織的搏鬥。倘若我們相信輿論是有效的，我們應當調動輿論的全部去對付他們（輿論所要討問的不是籠統的、抽象的貪污或玩法，而是具體的、特殊的貪污和違法的事件和個人，不然輿論只等於放空炮，便是貪污和玩法的聖手也不妨厚著面皮，扯起嗓子，應和幾聲。這是以後領導輿論的人所當注意的）。倘若我們相信消極的不合作是有效的，我們應當互相誥（告）誡，互相號召，對於那些有貪污和玩法的劣跡的人，尤其是那些口說心違、朝三暮四的人；那些一面大喊打倒貪污，一面在租界大買洋房；一面嚴令鏟煙，一面包運鴉片的人，應當賤之若狗彘，遠之若蛇蠍，穢之若糞溺，更不用說在他們手下做走卒，更不用說以一望他們的顏色、一聆他們的謦欬為畢生莫大的榮幸！

積極地集中輿論去誅殺貪污玩法，消極他（地）提倡對於貪污和玩法的人絕對的不合作——這些，我認為與農村改革運動有同等的重要，而是一部分不打算作政治活動卻願意對於國事有所盡力的知識份子所應為的。我這篇文章原是為這種人而作。

上二項的需要和農村改革運動在目前所受的限制，和所當取的步驟，乃是極明顯的事實，原不待乎個人對於中西過去歷史的解釋而立的。但梁先生既要拿一種歷史的解釋來作他的主張的出發點，讓我們在下篇裡把這個歷史的解釋，仔細檢驗。

（上篇完，下篇待續。附注：下篇涉及許多歷史問題，作者因近時課忙，及海外中籍未備，須俟月後續出。）

按梁先生所著《中國民族自救運動之最後覺悟》一書，已有郭斌和君評文，登載本報《文學副刊》第二百五十七期。今張君此文亦系討論梁先生之書而加以引申發揮者，讀者可並觀焉。編者識。

（《大公報》一九三三年四月十五日，第十一版）

# 輯四　史料譯文

# 甲午中日海戰見聞記

泰萊（W. F. Tyler）著　張蔭麟譯

戰史之最可寶貴而最難得之資料，莫如軍事專家之報告，而作者預存作史之志，自當戰陣之衝。以此標準衡量我國近世史料，予惟得泰萊氏甲午中日海戰之記載。

甲午一役關係我國國運至鉅，宜為治我國近世史者所注重。顧關於此役，從中國觀點之第一手的記錄至為窘乏。即間接之史料亦稀。此其故可得言焉。直接參預戰事之主要人物，或歿於戰陣或失機而服上刑，或敗而以身殉，其存在蓋已無幾。重以此役，□（原稿不清楚）徒覆喪，朝野羞稱。生還者於其經歷，即非諱莫如深，亦鮮足以促其表暴真相之動力。政府方面不見有《方略》一類之書者亦以此故。其後民國初海軍部刊《海軍實記》，實為關於此役之惟一官書；然簡略已甚。其私人之專書紀載，而有史料價值者，以予所知，惟丹徒姚錫光之《東方兵事紀略》，美人林樂知之《中東戰爭紀事本末》（用中文作，乃採輯當時報紙而成）。及順德羅惇曧之《中日兵事本末》而已。近時流行之通史外交史，及近世史一類著作，其關於此役，則大抵直接或間接譯自日人之普通著作，即上舉各書亦罕見普及也。

予以泰萊氏之紀載，與現存中國之紀錄較，不獨許多重要事實，前此未記載，且頗類有牴牾之處。因亟為譯出，以供我國治近世史者之參考。泰萊氏之記載見於其一九二九年印行之"Pulling Strings in China"（倫敦Constable書店出版，定價十五先令）一書中（頁三五至九八）。原書為自傳性質，故多涉及個人瑣事及意見，無關於史者，予間為□（原稿不清楚）汰。

泰萊氏在甲午中日戰爭之地位已詳譯文中，茲不重述。彼出身英國海軍，戰前為中國海關巡船管事，戰後仍入海關。實以治黃河計劃知名。又嘗助袁世凱預帝制之謀。一九二〇年五月歸國。譯者附識

## 一、北洋海軍

清光緒中，李鴻章為直隸總督，在同時封疆大吏中，威權最盛。時中國海軍分北洋，南洋及廣東三支。南洋及廣東艦隊皆陳舊。惟鴻章所領北洋艦隊最為時式，——有具十吋口徑之戰鬥艦二，及諸裝甲巡洋艦，輕捷巡洋艦，魚雷艇等——並延英國海軍官甲必丹梁（Captain Lang）氏訓練其將士。丁汝昌為海軍提督；梁氏亦同其官級，惟以中國政制之混淆，謂梁氏為汝昌之副可，謂為顧問而領提督銜亦無不可。梁氏以前者自居，故當丁氏被陛見時，聲言代理其職；惟總

兵劉步蟾以梁位不過顧問；提督當由彼代。北京政府右劉，梁遂去職。當時不知此事對全世界有重大之關係，實則然也。梁去而海軍敗壞；日本之敢藉高麗事與中國宣戰者以此，其後能獲勝者亦以此。以日本佔高麗，故有日俄之戰；以俄國戰敗衰弱，故啟德國席捲世界之心。

余等之與中國軍艦同下碇於香港口外之九龍灣，（譯者按：冬季北洋封凍，海軍例巡南洋）。乃當梁氏去職後不久，時一八九一年也。（譯者按：泰萊時為中國海關巡緝艦長）。予造中國旗艦觀焉，始交旗尉（Flag-Liontonant）伍君，礮官曹君，司令李君，友誼至今如故，予於此戰艦及彼等所示予一切，深感興趣，歸後羨慕中國海軍不置。

一八九三年，李鴻章大閱海軍於北洋，予適乘一海關巡船當其間。因得見梁氏去後馳懈數年之中國海軍逞其所能；得見其艦隊之動員，礮兵之習射，及岸上之演陣。凡此一切予皆感深切之興趣，並作一報告上赫德爵士（Sir Robert Hart時為中國海關稅務司）。

當操演動員時，有一日本軍艦出現，交致禮號，薄而觀所為。數月以後，兩國海軍遂交戰。當時已有日本將侵高麗之謠，予因默審兩國之戰鬥力。（視為一有趣之事而已。）勝負之決定，當在海上，此極顯然。以予微狹之見聞私念中國之運遇亦殊不惡。

果也戰端竟啟，其惹世界之注目，無殊於歐戰時，蓋中國一運船在高麗為日本海軍所沉，而油遂著火矣。

請言此事對予之影響。予常思之，且為人言之，設吾人能有二生命，其一以冒險探奇（果爾，予將往作捕鯨之生涯），其一以為國主或主義服役，豈不大佳？今也乃有一機會使予得兼二者。予憶及吳君，曹君，憶及彼等領予周覽其軍艦，使予羨慕彼等對於本業之詳細知識；予殊不敢謂能於彼等有何裨益；惟予念及曩者關於中國海軍之報告。予獨不能盡一有用之職務，為我國海軍界記載此必將發生之海軍大戰之經過乎？此乃促予投軍之主因也。如此參戰，其異乎為國服務之常道，自不待言。其一為責任，其一為冒險；豈唯冒險，直乃詭行。二者之主動力迥殊。以言冒險者，其用意或為援助一主義，或為徼幸以傳私利，或為拚死以尋求變遷，以消遣生命。此三者予均見之；惟以予所覺，無一於予有所影響。此次爭鬥之曲直，予毫無所知。亦不欲深論，予以唯一意想，在作一專門之報告，固就余所知，當時未必有比予更勝任者在也。予之為此不所無犧牲，蓋予明知此舉有《外國兵役法》（Foreign Enlistment Act），雖勞而無褒也；其後果然。然事勢所趨，報告之作，僅佔予事業中之第二位而已。

予決意投軍。當前之問題為如何實行。將請求赫德爵士之允准歟？否，此不可行恐加彼以非分之責任，予乃發一電曰「倘遇機會予，擬投軍效力」覆電云：「泰萊移天津」。餘事在我自為矣。至天津接總稅務司與予第一封私函，略謂：「君意實獲我心；惟勿忘君所冒之險視尋常戰爭為鉅。政府可科君以犯《外國兵役法》之罪而加拘繫；若為日人所捕，當有性命之憂；即君所為效力之國民或將加君以殺害」。

在天津予與德狄靈（Detring）及封漢納根（von Hanneken）共事。漢納根之任為海軍副提督，蓋欲使遇有橫逆時，丁汝昌得保首領。蓋依中國朝廷成例，敗將必服上刑也。一陸軍工程師而為海軍副提督？此則非李鴻章所暇計及。彼丁氏固出身騎旅，而未嘗以稍知航事自許也。若論漢納根氏，則在當時情形之下，吾未見有其他任何人（設如一英國海軍提督）能視彼更為稱職也。更以補足此幕滑稽劇者，予以海軍後備少尉亦被任為漢納根之海軍顧問兼祕書：吾人所處之境地如此。

予與德狄靈及漢納根討論戰略時所貢獻之意見如下：——電購智利某新巡洋艦（予憶此艦名五月十五Fifteenth of May），為世界最捷之艦者，開來中國海岸。無論彼等索何價，即照付之，毋與斷論，毋稍稽延。此艦付予指揮。其中原有士官之一部分當願投效，餘則予自能召募補充之。礮手，爐夫，水手等用華人便可。予將以此艦擾亂敵人後方海陸。倘吾人能使艦隊之動作，延至予艦已實行其任務時，則萬事皆妥；蓋如此則彼等之第一著將為設法捕捉予艦，彼等將留吉野浪速及其他輕捷巡艦以防守諸煤港；如此則我方艦隊之利也。敵軍在高麗必勝，而向中國邊境侵襲，並在此方啟樂觀之前途在此等情形之下，日人當不竭全神，聚全力於艦隊動作；而事勢所展將為我方之利；且使予艦而克奏功者，則彼等將悔開戰之孟浪也。

與議者言，類此之策亦曾經思及；而此意適與符同。總督亦韙此策。數日後聞購艦事已辦妥，予為之手舞足蹈。予心中充滿關於用人及儲煤之計劃，而為海軍界作報告已成次要之事矣。

兩星期後，來一大震擊。智利所擬價並未包括軍械，或保留原有軍械（二者孰是，予不確憶），議遂寢。如是歷史乃造成。日人於此事直接或間接有影響乎？蓋不獨疑似而已。

漢納根，乃普魯士人，本為防禦工程師；先是，旅順及威海衛之礮臺為彼所築。彼為一好人，且具好性格，惟晚年稍有僻行。當高昇運船為日人所沉，投水士卒為日人轟擊時（此事在鴨綠江戰前。——譯者註）。彼亦在其中。彼沒（予畏言其沒幾里也），至一島，得慶生還。彼視其生命蓋如遊戲。

彼與予同時加入艦隊，出大沽口，向旅順進發。在旅順查看軍械清單，如得知一可悲之事實：戰艦中十寸口礮之大彈，只有三枚，其練習用之小彈亦奇絀；惟其他諸艦，彈儲尚足。乃立電總督，謂中國之命運全賴兵工廠日夜趕製礮彈，事屬如此之大機要，請彼萬勿信托他人，——即兵工廠總辦亦不可托——必須親往督察。此事當然不克行，數星期後一運船載來礮彈若干並總辦一函，大意謂：「徑（calibre）四之彈不能製，徑二又半之彈茲給應若干；依例之補充，此已足數；吾人所能期要於彼者已盡於是」。

予等加入艦隊後不久，予即被任為副司令，正司令則李鼎新也。予在日記中深懟職不副名——毫無實權，只備顧問——並對李君；此實不允。予尚待博得眾人信任，而李君對予恆懇篤也。在受任之前予與一英國退伍水兵及一德國工程師共席而食。至是李君自以其安適之居所一坐室及一臥室讓予。其後李君幾經人生之浮沉，與予始終為友。李君缺堅強之性格，不能駕馭所部，惟此泰半由於總兵劉步蟾之不為彼助。予於是皇皇於其間，盡予力之所能，挺就信號之制度，艦隊之組織，及戰艦內部之複雜佈置。從事之初，此已足使予忙於應接。然予不過一戰艦之鉅大有機體內之一單位，試盡其職；閒時每念不知將有何事發生。

自爾日以來，予至今乃第一次展讀予戰時之日記，予所作報告，及其他文件。以所紀之事實與予記憶中所存者比較，（於予）可得教益。予所行事之見於記錄者惟限於與戰局有關之部分，個人之經歷，無論如何劇烈，僅簡單附及，或且全闕。誠然，予之日記蓋極謙遜，因余已聯結於極端複雜之有機體中。一大戰艦及其動作已頗複雜矣。然予所謂複雜，並不指此。比較而言，此極簡單耳。所謂複雜者乃在端緒紛紜之殊異動機與理想。此時所最需者為統一之目標，而乃代以棼亂無紀之龐雜。此大機器——不獨包括艦隊，並包括一切與之有關者，自總督以至兵工廠總辦——其諸組之輪，不依一共同之方向而旋轉，乃各依其私獨之方向而旋轉。諸組或分或合，視乎需要而殊，予取予攜但求並行不悖。效率觀點下之紀綱，此機器乃其反面；然此乃極有條理之紛亂，在無事時運行甚順，絕無齮齕之聲，蓋膏之者有中飽之利，有親族之援（此乃其先聖之至所留之渣沫）也。

此機器運行之情形，請舉一例以明之。兩戰鬥艦之十吋口礮其戰時用彈為猛烈之四直徑彈（four calibre shell），其練習用彈為二半直徑者。後者庫藏尚豐，惟前者旗艦只有一枚，其姊妹艦則有一雙。吾人可斷言者，當戰鬥開始時，兩艦之礮佐（彼等皆為好人）必甚關心此事而告之兩總兵，彼等當告之丁提督，丁則求接濟於兵工廠；然當無事時，則不聞陳訴之聲矣。若以此事直陳於總督，（彼之女婿張佩綸，即兵工廠總辦，至少必向日人賣弄顰笑，惟當時無人知之耳），則違反中國一切成規；則將全副機推翻矣。此中之巨奸為三管帶，林劉及方；而提督丁氏不與焉。彼特為眾承罪而已。

至於其餘——司令，少尉，工程師等，則恰受嚙掣於機器中。彼等罕或知此事實，蓋習為故常也。此外水兵，及爐夫等則大抵良善之輩，未受中國官僚之道德的惡疾所染。其間復有眾弁目，品類不一。

凡此一切事務之頭腦則為總督李鴻章，彼與太監李蓮英乃慈禧太后之左右手。李為世界著名之外交家，其在本國，在戰前則以偉大之海陸軍組織者稱。彼實非是，且不能為是，蓋腐敗，中飽，及援結私親諸症，使其手下各組織無復完膚者，其病源皆在鴻章自身，而彼之染此諸症，且視尋常中國官吏為甚。彼已受嚙掣於頑鈍之全國大機器中，且亦習為故常，即有為之指陳，彼亦瞢然不省。然即此，鴻章為一熱烈之愛國者無疑。中國之謎，此其一例也。

然以予所見，此次戰事中最大之謎卻如下述：當一八九三年大閱海陸軍時，戰爭之說已起。前此一年，鴻章已從漢納根之議，令製巨彈，備戰鬥艦用。以張佩綸之阻尼，令實未行。然當戰雲瀰漫而舉行大閱之際，奚獨無人以子彈之缺乏警李鴻章？縱丁提督不知為此，奚在場之德狄靈及漢納根亦不之知乎？

戰事之起原今不具述。簡略言之，高麗事實上為中國及日本共管，日本決欲屏中國勢力於高麗外而獨佔之。啟嫌及開戰皆由日本主動。李鴻章之應付，不過虛張聲勢，實不能謂之真正防禦。彼手下之海陸軍等，於兇狠之面具，中世紀東方軍士戴以嚇敵者而已。彼亦知若實際交綏，殊難倖勝。然聲勢既已虛張過度，不能收回，而慈禧太后復迫促之；戰局之成，或反其本意。而日本則早已「看穿」其實情矣。

李鴻章及西后而下促成戰爭之動力或首推德狄靈。彼為德人，本海關駐天津委員，自為鴻章顧問，已半離赫德而獨立，赫德之不悅可知也。德狄靈自以為貌似俾斯麥。此事於彼有甚大之影響無疑，蓋吾人自以為貌似某人則每有模倣其人所為之趨向；然就此事論，德狄靈實為鏡所誤。彼採用一種俾斯麥式之舉止，自負不凡；然於戰爭一類之事，彼顯然缺乏判斷及執行之初步技能，彼蓋以戰爭為戲玩，猶幼童之粉紅印度人耳。或正當戰氛四佈之時，彼隨李鴻章閱兵，以三尺童子處此，亦當立即思及軍械及子彈；然此第一步之需要，竟未顧及。

今請轉而論予之日記。予所勾勒之圖畫，予亦不自知。予實墮黑暗中。日記中屢述予所遭之困難，及未遂之願望；然予大抵一切視為固然，亦實當如是。余為副司令，最初毫無實權。其後權漸增，其終且頗有效力。予自始即間為職外之創議；關於戰鬥及執行之事，能為此者，惟予一人而已。予且有數次冒險之事。此等事廣據余之記憶。惟當其發生時，並未廣據予心，亦未廣據他人之心。予固非中心之人物也。誠然，予之日記頗為謙抑，然即此予因曾作一函，極力抨擊《泰晤士報》通信員，以其舉予所為歸功於他人。

自梁氏去職後艦隊中有洋員五人。旗艦中有尼古爾士（Nicholls）為英國退伍水兵，一健者也；有亞伯烈希脫（Albrecht），為德國工程師。在其姊妹艦鎮遠中則有赫克曼（Heckman），為德國礮術專家，乃最富能力之人；有瑪吉芬（Philo M'Giffin），為美國航海術教師，其心蓋不全在於所事。在別艦則有普菲士（Purvis），為英國工程師，吾等無一喜之。

威海衛為吾等之大本營。在此間洋人及中國管帶常聚於俱樂部中討論艦隊之佈置及銜鋒逼擊等問題。又談及出巡探敵（其事在予入海軍前），黑夜相遇，各自逃避之故事。或聞喁喁竊議謂總兵（劉步蟾）惟恐遇敵。時有一少年管帶，自計將如何動作，出言最多，其後鴨綠江之戰開始，便倉皇逃遁者，即此人也。

提督開戰事會議，議決戰時眾艦前後分段縱列，成直線，每段大抵姊妹艦二，成「四度行列」（in quaver line）。予未被召赴此會，殊覺失望，然予固無期望被召之權位也。予時亟欲備一救生背心，顧不可得；惟得一注射器及嗎啡一二管。

# 二、鴨綠江之戰

## (甲)戰況

時為一八九四年九月十七日。中國艦隊駐碇於鴨綠江口外，口內運船泊焉。艦隊之任務在掩護船中兵士登陸。距此不多哩外，在高麗海濱，中日軍士方在戰鬥中。

當此九月清朗之晨，定遠旗艦中，欣欣之氣，最為充溢。此非謂前途之希望佳也，即吾輩中最抱樂觀之人亦不能為此語。礮彈不奇絀乎？總兵劉步蟾之怯葸已素著，又安知其何所不為，何所不畏為？然無論如何，今可確知，大事發生在即。陸軍已敗，勢必敗也；海軍之注，延待至今，當在必擲。中國之命運，視乎此注。然當時不知，此注所繫，更有甚焉，即為歐戰導火線之一串世界大事是也。

呈欣欣之色者，大率為水手。彼等舉動活潑機敏；以種種方式裝飾其礮座，若不勝其愛護者。其嚮望之情盎然可覺。將弁則御布製長靴，飽漲之袴，半西式之外衣，其上龍條彩紐(紐以誌等級者)；彼等不若水手之歡忭。彼等熟知己方之所絀，而使之委靡不振者更有不可名狀之「官僚」氣習。然其中亦有真善之人。司令李鼎新，沉潛忠厚，是其一例；此外旗尉吳君，美國留學生，綽號曰鶴，為一滑稽大家者；旗艦少尉沈君郭君，鎮遠艦之將校曹君；致遠艦之鄧管帶；及其他不憶姓名者多人，無論就何方面言，皆極優善之將校。然統觀全體，就戰艦而論，船面士弁及機械室職員，皆極優良，委任將官大體尚善，簡任將官，無論例外有若干多，蓋遠遜焉；致此戰艦上之差異者非他，「官僚」氣習是也。

於是眾所敬服之丁提督禱神祈勝，並祈彼之左右手劉步蟾不致敗湈事；蓋丁氏不諳航事，實際上為傀儡提督而已。

漢納根步甲板上，面帶憂思之色。彼預中國要事已久，以智勇著；因其地位之滑稽（以陸軍士官而下海）彌覺責任負擔之重。

劉步蟾，總兵兼旗艦管帶而為實際上之提督者，（其人和藹巧滑，曾留學英國海軍中）。時正籌思，倘或遇敵，將何以自保其皮。

鐘已八敲，船役已鳴號召午餐。予寂對食案，餚為燒白鴿。凡此今猶歷歷可憶。俄而一將校衝入，曰：「先生，日艦已出現」。船中將士，咸登甲板上，觀望地平線上如柱之薄煙。提督，總兵，及漢納根皆聚飛橋上，予奔赴焉。共商量尚有若干預備之時間。午餐之號復鳴，眾人復注入甲板下，旗尉則忙於揮指信旗而煙囪則始噴唐山煤之濃煙。

予草草果餐。繼之為一極忙碌之時間——於是礮、彈庫、子彈等，一切均就緒，僅待一巡覽耳。在此半小時內，予未遑顧及他事；至是予乃加入飛橋上之會集。時錨已起，船應機聲而搏躍，旗幟飄舞，黑煙蜿蜒。南望不僅可見煙氛，且可見煙氛所從發出之戰艦一串。時已至矣；然此際之新印象予無暇罣意。各事均已妥當否？予迴環一覽。在予下者為瞭望塔之圓頂。總兵立塔內之梯口，其旁為舵師。立於飛橋之前方（飛橋前方直達於前桅，其一部分閣於相交之兩十吋礮上）者為提督及漢納根。彼等不能在此久立，因橋非穩固之建築，橋下之大礮開火時，橋將毀碎。此時他艦何如？彼等能敏捷將事否？予為之疑慮窒息。鎮遠本在後相傍，忽疾趨而前，若欲相比肩者。他艦之行動亦同此可異。時指揮艦隊排佈之信旗已發出。一望即證實予之疑懼。信旗所示，為諸艦相並橫列（Line Abreast），以主艦居中；而非如提督與諸管帶所議決，分段縱列。

於是劉步蟾之急智已售。此為其深謀焦思之結果；彼所謀思者非他，當遇敵時，將何以善保其皮也。以戰鬥艦居中央，弱艦在兩翼，則敵人之注意，必最先及於後者。此為暫時之延宕，一句鐘左右之延宕。如此則不致敵方礮火自始即集中於彼所住艦，如前後縱列所當有之結果。誠然，此尚非其問題之完全的解決，然其力所能為者盡於此矣。

飛橋之前方，提督及漢納根立焉。顯然彼等尚未察覺此時之境地。予思欲獻策。此奸詭之舉，將糾正之歟。抑聽之歟？予迅即決斷。此出乎意外之信號已起，艦隊之紛亂若復更改紛亂當益甚，予懼其渙散而不可收拾也。兩害相權，以保持現狀為輕。無論此策當否，予秉之而行。予自瞭望塔躍下與諸上司會。為言曰：「總兵已發錯誤之信號，令相並橫列，主艦居中；請觀眾艦；然若更改，紛亂轉甚」。眾韙其議。

然是時相並成直線之排列，未見完全。蓋兩翼弱艦，覺其位置之危，逗留於後；故我方艦隊成半月形。（譯者按：劉彥《中國近時外交史》三版頁二一〇記云：「提督丁汝昌見敵艦至，命作翼梯陣——人字陣——決戰」蓋大謬）。於是兩方艦隊接近。相離約略一萬碼。而日艦，觀其進，似欲橫越吾等之前而攻最弱之翼，即右翼。此時我方所需之號令，顯然為全隊同時向右移轉四度（four points to starboard）。此著能否使我方主艦最初與敵艦接觸，殊不敢必，惟其效果趨於此方向而已。彼總兵必不獻此策，而提督及漢納根似未見此，餘人雖未知作何思想，然無一敢發此議者。予乃復會諸上司，獻予策復立見採納。漢納根至船後，指揮旗尉，留與俱。信旗上出，眾艦應之。於是本艦之旗幟下降，示將移動也。

予立於瞭望塔之入口（總兵在塔下）候舵機之轉。久不見其動。予乃言曰：「總兵，改道之旗已下，君若不左轉舵，則艦隊將紛亂愈甚」。總兵乃令曰：「舵左轉」；然復低聲曰：「慢，慢」，其結果艦止不動。予大恚，加以詛語，自塔跳下，奔赴丁提督所。予初不思及此時彼身旁無人，而予不諳華語，彼又不諳英語也。予達提督所，旋巨聲轟發，予知覺全失。蓋劉已令發十吋礮，而丁與余方立於飛橋正在礮上之部分也。此橋之名甚佳，以其竟飛，而丁與予亦隨之飛。鴨綠江之戰以是開始。

兩方鑑艦隊，實力非不相當。中國有大小共十艦，內有堅固之鐵甲戰鬥艦二。日本有十二艦，視中國諸艦為較新式，較輕捷，惟無戰鬥艦（battle-ships）。六吋以上之礮，中國方面射彈較大，六吋以下之礮，則日本佔優勝。

是故中國艦隊，就鎗礮及鐵甲而論，至少與日本相埒。礮術甚佳；訓鍊難稍有遺憾，惟水兵可稱善戰。極嚴重之事因，厥為子彈之缺乏。此缺乏也，吾人有理由可信其咎非僅在疏忽，而在兵工廠總辦之通敵賣國。子彈之短絀，日人蓋知之無疑，且為其挑戰之原因。其他嚴重之事因（前此世人僅知其一部分）則在總兵劉步蟾（提督所倚以決戰略者）為一變態的懦夫，不獨臨危喪膽，且用盡機智，不惜任何犧牲以求免之。是故中國方面之不利，蓋不待問。

戰事以午刻開始。關於兩方艦隊之動作，予未有第一手之證據；於彼等之動作，欲得直接之印象殊不可能。且因彼開場敬礮之結果，是日予一目不能視。予對戰事之觀察，惟於日軍礮彈所起之煙霾浪沫間，繼續窺見一二敵艦而已。因前說之理由，中國艦隊，自其開始交綏，即列成淩亂之半月形，而定遠及鎮遠居其峯頂。最初半小時內日方礮火之叢集，已將艦上信旗燬滅，使吾人無法改變陣勢。敵人始終秩序井然，如在操演中。彼等似環繞我方，我方則循一內圈而行。彼循內圈之艦，以種種緣故，數目漸減。日方未失一艦，惟數艦因受重創，離開戰線。（譯按按：羅惇曧《中日兵事本末》謂定遠擊沉日艦西京丸一艘）。約五時半，日艦忽休戰，駛向高麗海岸。殘餘之中國艇隊乃向旅順港進發。

日軍輟戰之故（時距日暮尚有一句鐘）似未有正式宣佈。一頗有理由之推測如下。日軍之未能於四小時半期間內以叢集之礮火，摧破敵方二戰鬥艦，殆為其決意停戰之主因。

我方十艦，只餘其四；四者中，其一內部復燬於火。為敵礮所沉者三艦，其中有一為忠勇之鄧君所統之致遠艦。彼欲撞吉野浪速，與同盡，而不克。可憐普菲士亦與之同沉，開仗時先逃者二艦；餘一艦之下落，予不能評。

當餘眾轉航離陣地時，予曾試劃一策。敵人解圍而去，必其艦已受損，彼方附近無船塢；其重傷之艦；當擱淺於高麗海岸，殆可斷定：我方之二戰鬥艦，獨不能轉隨其後，及晨而襲之乎？吾等之子彈尚足一小時之用。此為中國方面所餘之唯一機會，且兵法不云乎，毋低算敵人之憂危。倘予依此意獻策，其能見於實行否歟？是或能，因凡予等所請，丁氏無不允也。漢納根何如？或當贊成，然予不知也。此策予藏於心，未以告人。此時乃大有為之機會，然予因目受撞擊，攣搐劇烈，耳鼓復被震傷，楚痛不能自支，遂失此機會。時漢納根傷股，丁提督則墮壓創甚。更益以劉總兵之怯懦；故予等甘認敗績。

提督與予之立於十吋礮上飛橋，劉總兵不能不見，乃忽於此時命開礮，此事後來究如何解釋？予絕不知之，亦絕不聞論及之。提督墮在何處；予亦不悉。彼折其股，衰憊甚。（譯者按：中日兵事本末云「汝昌……督戰中彈，傷股仆地」）。或欲舁入艙內，提督拒之；坐於船面之罩架（suporstructure）內以觀士兵作戰，並使士兵得見之。

予為彼開場之敬礮擲過瞭望塔外三十餘尺。比甦，但覺雙目全眇，時礮戰霹靂。予外衣已脫落，惟其袖反套予手。予遽然而覺余致禍之因，遽然而訝予當前將有何遭遇。旋驚一目復明之喜，卻苦目攣搐之痛。創目似入巨刺，以指摸索不得。

予覺來身在船面之罩架內，蓋同侶舁予委置其間，疑其已斃也。予痛楚且殭木，惟手足未傷，予乃往機器室上之鐵甲層，此為受傷者棲避之所。內暗甚，惟有一慘淡之油燈。「醫生，予目有刺，請去之」。醫生乃引予至一燈下，告予無刺。「此間甚暗，君不能視；請至船之中部」。既至其間，礮火如林。「嘻，爾恐懼非耶？既然，請復至爾可詛之燈下……此何謂，無刺歟？爾誑言，上帝殛汝。爾不能視，是咎之所在」。（後知目實無刺）。

予衣破衣，裹創目，巡行於諸隊礮兵間。予無所能為，惟故作鎮靜之色而已。予恐懼乎？誠然。此非膽寒髮悚，戰戰慄慄之恐懼；此非手足殭木，方寸速亂之恐懼；亦非小心翼翼，臨事好謀之恐懼。否，此皆非也，惟一種瑣小之恐懼，必須加以鎮持之力。方能使理智用事，而不為神經所把持。——蓋此時四週所見，無非流血之慘事也。

彼唯一齷齪可鄙之恐懼，彼犧牲他人，以圖自全之恐懼，乃棲於瞭望塔內，劉步蟾之心中也。於是予晤旗尉伍君。彼乃勇者之一，雖可避入瞭望塔，卻捨之而出現於甲板上者也。正當是時，密邇其旁一人中彈倒斃，血染其四週甲板。伍君曰：「此之謂文明；此乃爾曹外國人巧於教導吾人者也；然吾語汝；尚予得免於今日，將力倡國際仲裁之說」。

俄而予覺一紅熱之鐵塊觸予首。僅擦予膚，未至流血；此為予所歷之最瀕於危者；然在外之人，死其半也。

我方十吋礟之三巨彈，其一射入日艦松島之腹內，轟之，惟未沉之。稱此彈之功者，鎮遠艦之赫克曼氏也。

礟臺上巨礟繼續噴出煙燄，及練習用之小彈。眾士兵均獰厲振奮，毫無恐懼之態。當予巡視時，一兵負重傷，同侶囑其入內休養；及予重至此礟座，見彼雖已殘廢，仍裹創工作如常。

在中部之甲板上子彈屯聚，以供小礟座之用。予過此時，一飛彈貫其中，子彈四散，在此間工作諸人，倉皇奔避，懼其爆發。時有司礟彈之二童子，運一六吋礟彈過此，其一逃避，餘一童怒目而立。彼急盡其力之所能，使予知船尾之六吋礟正缺乏子彈。予乃代其同伴執役。彼如膺寵錫，巧笑以報。其後使予驚訝者，此童之故事，竟採入詩歌。

漢納根在礟臺上察視。彼亦留在甲板上之一人，惟彼除示一榜樣外，所能為力者蓋少。彼當戰爭開始時，即受重傷。彼遇其僚屬，相與談說。各問所見？日艦沉沒之說有何根據？然所得證據，猶未足以下結論也。

可憐尼古爾士負傷偃臥。「苦痛歟？否，無所苦痛，惟予知予命畢矣；為上帝之故，勿舁予至可怖之鐵甲層。聽予留此可得觀戰之處，平安以死。現在君可去盡職，勿以予為念」。

彼英國水兵之言如是。予依之，惟先為施止血之手術，予每返視一次，見彼體狀愈劣；其後痛不可忍，索嗎啡，予之；彼語及其女，及對伊之願望，及卒。

提督坐一道旁。彼傷於足，不能步立；惟坐處可見人往來，見輒望之微笑並作鼓振之語。予過之，用半通之華語及英語，互相勉勵。終乃與作表示同情，崇敬，且欽佩之握手，悽然前行，心中猶念及不幸之丁提督所處地位之可哀。

戰仗曾有一二次十分鐘至十五分鐘之停輟，使予聯想及足球比賽之「半回」，或狂風之暫伏；然除此等期間外，戰事進行自一時直至五時半。彼時吾人初不過視為片刻之休輟。我方殘餘之艦隊向東駛，敵艦盡在其前。方之距離漸增，敵蹤漸渺。於是吾人乃知此非暫時之休息，而為戰仗之終結。重負乍釋，慰可知也。片時以前吾人方提心弔膽。以我方船數之減少，彈儲之短絀，而敵方猶眾，礮火繼續叢集，使吾人殊不敢望有明日。今也不獨危難之壓迫中止，且有若干勝利之希望，因有人力言目擊敵船數艘沉沒也。

漢納根與予在飛橋之梯上以香檳（酒）及餅乾慶祝此事，於以知海戰與陸戰之差異也。

…………

本節之末有當附言者，中國艦隊作半月陣之故，前此未經記載。

## （乙）戰後

鴨綠江戰後，我方艦隊之殘餘，如負傷之獸，蹭蹬返其故巢——旅順港。予受委查驗諸艦，及報告毀損情形。來遠內部燬於火，濟遠各礮為巨鎚擊壞，以作臨陣先逃之藉口。其後管帶方

（柏謙）氏固此事及前此相類之事喪其頗焉。其他各艦雖有穿洞，然苟非子彈短絀，則尚可為用。予抵岸後之第一事，厥為防範瑪吉芬氏之行為。予知彼將成「鴨綠狂」而四發報捷之電。予因預作查截之佈置，果也幸及截留其通告全世界之電，謂吾儕已獲光榮之勝利云云。瑪吉芬當開仗之初，為十吋礮爆出之火屑所傷，（彼原非作戰員，因奮勇來助致傷耳）。使彼完全失卻戰鬥力，除此外彼未受傷。然此事未足阻其撰文虛造種種怪誕之經歷及傳聞，並插以其負傷之照像。彼嘗演講於一美國將弁學校，竟使聽者一時信以為真焉。此為顢頇之同情之奇例。其後彼以鎗自射死，可憐哉若人！

吾等以海軍禮葬尼古爾士，並奠普菲士，予為讀《聖經》於漢納根與予赴天津時。因吾等承認戰敗，知暫時當無事發生，且又負傷委頓也。

漢納根與予皆受雙眼花翎之賞，豈戰事之真相清帝尚未知歟？抑以此鼓勵吾等，使更出力歟？此非予所能知矣。

漢納根已決意不復加入海軍。吾不能責彼，彼原為一陸將。此時彼建議組織陸軍一旅，官佐悉用外國人，時人號曰「救難軍」（Salvationarmy）。彼欲予為少校，予謝之，因予感覺居海軍較宜也。予感覺其如是，而非審度其如是，而二者之間大有差別也。艦隊方面已毫無機會可言。日軍侵山東半島，必先攻威海衛。此地必失守，而我方諸艦非投降，則被殲。此非臆測之談，乃絕對必然之事也。然予身體之狀況，實左右予之決斷。

十一月十一日漢納根遣人傳總督語問予願否復入海軍，並云，苟予來歸者，總督及提督允使予為操實權之作戰將官。予允來歸。後始知當局已決任瑪克萊爾（M'Clure）為副提督，乃大悔；然不欲自食其言也。

使予不懌者，瑪克萊爾不過一本地曳貨艇主之流。彼曾為沿海航行之船主，而出於頗有聲望之家門；惟彼已過中年，且以沉湎於酒著名。此老邁之耍手殆視此役為莫大之機會而躍赴之無疑。然以斯人而當斯任，實為至殘酷，至愚蠢之事；對於丁提督，此事尤為殘酷。瑪克萊爾之縱酒，殆為必然之事，除裝扮俾斯麥之德狄靈以外，吾人盡知此事之必發生。漢納根作何想，余則不知。此時所處境地，其困難之大，自不待言。苟不任洋員為副提督，丁氏之首領實岌岌可危。當斯選者，顯為瑪克萊爾與予。然予之委任，實有嚴重之困難，予年尚輕，且為旗艦之司令也。使予任此滑稽之職，予誠自覺難堪，然兩害相權，此為較小。

瑪克萊爾在歷史上無功罪可言。苟得良好之領袖，吾人當能在威海衛作較善之守禦，而博得若干聲譽，然艱危之境，已莫救矣。然為救丁提督之首領計，瑪克萊爾可謂已盡其責。

李鴻章之新式軍隊，受德國式訓練而精於「鴨步」（謂德國式之直腿正步）及擺演者，已在高麗大敗；此時鄰省軍隊——衣舊式制服，而以車載其槍枝及行囊之軍隊——步赴前線。此誠動入之景也。彼等經過某縣，其地多以竹枝繫小鳥為玩具出售；於是全軍幾人人持此玩具；又有一可怪之現象，兵士人人自領口斜插一摺扇於項背上。如是彼等步行赴戰。

從一義言，非中國與日本戰，實李鴻章與日本戰；大多數中國人於戰事尚瞢然無所知也。惟彼等居北方者自當知之。在牛莊（中國最北之通商口岸），一老守備時方審度此局勢，彼職在防守遼河入口之礮壘。礮壘以土築成，既舊而頹圮，其上軍器惟舊式鑄鐵之礮數尊而已。然此為一礮壘而當戰爭之衝；故在彼肩上實負極大之責任；顯然可見者，彼必須納履於踵，謝絕鴉片，而張開其睡眼。然彼猶懇望大故不致落在被身上。然彼之命運多乖；蓋介於海與礮壘之黃土廣原，前此人跡罕見者，此時每夜有一群洋人出現其間，彼等之舉動，為怪異而可慮無疑。守備以望遠鏡窺之，及晨，洋人既去，乃往察驗，見其所成小洞及巨堤，及其所遺旗幟。彼乃上一公文於道臺，報告所見。大意若曰：「彼職責所在，凡事皆當稟報，而當此嚴重之時，尤不容疏忽。近有洋人於海邊地面鑿圓柱形之小洞，而以銅鐵之類精細鋪護之，又四處掘短壕——此是為離奇之事實。彼等攜有各種式之軍器，射白彈甚遠。洋人一切行動，至為怪異，彼殊不知其意義所在。不能斷言此等動作與戰事有關，惟如何應付，懇請道臺訓示」。

道臺接此稟報，則行文照會（牛莊）總領事，提及戰及極端嚴防之需要，末謂土原上洋人之動作，無論目的何在，皆當制止；止敬請總領事注意，並施必要之處置。

總領事為英國人。彼之答覆當必彬彬有禮，然吾人可想像其實質，蓋有類於是：「道臺先生，以部下之老守備實為一蠢驢。敝國人所為，不過一種著名之遊戲，其他各口岸皆有為之者。此種遊戲平常於草地上行之，惟此間無草地，故彼等假荒廢之土原行之耳。彼等僅事娛樂，別無他意。事前未求核准，鄙人深覺惋惜，茲特敬懇俞允；惟在再奉明教之前，鄙人擬暫不採何種動作」。

道臺乃以此函轉致守備並囑其依此函之啟示再作報告，彼老人乃揮毫成文大意若曰：「卑職乃愚昧之軍人，此事非其所敢容喙。如此等動作無軍事之意味，卑職竊疑其與採礦有關。此為卑職所能想及之唯一愚見。至於總領事之解釋云云，以卑職之愚昧，已承認不能斷言彼等所為何事，然卑職敢堅決斷言，毫無疑惑者，彼等絕非從事於娛樂。」

## 三、威海衛之圍

### （甲）開始

威海衛為第二等海軍港，以其無乾塢，又無工廠可供大規模之修理；然以其面積之小及人口之狹，用於訓練及行政，則視旅順尤便；故海軍之用此港，視用旅順為多。此港因一海灣西端之一小城而得名。此海灣廣約六哩，深入約四哩，東北開張與海接，而劉公島橫其口。海軍之大營，即設於此島上，內包括提督衙門，醫院，及小規模之修造廠。此外並有道臺及將軍衙門。島上成一小市鎮，有各種商店，其一為德入所設，又有一外國俱樂部以應島上二十餘西人之需。

劉公島，衣島（在劉公島東南，海灣東口之中央）及內陸，皆有堅壁重壘，數年前漢納根之所營也。其建造尚屬新氏，惟有可異之疏略二事。（一）南部之內陸礮臺，其向內一面，並無保障，敵人可從此面來攻也。（二）島上及他處，皆無測度射程（range）之設備。

在夏季威海衛為一樂土——今上海西人多避暑其間——惟在冬季，風沙漫天，冰雪沒岸，船與陸間，交通艱難，居是間者，不勝荒涼之感。

威海衛城之西北皆山；城與南壘之間則海灘一抹；諸礮臺位於低崖上，其下邱谷起伏，與迤南諸山接。

當予重登旗艦時，備受熱烈之歡迎。彼等感予不因鴨綠江之戰而捨之也。（兼預鴨綠江之戰及之威海衛之圍之洋員，惟予而已。）劉步蟾雖以前嫌，相待仍極友好；提督對予尤優渥。

鴨綠江之戰，予所得而述者，唯少數零斷之事。威海衛之事則異是。關於此役，予記憶上及記錄上材料之繁富，使予艱於措置。鴨綠江之戰譬獨幅之畫圖；而威海衛之役則連綿三月之影戲也。

予以十一月十九日復入海軍，予於是名義上為上級作戰將官，而李鼎新佐之，惟予雖頗有權威，實際上仍不及其名。日人來攻之前二月，乃余極忙之時間，重實彈庫，試驗礮彈，整頓防水密門，佈置救火器，清潔甲板及上下各層。自予在旅順相離後，旗艦情形益劣。最使人失望者，船員多不應手；彼等願欲應戰，此無可疑者；惟彼等與將官之間，嫌隙甚深。彼等於命令，擇其非服從則全艦之事不舉者則服從之；叛變之事絕無，船上警察頗有效力，惟受奇異之限制；因有若干命令，船員全體故意置之不理也。此種情形除中國船外，斷不能存在也。

李鼎新不敢往視眾卒所居之處；彼坦直告予。此事與索其性命無異；彼之統馭力漸失，欲恢復之已不可能。予對彼極表同情；彼於其困難深為焦憂，且坦直無所掩飾。

予所任之職事非成即敗，其間別無他路。然吾自思運遇尚佳，蓋船員皆奮躍欲戰而輕其將官之不爾也。彼等需要領袖，而非空令。當據報船員違令，於不合規之時間，以炭爐煎茶，予聞而往下察視時，心中隱隱疑慮。然此之疑慮，使予振奮；此等事之對付，乃一種新奇之閱歷。予斷最佳而最穩之策，莫如不偕一人與俱。予以英語斥責彼等。（自梁氏在職以來，下級軍官皆解英語。）繼謂「爾等現在可到甲板上。」圍諸小爐蹲坐之眾皆怒目仰視，不知所為。予蹴一爐，火炭飛散；繼蹴三四爐。予夷然對彼等之大多數冷笑，其睚眦不馴者，則摑之以掌；同時予發出一串之英國詛語，皆彼等所瞭解者。經最初之驚愕及片時之躊躇後，彼等嬉笑視之。小數留於後，拾起火炭，餘則笑奔甲板上，由李鼎新處置之。

此事之應付，實涉及一重要之原則。苟予偕李君，或監獄官俱往，則彼等因恨此二人，將形成具同一心理之群眾。一人獨往，則予所對付者非一群眾，而為為會聚之個人，因不致惹起群眾的情感，予入軍一星期以來之成績雖小，當為予之利，果也如之。自此以後訓練日見進步，然終未至足以自豪之程度也。

尚待解決者為刑罰之事，原用之刑法，帶報怨性質。犯人，或以劍撻其肩，或以鞭笞；三有一死。即他事不計，此等刑傷之犯人及佯病避役之士卒（中國軍醫無法對付之），已充滿病室。予與李君商議此事；劍撻及野蠻之鞭笞皆當廢止，否則予不能一朝居。李君及總兵皆贊成此舉。鞭笞未全廢，惟笞數大加限制，使受者至多不過有一二日之病廢；得予贊成而採用之主要刑法為跪鐵鍊。以刑於甲板上行之，罪人若蹲坐踵上，則邏者以刺刀刺其尻。此法行之半小時便足，受者痛苦而不致傷損。

其次之問題，為如何對付多數佯病之人。此為一困難之問題；蓋病之真偽，軍醫亦不能無疑也。此問題之解決出予心裁。予召彼等盡至甲板上，別遣人往機器室取蓖麻油（castor oil）一桶至，命各飲半杯。（此為最使人作嘔之物。）彼等非不欲飲，直不能耳；乃強之飲，如灌狗藥。兩日以後病室幾空。

因李鼎新佐予，總兵與予亦友善，予應付諸校弁，殊無所苦，獨有一例外。予使召一少尉，不來，再使召之，至而跋扈甚。乃以此事報告提督，提督大恨，言將考慮處置之方。旋遣人問予，有何建議。予議處以戰時之極刑，即死刑。提督復遣人來傳語，略謂「適遣詢君意，乃予之誤，使君兼為控告者及裁判者，於理未當；此事之處置，非死刑即正式認罪耳，君能滿意於後者否？」予乃夷然聽之。他年予與此人數有交涉，惟絕未談及威海衛之事。

一月二十日，日軍自東北海角登陸，離威海衛約四十哩。然延至三十日彼等始實際向我方攻擊。予恆防其來攻，惟予希望其不爾。此希望絕無根據，惟有一原因：予是時已知內陸礮臺之守者必不戰而退。如是，礮臺若不毀，則必資敵而為吾等患。予乃促當局預備，待守兵撤退時，即將礮及彈庫轟毀。此議大受反對，惟丁氏終韙之，而以其事付予。其後予因司夜哨之責，不能分身，乃以毀拆之任屬美國人好威（Howe）助之者為礮手湯瑪斯（Thomas）華爾蒲爾（Walpole），（二人為英國退伍水兵，本執役於海關。）少尉朱（Choo）君，並委任弁校及兵士若干人。彼等為此實冒大險，幾為守兵所殺者，不止一次。彼等所歷，請提前述之。諸礮臺未受一彈，先一一撤空。當毀拆隊進入時，發現電線已割斷，電池已破碎（電線及電池，乃為毀礮用者）。蓋內奸之所為也。予已預料及此。予曾對李君（定遠礮手，自請加入毀拆隊之第一人）解釋內奸當圖謀之事及預先提防之需要。李君以半通之英語告予，大意謂「君無須慮予不盡其職，如奸細割斷通大礮內電池之電線，予誠不知何為；至於彈庫則易易。予將以線香燃之。」然後來彼未嘗為此，彼實發銃然之；於此讀者可睹真正中國人之原形。

好威為勇敢逾常之人。其餘吾等諸人，其冒險也，特為自尊心所迫不得不然耳。好威之冒險也，以其喜之。

彼與美國人某君同至威海衛，某君思得一毀壞敵艦之法。其法以一礮艇，狀如澆水車者，載某種化學品，灑於海面；乃誘敵至既灑之區域，化學品觸艦則炸毀之。此計所需之化學品焚於芝罘港，其為日人所主使無疑也。於是此事乃告終；惟好威乞留，盡其所能以相助，而不受酬。

當日軍在海角登陸時，有許多中國人自謂依法不必留，遂離去。最奇者，彼曹之中有醫士，裹傷護士，及其他醫院中人員。彼等之理由如下：彼等屬於道臺，而非屬於將軍或提督；彼等乃文吏云云。然使彼等而為武員，亦將有他種藉口耳。吾等亦未嘗設法留之。

丁提督召諸管帶會議（此等會議予從未被召參預），議決對於登陸之敵人不加阻止。海軍當留為保護港口之用云。此決議自有若干理由。前此不久，鎮遠觸礁，洞焉。傷口僅零湊補掩；吾人認為不良於用。其他各艦，惟定遠，靖遠，濟遠及來遠可用，此外並有小魚雷艇三艘。僅此諸艦，苟善馭用之，無論敵方，掩護艦之勢力如何，當能加其運船以重大之損害；惟如是則除定遠外其他諸艦當見毀，而威海衛之陷當益速。復次，則有將來之問題。戰事已失敗。中國當得嚴厲之教訓。爾時中國猶有中央政府，硃諭之勢力通於全境。朝廷必將立謀重建海軍；若海軍將弁盡殲焉，則無以為後來發展之根荄。此亦一頗有力之理由；然凡此一切理由，無論當否，皆不過掩飾之辭。實則吾人不欲戰耳。即奮不顧身之好威亦未嘗以此促予。

然據予日記所載，予固主戰者。假予負斯職責，予義在必戰。如此，若善為之（此為極可疑之設若），「當造出一番小小之轟烈事業，其對於中國之用處，究極言之，當視彼一班遺留之將弁為大。然予無責也，予未被召參預會議。然苟予欲之者，當能強聒以動當局之聽，然予不為也。不寧惟是；當予聞退避港內之訊，且與釋負之歎與。然予等非怯也，好威與予，以英國皦手四人之助，凡有探險之舉，為吾等所統制者，無不欣然為之。吾等曾有二次之嘗試，然皆失敗，後當述之。凡此欲為而未為之事，並無歷史的興趣。鴨綠江之役造成歷史；威海衛之役則不爾。予述其事，聊備掌故而已。（譯者注：以此，譯者將下文此二事之記述刪去，而撮其略附於此。其第一事，泰萊擬與好威及定遠礮手麥盧Mellow三人各駕魚雷艇襲擊日本運船；中途相失而返。其第二事，日人佔威海衛後，以趙北嘴礮臺轟劉公島，泰萊等患之，謀以靖遠，平遠，廣遠，廣丙等艦及二魚艇襲毀趙北嘴礮臺；二月四日晨七時半，諸艦既發，旗艦疑敵將來攻，召之還。泰萊等擬次晨再往攻，而是晚定遠為日人魚雷所毀矣。）

## （乙）攻擊

日人以（一月）二十日登陸。其後十日內，予等蟄伏不動，坐待敵人來攻而已。予日記云：「一月二十八日約上午十一時接報日人離內陸最東之礮臺僅九哩。敵艦二艘方出發。劉總兵態度極頹唐。彼於戰事不獨無用，且當有害。彼惟言大限到時，將如何自殺；凡此皆其可憐可悲之性格之表現也。」

「一月三十日。今晨九時半左右我方礮臺開火，惟吾等不知其目標何在。十時以後始見敵艦在東港口外……下午一時左右礮臺盡入敵手。丁提督以一時半左右下艦（予登岸接之），予等乃起碇南進。予等幾至擱淺海堤邊，輕掠而過。日人據一礮臺以二礮相擊，數彈相密近，惟未得中。

予等於四千碼外以礮還擊，繼續至二小時左右。敵方一礮被燬，其他一礮亦停火，惟後者予疑其未燬。

自一月三十日至二月十三日，凡十四日間兩方礮火往還。敵方艦隊轟擊劉公島礮臺；彼等不甚銳進，智也。以予忖之，彼等所發，泰半為開花彈（Shrapnel）。日人直步行入南壘，先是我方兵士已步行而此；予日記中不責兵士而責將官。好威等拆毀南壘之工作，吾人若思及其一切困難，不能謂其不善；惟其工作實未完全。日人最初修復一礮，繼之又一礮，一星期後又復二礮；而以巨彈擊劉公島及我方兵艦，一彈穿靖遠之鐵甲板，沉之（此事發生於圍攻將終之日）。吾等復還擊彼等本屬於我之礮臺，而射程較短。我方之還擊，類能使敵方暫息；一次吾等直中其一礮。惟定遠入水過多，不宜於近擊，其他諸艦則不敢銳進。

時氣候酷冷，在冰點下十八度，日軍之進行以此受阻。艦中可見彼等苦步徐行於雪鋪之沙灘上，可見微小之黑塊，依潔白之背境；時而一塊停止不動，蓋為我方之開花彈所中也。彼等直抵城下，安步而入；惟彼等發現西壘已完全毀壞。

日軍入據西岸之前不久，旗艦接一信號，來自西壘之一礮臺，此乃守將　鎮冰所發，請示於提督者也。彼延至最後尚可退出之時始發此信。其他海軍礮臺之守將則不待命令，不須請訓，而逕遁矣；惟薩君行事，恆求不逾規矩。其後彼為海軍總司令，予與之頗稔；彼嘗受吾國K. G. M. G.之贈，又嘗為中國內閣總理焉。

於是吾等已與內陸離絕。後事如何？魚雷艇之襲擊，已有端兆；惟我方有堵截之橫檔（Booms），又有做礮之巡哨（此為予夜間之特職）時趙北嘴礮臺之九吋礮繼續為吾等患，劉公島上損失不少……（於是有襲毀之之議。）

（二月四日晨謀襲擊趙北嘴礮臺未果。）

是晚予未繼續巡哨，因有翌晨重往襲擊之佈置也。其夜天朗而清，月於三時半沒。二時敵艦轟擊東壘；予夢中聞之。予畏當近危，惟遠險則習焉安之；故予雖確知魚雷艇之襲擊將於一夕發生，仍不足擾予之安睡。然是時警鐘忽鳴如昨（前此已鳴多次），予趨甲板上。予日記云：——「月落後不久」在衣島附近之哨艇忽發警烽。我方數艦旋即開礮。吾等亦開礮，惟標的（苟有之者）何在，予不能睹。乃命止火，俾得察視，予乃見一黑物約在半哩外。礮復發，予奔至置標準羅盤之臺上，出望遠鏡窺之。來者為一魚雷艇，以末端前進，向吾艦左邊之中部。及相距約三十碼時，艇向右轉；予是時尚未確知其非我方之艇也。當彼轉時，予彷彿見一彈自彼迸出，然此實為其大汽管爆裂所發之煙霧耳。數秒鐘後，有笨重之擊聲自彼發，繼之為搖撼其巨震，一二秒鐘後，號兵喧語「關閉防水密門，然大多數密門固已關閉矣……」

「艦被擊後，丁提督猶未知其受傷之程度，令前進衛東港口，眾依令準備。及予既知穿漏之程度，乃告提督，船當不能久浮，宜擱之於適當處所，使其礮尚可為我方用，此著宜即辦，遲則船傾側愈甚，恐不及矣。提督從之。

破曉，見敵方之二魚雷艇漂浮於港內。其一上有四尸，皆大汽管爆烈時炸傷而死者也；彼等已善盡其職而付其代價。予設法善護諸屍，其後蓋以隆葬焉。於是提督移旗於鎮遠。

吾等上灘時，潮方漲，及潮退，船深入泥中，同時水漸入，至下午爐火遂滅。

次夜船上之居苦極。吾等初不思一切用物將被漂去，其後知之已晚，無從設法使諸人就岸，因船上無小艇也。時溫度在冰點下多度，風又厲甚。日記載予腰以下盡濕；予暴襪，後失之。然予經此夜，幸無傷損。予振臂上下，間與瑪克萊爾在船尾礮塔內之油布下相擠。予思眾人狀況，尚未至甚劣；彼等能互相擠迫，如群猴焉，惟有少數凍傷。

上午四時後有一魚雷艇之襲擊發生。在礮火聲中，吾等隱約聞魚雷之爆炸。比曉，見來遠已覆，船底露水面，防浪堤之畔則威遠及一駁船，並一小汽船沉焉。

天明，我方汽艇自岸邊來。予乘此艇查視是夜尚有何凶險之事。夜八時後始返，見艦上景況大異。罩架旁未設障衛之長片甲板上空無一人。在船腰道旁（gangway）當有守卒四人，並當有頭目鳴號集眾與予為禮，而皆不可見。惟在甲板之前部，眾人蜂聚。各攜軍器不一，有持鎗而納彈者，有持短劍者。聲勢洶洶。予知叛變已起。

予當時未知其意義所在，事後亦無暇追問。今可忖測而知者，是時提督已徙，船已毀，船眾未奉命離去，亦無法離去。前一晚之苦楚，實為其怨憤之因。比曉，予又他去，故遂激成暴動。群眾正當予返時而聚集是否出於偶然，予至今未得知。

方予艇止泊時，有三念繼續閃現於予心，——危機之急迫，予是日離艦之咎，及予對此事之責任。予懼乎？想當然，惟予已不憶。予或無暇畏懼；予心躁動，初不知所為。予一望艇上諸人，欲觀其作何思想，而彼等毫不動色，於此事似不關心者。既登，將校數人自罩架之一門出，語予曰：「諸人已叛，彼等將盡殺我曹，且先殺公；請入」。予於時主意已定，此非出於思考，蓋出於頓悟也。予步向此徐進相嚇之群眾，而察視前排諸人之面目，果得一解英語之下級軍官。予曰：「蘇君，請告諸人，予欲與之語。」彼轉而譯述予言。群眾止不動。

讀者須知，予當時對彼等之言語（毋寧曰誑語），絕非出於自覺之思考。此等辭令乃自然而來。蘇君依句譯之如下：

「予知君等所受待遇甚惡。

「使英國水兵處，亦當作同樣之舉動。

「予適曾往見提督。

「予已與彼商妥，待諸輕礮盡運上陸時，即送君等登岸」末一語譯出時，眾齊聲呼「好」，予知已有轉機。

同時一號兵依往例立於予側，予聞「好」後，即令「收械」，號兵立即傳令。彼等略有片刻之遲疑，繼乃馴服如羊……

旋提督至，證實予臨機之處置。（予寫此後檢閱日記，知瑪克萊爾與予同在艇上，予登艦時，彼往告提督。）

先是予於島上營一宅，為將來中國海軍發達時計也。次日凌晨，予從窗間外望而見一怪現象之開始焉。東面日艦方轟擊衣島礮臺。我方魚雷艇隊已準備畢，以全速向西港口進發。我方艦隊亦已準備畢，而循同一方向前進。彼等似皆離港者；實則不然。逃遁者為魚雷艇隊，而諸艦追阻之。我方各艦，岸上兵士，及適在口外之六大敵艦齊向之轟擊。二艘得脫，一艘圖急遁，欲跨越攔海之横檔，觸之而碎，餘盡沉焉。此恥辱事之負責將校予姑隱其名。

瑪克萊爾隨提督至鎮遠，好威亦然。是時劉公島日受南壘四巨礮轟擊。結局瞬息將至。軍士畏危，時有叛變及鼓躁之舉。居旗艦當較安全，惟予不欲為此。一則因有予友克爾克（Kirk）醫士及海軍工廠工程師好域（Howard）在島上；二則予預料船眾將迫丁氏納降。予希望能聚所有我方諸艦於一處而毀之，庶將來本港之礙較小；諸艦既毀，然後納降。惟予不熟華語，即在丁提督前與諸人爭辨，亦無濟於事。且予亦不欲親見提督之自殺（此為必不可免之結果）。此優善之老人，時已被嚴旨褫職。彼惟望得死於戰陣。每當吾等攻擊內陸礮臺，彼恆挺身外立，禱求解脫，——今乃得此悽慘之結局。

予商於克爾克，在醫院服後，院中人員，當圍攻開始時已離去矣。亦有覺此間較為安全者，自請加入。惟在克爾克與予共同工作之七日間，院內惟予等二人及予僕，偶或暫請仵作之助而已。當此星期之末，轟擊最烈之時，予等鎮日割治。惟予等並無麻醉藥。克爾克教予如何止制動脈並安置軟墊，彼則施割鋸及其他手術。地上殘斷之手足堆積漸高，其後納降時，予恥其為日人所見，因搜集所有綳帶，灌以火油而焚之。

予離定遠後，即入醫院。是晚八時，紛亂之叛變開始。予日記云：——

「下午七時聞水兵叛變登陸。八時，聞陸兵叛變下艦。」

「二月八日。焦憂之夜終已度過。陸兵之叛變，為極嚴重之事。彼等毀損諸礮（其後予發現此事不確），言不復戰。彼等擠至防浪堤下，或據諸艇，或登鎮遠，要求載之離島。軍士之恫言不戰乃真確之事，予等皆信之。在此等情形之下，日人之將於明日攻陷此地，亦可斷定。……然彼等當不肯退讓，彼等當阻拒日軍登陸；如是則將有第二次之旅順大屠殺。日人之寬容，中國人認為不可能之事；即諸將弁亦咸深疑之。」

在此等情況下，予乃與克爾克及斯奈爾（Sohnell，乃礮術專家服務於中國軍中者）竭島上二道臺，與之商量辦法。其結果，斯奈爾與余以夜二時住見提督，說明現在之境地，並勸其可戰則戰，若兵士不願戰，則納降實為適當之步驟。予殊不願為此事，而斯奈爾（彼熟於華語）作何語，予亦不知。予等與丁氏語，不能祕密，如平時然。僕役捧茶至，故立以聽；玻璃窗外，微露無數水兵之頭。然就予之立足點言，予殊不懼，予授斯奈爾傳述之語，乃眾人所悅聞者也。

丁提督最初言納降為不可能之事，其後言彼當自殺，使此事得行，以全眾人之生命。其後斯奈爾因此事大受譏評；依理予亦當在譏評之列，惟未嘗聞之。

是夜紛亂情形繼續至曉。軍士遊行散蕩，向空放鎗，並輒發大礮。然次晨擾攘忽止，予殊不解其故。雖哨兵已不在崗位，將弁多離營壘，然除此外一切如常。守壘兵士欣然發礮。此最後之一星期內，礮臺應戰最猛，所受損害亦最大。此急驟而有似神異之改變，孰或使然，予絕不知；然予忖彼等之態度或如是：「前者之戰予等被迫為之；今之戰，予等自願為之。」此乃一中國式之「點綴門面」，吾人無需存了解之之希望也。

於時克爾克在醫院工作，而予為其初學之助手。予前已言院中無麻醉藥；惟割治恆於創後速行之，痛苦稍減。然即此，可見兵士忍痛能力之大及其精力之盛。一兵至院時，或疑其已死，委置殯舍。彼肩上中彈，脫去一臂；流血過多，面如紙白。予疑其未死，遷之病室。予等是時甚忙，予未清滌其傷口，僅為貼一軟墊。——然此人後竟獲痊。

總兵劉氏嘗悽然自誇，謂雖受西方教育，仍守中國禮教；苟喪艦，將自裁。是時艦已喪；其僚屬予彼一二日之寬限，以處決其自身之事，並請彼於就義之前，預相通知，俾往致最後之敬禮。故此不幸之可憐蟲實被迫而吞鴉片，然吞後立使召克爾克來救，如是者屢。其後一次，克爾克開始為一傷兵割治，問予曰，「泰萊，君能畢此事否？」予答曰，「予無意試此，君宜先盡對此人之責任，事畢乃赴總兵處可也。」此次克爾克至已晚，而劉君之苦難畢矣。

日記中並誌海軍將弁數人來求毒藥，予等拒之而譏怯懦。此諸人中，其二後為海軍總司令，其一後為海軍總長。

在醫院之一星期內，外間之事，予記載甚少。八日靖遠為九吋礮所擊，彈自水線入，貫鐵甲板，沉之。大抵日間轟擊不斷，時或夜間亦有之。魚雷之攻擊，不復發生，殆敵方懲於攻定遠之損失也。

然此時結局真到矣。十二日晨，丁提督自殺。此際情形，予無直接之見證，惟得自謠傳及斯奈爾之報告而已。斯奈爾之故事，後經發表。

蓋丁氏死後，瑪克萊爾，好威及中國將弁數人上陸抵道臺牛氏家，遇斯奈爾。好威倡議假丁提督之名作降書，並親自起草。書成，譯作中文，並給提督信印。據斯奈爾所述，其書大意如下「中國海軍提督丁汝昌致書於日本海軍提督伊東麾下。為避免無用之流血，予請以艦隊及港口降於麾下，並求允許中外將士自由退出。」鎮通艦懸白旗賚此書以赴日軍。

予採取斯奈爾君所述，以其或然性頗高。惟予日記所載與此不同。然二者不必相矛盾，因好威或不欲以實在之細節告予也。予日記所載如下：

「予與好威閒談（在降書送去後）。彼反對任何條件下之投降，而主張先將戰艦摧毀，然後合海陸軍轉戰至芝罘。理論上此自為極佳之計劃，惟行之惟艱耳。斯奈爾言好威關於應做之事議論太多。……予使人送一短簡與瑪克萊爾，言欲與之一晤。彼遂來克爾克家。予等閒談。予問此時予有可為彼用之處否。彼答予若留於所在之地（即克爾克家）為用最大。蓋彼不需予之勸計及協助也，而予實亦無能為力。予問已提出之投降條件為何。彼答中國方面願將戰艦及劉公島交出，不加毀壞，日方則許中國海陸軍退至芝罘。以予觀之，此為一極荒謬之提議。吾人應將艦隊摧毀。……予深為不幸之老提督悲。予視其自殺，非逃避困難之怯弱行為，乃犧牲一己之生命以保全他人之生命。彼實為一勇夫，就此點論，其高出於此間任何其他中國人，不可以道理計。

## （丙）受降

伊東提督對於偽託丁氏降書之答覆，可為俠義的禮行之模範。書用英文，記時在一八九五年二月十二日，文曰：——

I have the honour to acknowledge the receipt of your leeter and to inform you that I accept; the proposal which you have made to me. Accordingly I shall take possession to-morrow of all your ships, forts and other materials of war, which are left in your hands. As to the honours and other minor conditions, I shall be glad to make arrangements with, you to-morrow at the time when I shall receive a decisive answer to this my prosend letter. When the above-mentioned materials of war have been delivered up to me, I shall be willing to maka one of my ships conduct the persons mentioned in your Ietter, including yourself, to a place convenient to both parties in perfect security.

But were I to state to you my personal views and feelings, I would beckon you, as I have done so in my last letter, to come o er to our side and wait in my country until the termination of the prese□（原稿不

清楚）t war. Not only for your own ea ety but also for the future intereste of your county I consider it far more preferable that you would ronder yourself to my country where you are sure to be trented with care and attention.

However, if it be your intention to regain your country, I leave it entirely to your choice.

As regards your desire to make the Admiral Commander-in-Chief of the British fleet act as guarantee on your behalf, I deem it unnecesary. It is on your military honour that I place my confidence.

In conclusion let me inform you that I shall be waiting for your answer to my present letter till 10 o'clock to-morrow morning.

（予深覺榮幸，得作以下之聲言：來書獲收，所提議之事，予願接納。因此，予將於明日點收貴軍所餘之戰艦，礮臺，及其他軍用物。至於儀式及其他小節，待明日接閣下對此函之實答覆後，再行與閣下商定。俟上言之軍用軍物交付既畢，予將以一艦載閣下及來書所舉之人員，使安抵便於兩方之一地。

然依予個人之意見，毋寧重申予前書所云，勸閣下來至我方，暫居我國，以至戰事之終止。閣下若來我國，必受勤謹之待遇。予之以此舉為最宜者，非獨為閣下之安全計，抑亦為貴國將來之利益計也。

然若閣下欲歸貴國，予完全聽閣下自擇。

至於閣下欲使英國艦隊總帥為閣下作擔保一事，予認為不需。予所信賴者，乃閣下軍人之德操。

最後請以一事奉告，予將候閣下對此書之答覆至明早十時止。）

書中「come over to our side」（來至我方）一語，其意義顯然不過勸丁氏降後暫避伊東所，以保全其首領，以為他日服務國家之地耳。中國方面對此函之答覆如何，予不得而知。惟予日記中錄有伊東提督之第二書，記時在二月十三日,乃致「代表中國艦隊之軍官」者，其末云：——

In my last letter to the lamented Admiral Ting it was said as to the honours and other minor considerations, I shall be glad to make arrangements with yon to-morrow, and now that he is dead those minor considerations have to be arranged with somebody who can deal with us in his stead. It is my express wish that the said officer, who is to come to this our flagship for the above purpose, be a Chinese—not a foreign—officer, and be it understood that I am willing to receive him with honour.

（予前致丁提督書，謂關於儀式及其他小節，俟明日再行與彼商定；今丁提督既死，須有一人代彼，來敵軍旗艦，與予商定諸事。予切盼此人為一中國軍官，而非外國人。予願以優禮接待之。）

十六日二日艦入港，泊近南岸；於是一魚雷艇至，令所有外國將校，即往松島艦上。克爾克與予考慮此事。予等預料日方視外國人當不過為探奇冒險之輩，而加以小小之屈辱。除克爾克外，吾輩殊難期望他種待遇也。予等乃決意不往，避於山頂。

次日日本艦隊自西港口入，予等立道旁觀之，與一隊日本軍官相遇。予知其屬伊東提督幕內，予等互為禮。繼之為以下之談話（予無記錄，惟憶之甚晰）：——

「君等為甲必丹泰萊及醫士克爾克乎？君等所見，乃好景也。予以手指入口之艦隊曰，「然，且為歷史上有趣者。」日將笑而頷之，稍思索，繼曰「二位昨日未在松島艦。予等算君已遵約，可乎？」對曰，「善」。乃互為禮而行。日人之有禮如此。

關於威海衛，更無可述。日人以廣濟（三等舊艦）載予等赴芝罘。予等之私物可運者悉運至船中。時日軍小隊，四出遨遊（有軍官領之）；亦有搜括西人住宅，其宅主已離去者。予日記中云，予從未受日人絲毫之粗暴相加。

予等遂至芝罘；戰事對於予等可算已畢。……今請一述與予共事諸要人。關於提督丁汝昌，予前所述，已足表予欽敬誠服之心此則凡知之者之所同也。今請益以予日記之言如下：——「自此地受攻以來，彼常立於最危之地。當吾人轟擊南壘時，彼恆在弔橋上，而總兵則潛避瞭望塔中。定遠為魚雷炸擊起，彼當然在艦上。自此以後，凡有戰事，彼恆在靖遠艦之最前方。今日靖遠被沉時，彼亦在其中。予日記中尚記丁氏一故事如下：——「洋員某君，自稱為魚雷術能手，乃虛張也。一日被派察視魚雷艦，誤放一魚雷，毀之。丁召之至，曰『一魚雷所值不多』，惟予不見有放魚雷之需要；而予所最不喜者，為汝之混充專家。予為艦隊之提督，予曾有所偽冒乎？予曾自誇於航海之述有所知乎？汝知予之未嘗為此也，汝宜以予為範，勿再偽冒。」

其次請言瑪克萊爾。予嘗擬為此役作海軍戰史，以無法避免敘述瑪克萊爾之事而止。今時逾三十年，瑪克萊爾已於數年前卒，稍可以無諱矣。

爾時戰爭之拂逆與緊張，使瑪克萊爾求慰藉於杯中物。彼誠非時時沉湎，惟特別當圍中事機急迫之時，當最需決斷之時，為然。……

日人既自海角登岸，亟須定應付之策；南壘後為日軍所陷，我方尤須取果敢之行動；而瑪克萊爾束手無所為。予乃言於丁氏請使克爾克列瑪克萊爾於病人表中，不果。予乃直接警告瑪克萊爾，若再不振作，予將報告於天津。予言極恭，「先生」，「提督」之字眼如流。然次日予拍電乞將彼移調；及彼清醒時，予立以電文示之，予乃作書致漢納根說明予採此步驟之故，並以予辭職書附焉。丁氏知予此舉，且私韙之。彼造予室，言彼欲使瑪克萊爾靜徙於芝罘，不果，問予有何策。予乃遣人帶書與克爾克，卒使其列瑪克萊爾於病人表中。彼亦夷然就岸，無所阻難。

# 甲午戰後在日見聞記

小泉八雲著　張蔭麟譯

此文見於小泉之《kokoro》（日語謂心）論集中，原題〈戰後〉。小泉生平世多知者，今不贅述。此文乃甲午戰史之極可貴原料。所記雖屬戰後，實反映戰時。雖為片斷之輕描淡寫，而其顯明敵所以勝，我所以敗之故，實遠優於任何抽象之申論也。文中日名轉譯全賴李安宅夫人之助，合於此誌謝。譯者識。

## 一

一八九五年，五月，五日，肥後。

今晨肥後一地浴於不可名狀之澄輝中，——春光也，浩氣也，遠物得之而現縹緲幽靈之致者也。物形依舊，輪廓嶄然，惟已理想化於隱約之彩色，非其本有者。市後諸巨山，上希晴明無翳之碧空。此非碧空，特其魄影耳。

在黯青之疊瓦屋頂上，無數異形怪狀，紛紛飄舞。此之景象，於予固非新奇，惟恒是可喜。處處浮動鮮豔之紙紮巨魚，形態如生，繫於長竿之上。大多數紙魚長自五尺至十五尺不等，惟間中可見長不一尺之嬰魚鈎掛於大者之尾下。每有一竿繫四五魚者，其高不視魚之大小為差，最大者居頂。此等紙魚，其製作設色之精巧，使遊客初見，輒為驚訝。繫魚之線束於頭部；風從口入，不特飽脹其體，且使之張翕不已，升降轉撓，一如真魚，而其尾若鰭擺撥天然，無可疵議。予比鄰園中有極優美之樣式二。一則橙黃其腹而藍灰其背，一則渾身銀白；惟皆具妖異之巨眼。當其游泳空際，析率之聲，如微風過簾田。稍遠予又見一大魚，其背上負一紅孩，此紅孩代表Kintoki，為日本傳說中最強猛之童子。當其在襁褓即戰熊羆而捕妖鳥云。

盡人皆知此等紙鯉之懸掛，惟當五月間之男子誕生節，其見於屋頂示家中已產一丈夫子；是物也，又象徵父母對其子之希望，望其能戰勝一切艱阻而世上自闢谿徑，一如鯉魚之逆流而上急川焉。在日本之西南部有多數不懸紙魚而代於狹長之棉布幟，直懸如帆，上施彩繪，或狀鯉穿洄流，或狀妖魔之克服者「祥氣」，或狀松，或狀龜，或其他幸運之兆。

## 二

惟在此日本紀元二五五年之盛春紙鯉之所象徵，蓋有更大於父母之望子者，即一從戰爭中再生之國族之重大信託是也。此軍事上之復蘇，亦即新日本之生日者，實肇始於其對中國之克勝。此時戰爭已告終結。未來之境，雖尚朦朧，似有無涯之希望。然無論對於更高遠，更永久之成就有如何凶狠之阻障，日本已無所畏，亦無所疑。

將來之危機或即伏於此宏大之自信。此非一新情感由勝利生者也。此乃一根於民族性之情感，屢次之戰勝僅為之推波助瀾而已。自宣戰之頃，對最後之勝利，無絲毫之懷疑。有普遍而深刻之熱忱，卻無感情激動之表露。有一等人爰即著手撰述日本戰勝之歷史。而此等歷史，（按星期或按月續出，而附有攝影或刻木之插圖者）遠在外人敢作戰事結局之預測前，早已銷行全國。自始至終舉國一致確信自身之堅強與中國之脆弱。玩具匠輩突於市場上供給無數精巧之機構，狀中國兵士之奔逃，或為日本騎兵砍倒，或被俘而交瓣合縛，或對方名將叩頭乞哀。舊式之軍事玩具，狀披甲武士者，已代以日本騎兵、步兵、或砲兵之造象（以泥或木或紙或絲為之）；代以砲壘、砲臺，或戰艦之模型。嘗有一精巧之機械玩具以熊本軍之攻旅順為題材。別一同樣奇妙之器測重演松島艦與中國鐵甲艦船之戰。復有無數量之假銃，鼓氣彈軟木作巨聲者；無量數之假劍；及無量數之小喇叭。不停之喇叭聲使予憶起紐阿林某次除夕錫角之喧鬧，每次勝利之宣佈，輒有大宗五彩畫片出售以應之。此等畫片，手工廠麤劣，大抵只模狀藝術家之想像，惟以刺激群眾之好勝心則良佳。復有新異之棋具出現，每子代表華方或日方之一士卒，或將校。

同時戲院則慶祝戰事以更完全之方式。謂戰役中無一情節不重現於舞臺上，殆非溢詞。伶人且親至戰場以研究佈景，復借助人造之風雪，使其於日軍在滿州所受艱苦之摹狀，處處逼真。凡忠勇之行蹟，幾於一經報告，即刻入劇。號兵白神源次郎之死[1]，原田氏之壯勇（彼攻破一壁壘而開通一要塞之關口使其同伴得入）十四騎士拒敵三百，徒手苦力攻中國軍營之勝利——凡此及其他諸多情節皆曾重演於盈千之戲院中。盛大之提燈（提燈上書忠君愛國之口號）會時或舉行，以慶祝皇軍之戰功或慰勞乘火車赴戰場之士卒。在神戶，以其地為軍事所，常經此種聚會，或亘數星期之久無夜無之。街市居民更捐助旗幟及凱旋牌坊。

國中工業界復以更永久之方式慶祝戰事。捷仗與勇蹟，或紀念於磁器，或於金屬器，或以珍貴之織繡，以至於箋紙及信封。或圖狀於「羽織」（日人秋冬外罩之服）之襯裡，或於婦女之縐緬（一種縐紋布）巾，或於帶絲之繡飾，或於襯衣及兒童袍服之花樣，而其他印紋布及盥巾等賤物尚

1 成歡之戰，一日本號兵名白神源次郎者奉令吹衝鋒號。甫吹一遍，彈貫其胸，倒仆於地。同伴見其傷已致命，拾其號去，號兵將號奪回，舉以就唇，用盡氣力，復吹一遍，乃倒地死。其人其事，後成為一軍歌之題材。此歌已膾炙於日本士兵及校童之口。

不計焉。或表示種種漆器，或於雕盒之面，或菸囊，或於袖鈕，或於簪釵，或於梳篦，甚至於食箸。有以盒裝成束之牙籤售於市上者，每籤上刻關於戰事之詩一首，一盒之內，無雷同者，直至和議之成，或直至李鴻章被刺之前，事事皆符民眾之願望。

然和款一經公布，俄國即來干涉，並獲法德之助以威脅日本。此之合謀並未遭遇若何抵抗。日政府行出人意外之退讓以息一切覬覦。日本久已不為己方之兵力顧慮，其後備兵力之厚遠超於外人所曾承認，而其教育制度，（全國有學校二萬七千），實一偉大之訓練機器。在疆域之內，日本可以抵當任何強國。惟海軍乃其弱點所在。此事日人知之甚悉。彼之海軍乃一隊細小輕便之巡洋艦，其構造，與運用均極精巧。其統將以二次之交綏，不折一艦，而消滅中國艦隊之全部。惟以敵聯合三強國之海軍，則力猶未足。且日本陸軍之精銳方在海外。此時實為干涉之良機，而當初所預計者或不僅干涉而已也。俄國龐重之戰鬥艦已卸砲衣而備戰。其力或足於克服日本艦隊，惟即勝亦須付極大之代價耳。俄方之動作突為英國同情於日本之宣言所沮挫。二三星期之內英國能調一艦隊至亞洲洋面，其力足以摧三國聯合之鐵艦於一小小交綏。俄方巡艦一彈之發，當使全世界陷於戰爭之渦也。

然日本海軍界忿然欲與三國交戰。此戰如實現也，當為一場惡戰。蓋無一日本將官能夢及退讓，無一日本軍艦將摘去其國旗也，陸軍界亦同等欲戰。政府以全力堅持始戢眾議耳。

## 三

五月十五日，肥後

松島艦歸自中國，泊於「和平之快樂」（譯義云爾原名不詳）園前。是艦也，雖曾作轟烈之事，卻非龐然巨觀。然當其靜臥於晴光中，狀固赫赫可畏。是乃一灰石色之鐵壘，浮於平滑之藍海中。熙熙之民眾，被邀登艦巡觀，則艷服而來，如赴廟會。於亦隨數友往預其盛。是日港內小舟，盡被僱以渡觀眾。予等至時，艦之四周艤舟無數，觀眾既多，不能一時盡納，出入以班，予等只得守候。在海風清涼中立候殊非苦事；而群眾共樂之態亦至可觀。每值一班次，則有何等躁急之擠擁與攀附！二婦人因之墮水，為水兵拯出，則言雖墮水亦無悔，因今乃得以曾受松島艦中人活命之恩誇耀於眾云。事實上彼等決不致溺死，其旁攘臂欲援之舟固多也。

日本所受松島艦中人之惠實有更重要於二婦人之生命者；日人力圖報之以愛，宜也。蓋億萬人所欲致之禮物，軍法不許受也。將士既已疲矣，而於群眾之追隨詢問，猶曲意應酬。艦中一切皆以見示，而詳為解釋：如三十生的米突之巨砲，與其入彈及轉動之機械；連珠快砲，魚雷及其發放機，探海燈及其射光之結構等等，不一而足。予雖一外人而需特許證，亦受指引，周歷上下，並得見提督室中所懸諸天皇像，又得聞鴨綠江口之戰之驚心故事。是日松島艦實在全港男婦嬰兒指揮之下。將士及學兵皆竭力奉承。或與老人閒話，或任兒童弄其劍柄，或教之舉手高呼「帝國萬歲」！婦女有倦者，則於甲板間設蔽處張席與之坐。

此等甲板上，才數月前，曾滿灑壯士之血，其洗刷未脫之跡猶四處可認；民眾見之，輒肅然起敬。此旗艦曾受二巨彈，其毀處曾為小彈所叢集。彼實當戰鬥之衝，船員死其半焉。艦重只四千二百八十噸，其直接之對敵乃二中國鐵甲艦，各重七千四百噸者也。其外面護甲無深刻之傷痕可見，蓋破碎之鐵片已經更換。惟導者詳然示余無數補苴之處，在甲板者，在支戰臺之鐵架者，在露礮塔之尺厚鋼甲者。彼更向下為余等蹤跡三十又半生的米突巨彈穿入船中之路徑，因言「當其來也震撼之力將吾人拋入空中，至如許高。（言次擬手於甲板上二尺許。）於時天昏地黑伸手不能自見。予等繼發現船右邊之前砲已碎毀，守者盡死。立斃者凡四十人，傷者多人。凡在船右側之船員無得免者。甲板復著火礮旁備用之子彈爆炸故也。於是吾等同時須應戰兼救火。雖重傷之人，面手之皮已脫者，操作如不覺痛，垂死之人，亦助傳水。然吾等以巨礮之一發，使定遠停火。華方有西洋礮手相助。否則吾曹之勝利太易易矣。」

# 四

六月九日，神戶。

去歲予自下關傷旅行至首都時，見兵士多營往赴戰地，衣皆純白，蓋熱季猶未過也。此等兵士甚似予向所教誨之學生。予不禁感覺，驅如是之青年以戰，毋乃傷仁？彼等童稚之面如是其坦白，如是其欣豫，如是其一似未更人生稍大之愁苦也。時一英籍旅伴，出身行伍者，謂予曰：「毋為彼等恐懼。彼等將有可泣可歌之事業以自見也。」予曰：「吾知之，惟吾念及酷暑與嚴霜，與滿洲之冬候，此其可畏甚於中國人之鎗礮也。」

年來寓居於日本一屯軍城中。軍笛之號召，昏黑後人馬之聚集，休息之號令，凡此種種，靜言聽之，乃予夏夜樂事之一。惟當戰時數月間，此等最後喚召之悲腔使予別有感觸。予不知音調有何特異，惟覺其奏也，時有特異之情感與偕。星光閃射，萬角齊鳴，蒼涼之中，寓有快適，使人永遠不忘。予仿若夢見憧憧之鬼號手，喚聚無數群伍之青春與壯力，以赴永久安息之幽寂境地。

今日予見諸隊伍中有歸來者。翠線上牌坊跨立於其所經之街道，從神戶車站以至楠公山，楠木正成之神廟所在也。市民醵六千圓為兵士治備歸家後之第一餐，前此許多隊伍已曾受此種歡迎矣。廟內庭院，新建柵廠，以為餐堂，柵中滿飾旗幟及花彩。復有禮物以遍賚眾兵——糖果紙煙，及手帕，上印頌武之詩歌者。廟門之前，立一壯麗之凱旋牌坊，而柱上懸一華文之金字對聯，頂以地球，一鷹張翼立其上。

予與日友滿衛門首先候於車站，站與神廟甚近。車至，一哨卒令觀眾離月臺；街中則警察，揮開群眾，停止車馬。少焉，隊伍蒞臨，直列正步而過磚砌之角道。一灰衣軍官為前導，微蹇而行，口吸紙煙。繞吾等之群眾愈聚愈厚，惟無歡呼，且無言語，嚴肅之寂，惟見破於兵士合節之步伐耳。予幾不信此曹即向所見赴戰之人，惟肩章上之數目可證其然耳。彼等面目黧黑而嚴厲，多有于鬚滿口者。深藍之冬季製服已成襤褸，履已失形；惟矯健之步伐，則百戰士卒之步伐也。彼等已非復少年，而為經鍛鍊之成人，能抵當世界上任何軍隊者，曾受盡許多永將不見於記錄之艱苦者。彼等之面貌，不現愉快，亦不現驕滿。捷探之眼睛曾不一注視歡迎之旗幟與飾物，凱旋門及其上足踏地球之戰鷹，——意者由於此等眼睛已慣見使人嚴肅之事物耶？（且行且微笑之士兵，予僅見一。）許多觀者，顯然改容若感覺變遷之故者。要之此等士卒已成為更佳之士卒，彼等正接受歡迎慰藉，禮物及民眾廣大之熱愛，而此後將安宿於舊日之營盤。

吾語滿衛門：「今夜彼等將在大阪與名古屋。彼等將聽軍號之嚮，而思及永不復返之伴侶。」

老人以純直之懇摯答曰：「或者在西方人思之，死者永不復返。惟吾人不能作如是想。無一日本人死而不復返者。無一不識路者。從清國與朝鮮，從茫茫之苦海，凡吾曹之死者皆已來歸！彼等今正在吾人左右。每當昏暮，彼等聚聽軍號之喚召。他日者，皇軍受命與露國戰，彼等亦將聚聽如故也。」

（《國聞周報》第十一卷廿八期民國廿三年七月）

血歷史217　PC1038

新銳文創
INDEPENDENT & UNIQUE

# 張蔭麟說文史

原　　著　張蔭麟
主　　編　蔡登山
責任編輯　楊岱晴
圖文排版　蔡忠翰
封面設計　蔡瑋筠

出版策劃　新銳文創
發 行 人　宋政坤
法律顧問　毛國樑　律師
製作發行　秀威資訊科技股份有限公司
114 台北市內湖區瑞光路76巷65號1樓
電話：+886-2-2796-3638　傳真：+886-2-2796-1377
服務信箱：service@showwe.com.tw
http://www.showwe.com.tw
郵政劃撥　19563868　戶名：秀威資訊科技股份有限公司
展售門市　國家書店【松江門市】
104 台北市中山區松江路209號1樓
電話：+886-2-2518-0207　傳真：+886-2-2518-0778
網路訂購　秀威網路書店：https://store.showwe.tw
國家網路書店：https://www.govbooks.com.tw

出版日期　2022年4月　BOD一版
定　　價　400元

讀者回函卡

國家圖書館出版品預行編目

張蔭麟說文史/張蔭麟原著；蔡登山主編. -- 一版. -- 臺北市：新銳文創, 2022.04
面； 公分
BOD版
ISBN 978-626-7128-03-9(平裝)

1.張蔭麟 2.學術思想 3.史學

601.99 111003795